海南省高等学校教育教学改革项目"自贸区（港）建设背景下海南高校大学生创新创业教育的研究与实践"
（项目编号：Hnjg2019-49）

"高校大学生创新创业教育的研究与实践"
（项目编号：hsjg 2021-03）

创新创业基础

（第2版）

主　编　张云华

副主编　赵薇薇　贾景姿
　　　　曲　智　何　莺

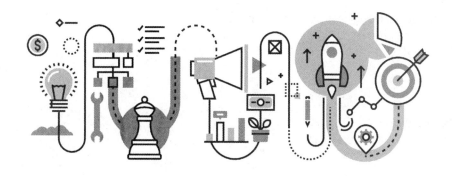

上海交通大学出版社
SHANGHAI JIAO TONG UNIVERSITY PRESS

内容提要

本教材是海南师范大学创新创业基础课程团队在多年教学总结的基础上,结合自己的专业特长和创新创业基础课程的性质特点,考虑大学生入门需求精心打造而成,集中体现了集体的力量和智慧。本教材可供大学本科、高职高专学生使用,对创业感兴趣的读者也可以从本书中获得启迪。

图书在版编目(CIP)数据

创新创业基础/张云华主编. —2 版.—上海:
上海交通大学出版社,2023.8(2024.2 重印)
ISBN 978 - 7 - 313 - 28965 - 0

Ⅰ. ①创… Ⅱ. ①张… Ⅲ. ①大学生-创业 Ⅳ.
①G647.38

中国国家版本馆 CIP 数据核字(2023)第 118870 号

创新创业基础(第 2 版)
CHUANGXIN CHUANGYE JICHU(DI－2BAN)

主　　编:	张云华		
出版发行:	上海交通大学出版社	地　　址:	上海市番禺路 951 号
邮政编码:	200030	电　　话:	021 - 64071208
印　　制:	常熟市文化印刷有限公司	经　　销:	全国新华书店
开　　本:	787 mm×1092 mm　1/16	印　　张:	14.75
字　　数:	363 千字		
版　　次:	2019 年 8 月第 1 版　2023 年 8 月第 2 版	印　　次:	2024 年 2 月第 6 次印刷
书　　号:	ISBN 978 - 7 - 313 - 28965 - 0		
定　　价:	49.00 元		

编 委 会

前言 | Foreword

2014 年 9 月，时任国务院总理李克强在天津的夏季达沃斯论坛上提出"大众创业、万众创新"的号召，指出要掀起"大众创业""草根创业"的新浪潮，要形成"万众创新、人人创新"的新态势。推进"大众创业、万众创新"，实施创新驱动发展战略，是党中央、国务院打造经济增长新引擎、增强发展新动力的重大举措。中央政府和地方各级政府领导都十分重视大众创业、万众创新工作，出台相关政策文件，大力支持大众创业、万众创新工作的推进。2015 年，国务院办公厅发布《关于深化高等学校创新创业教育改革的实施意见》（国办发〔2015〕36 号），从国家层面、社会层面和大学生个人层面，提出了深化高等学校创新创业教育改革的指导思想、基本原则和总体目标，强调高校必须重视创新创业教育，对高校创新创业教育的发展做出了明确的规划。2016 年起，高校都要开设创新创业教育课程，在全国各高校普及创新创业教育。2017 年，教育部认定并公布了首批"深化创新创业教育改革示范高校"，引导其他高校学习示范高校在开展创新创业教育工作方面的先进做法，通过树立榜样，指引并激励全国高校提高创新创业教育水平和质量。

为了适应国家发展战略要求，以教育部的相关文件精神为指导，我们编写了这本《创新创业基础（第 2 版）》教材。本教材是在第一版教材基础上修订而成，主要是融入了党的二十大精神、替换了一些陈旧内容，以及增加了第九章"商业计划书撰写"（针对中国国际"互联网＋"大学生创新创业大赛）。这是海南师范大学创新创业基础课程团队在多年教学总结的基础上，结合自己的专业特长和创新创业基础课程的性质特点，考虑大学生入门需求精心打造而成的教材，体现了集体的力量和智慧。本教材可供大学本科、高职高专学生使用，对创业感兴趣的读者也可以从本教材中获得启迪。

本教材共有九章，第一章"创新创业基础导论"，由张云华老师编写，旨在让读者了解"大众创业、万众创新"提出的背景和意义，创新创业教育的含义和加强大学生创新创业教育的必要性，并对创新创业的概念、特点、分类及两者之间的关系进行阐述。第二章"组建创业团队"，由曲智老师编写,旨在让读者了解创业团队的概念,熟知创业团队的特征和类型,掌握创业团队的组建方法,掌握创业团队的职责与分工。第三章"识别创业机会",由吴娅雄老师编写,旨在让读者了解什么是创业机会,创业机会的特征与类型;如何寻找创业机会,了解创业机会获取的主要来源;掌握如何运用创业机会评估工具,对创业机会进行科学分析和判断,选择适合自身的创业项目;并开发合理的商业模式。第四章"整合创业资源",由杨宝强老师编写,旨在了解创业资源的内涵、特征、类型;掌握创业资源整合方法;理解创业融资的测算方式,掌握创业融资的主要渠道及选择策略。第五章"创业法律基础",由张慧蓉老师编写,旨在了解企业的本质、设立企业的条件及登记流程,通过企业运转合规性的分析,能够掌握个人独资企业、合伙企业和公司的法律责任的差异性,并认识到这些差异性对企业形式选择的重要性以及新企业管理的独特性;通过对企业交易涉及的合同的理论分析,对合同的效力、合同履行过程中产生的纠纷问题能够做出正确的判断并提出解决方案;能够分析企业运转中、交易中的法律风险,并及时提出防控措施,以维护企业的合法权益。第六章"创业供应链管理",由贾景姿老师编写,旨在使学生进一步了解什么是供应链,从而理解创业供应链的内涵,掌握促进创业与供应链融合的办法,学会利用创业元素提高供应链管理水平,进而促进创业成功。第七章"创业营销管理",由周仪老师编写,旨在使创业企业对分销渠道的职能与类型、分销渠道的设计与管理等基础知识有比较全面的把握。第八章"创业财务管理",由何莺和李丛老师编写,旨在使学生能够了解创业项目的财务评价指标、评价方法以及系统的评价体系,在创新创业项目投资之前做一个财务可行性分析,以此为标准对创新创业项目进行筛选,避免项目投资后出现亏损的情况。第九章"商业计划书撰写",由赵薇薇(中国税务杂志社《国际税收》副编审)编写,旨在让读者了解商业计划书的定义、功能、特征、基本框架和撰写技巧。

尽管本教材倾注了大家的大量心血,但由于水平和精力有限,书中存在不足之处。因此,我们诚恳地欢迎读者批评指正,并提出宝贵意见。

编　者

2023 年 7 月

目录 | Contents

第一章
创新创业基础导论

学习目标

通过本章的学习,主要了解"大众创业、万众创新"提出的背景和意义,中外创新创业基础教育的发展历程,以及大学生开展创新创业基础教育的必要性,最后对创新创业的基本含义、特点和内容进行全面阐述,并掌握创新与创业之间的关系。

案例导入

连环创业者王兴:只因对世界充满好奇

很多人可能没听过王兴的名字,但你大概总玩过这4个网站中的某一个:校内、海内、饭否、美团。他就是这4个网站的创始人。

1997年王兴从福建龙岩一中被保送到清华大学电子工程系无线电专业。2005年瞄准大学生群体做起了SNS(Social Networking Services)校内网,发布3个月就吸引了3万用户,成为当时最大的中文社交网站。其实在创办校内网之前,王兴还有过两次短暂的创业经历。一次是创办社交网站"多多友",但很快失败。另一次是创办服务性的电子商务网站"游子图",让在海外的游子把数码照片发到国内,通过网络付费,由"游子图"网站冲印出来寄给他们的父母,但最终也失败了。

2006年校内网的用户量暴增后,王兴需要钱增加服务器和带宽。但融资失败,王兴将校内网以200万美元卖给了陈一舟,之后,陈一舟将校内网改为人人网,从日本软银融得4.3亿美元,目前已上市。

2007年,王兴给中国带来了第一个微博客网站饭否,饭否又火了。2007年11月,王兴又推出海内网,希望将社交网络从学生向白领群体扩展。海内网定位于职业人士,吸引了不少IT大佬,但最终也以失败告终。

王兴这么多次的创业经历,也许算不上"成功",但绝对"给力",因为三次创业都引领社交网络潮流。

王兴屡战屡败的原因很多。一位创投公司的负责人对其评价说,他是一个不张扬的高素质人才,可是在中国做互联网有自己的特色,仅仅有好的技术和眼光是不够的,手腕、人脉和政治敏锐性都是决定生死的因素。

2010年3月4日,王兴再次出手,团购网站美团正式上线,被业界公认为内地首批真正意义上的团购网站先行者。运作到今天,用王兴的话说,虽无净利,已有毛利。对于自己为何总是起了个大早,赶了个晚集,王兴说,快速发现新事物和它的价值,需要摆脱旧观念的束缚,这点他很擅长。但又因为太无视各种传统束缚,于是在后期的创业经营中,这种局限性就体现出来了。说起来,王兴从来不缺乏创业的激情,他甚至因此获得了一些褒贬不明的绰号,比如"连环创业家"。

互联网行业机会很多,做得好可以一夜之间成为亿万富翁,互联网行业也很残酷,多如牛毛的公司、到处是胸怀大志的创业者,最后成功的人寥寥无几。有人说,在互联网行业,能碰到两次好机会的都是幸运儿,而能把握住两次机会的更是幸运中的幸运。从这点来说,王兴是幸运的又是不幸的。

不过,正是这点,才让他一直做个不断的创业者,就像他评价自己说的,"我是对这个世界充满好奇的人。对很多事情感兴趣,而且出于这些兴趣,我会自发地去不停地看,不停地想,不停地跟人讨论,这对我来说,并不是工作,并不是负担,而是乐在其中的"。或许,中国互联网业就是有了这样一批坚持创业者,才能有更深的根基茁壮成长。

请分析:

(1) 大学生创业应该具备什么素质?

(2) 大学生如何处理号创业与学习得关系?

(3) 对大学生进行创新创业基础教育具有什么意义?

第一节　"大众创业、万众创新"提出的背景与意义

一、"大众创业、万众创新"的提出

2014年9月,时任国务院总理李克强在天津的夏季达沃斯论坛上提出"大众创业、万众创新"(以下简称"双创")的号召,指出要掀起"大众创业""草根创业"的新浪潮,要形成"万众创新、人人创新"的新态势。这是我国官方首次较为正式地提出"双创"口号。

此后,李克强总理在历届政府工作报告、"全国大众创业万众创新活动周"以及各地调研考察中频频阐释这一关键词,并多次强调,推动大众创业、万众创新,既可以扩大就业、增加居民收入,又有利于促进社会公平正义。推动大众创业、万众创新,是充分激发亿万群众智慧和创造力的重大改革举措,是实现国家强盛、人民富裕的重要途径,要坚决消除各种束缚和桎梏,让创业创新成为时代潮流,汇聚起经济社会发展的强大新动能。

2015年10月19日,首届"全国大众创业万众创新活动周"在北京举行,活动主题是"创业创新——汇聚发展新动能",强调应坚持创新驱动,扎实推进"双创",不断激发市场活力潜力和社会创造力;要主动拥抱"双创",通过众创、众包、众扶、众筹等新模式,带来大中小企业生产方式和组织管理模式变革,催生新的工业革命,这不仅将促进传统产业改造升级,也会推动现代服务业等新兴业态加快成长;政府要做创业创新者的"后台服务器",通过不断完善所需的公共

产品和服务,不断清除制约"双创"的障碍,不断织牢民生保障之网,增强创业创新者试错的底气和勇气。

自 2015 年之后的每一年,"全国大众创业万众创新活动周"都在全国各地举行不同主题的活动。表 1-1 是自 2015 年—2022 年"全国大众创业万众创新活动周"的主题。我国通过各方面的共同努力,"双创"活动蓬勃发展,不断取得新进展、新成效、新突破,为激发创新潜力和市场活力、扩大就业发挥了积极作用。

表 1-1　全国大众创业万众创新活动周

时　间	届　次	主　题	地点和方式
2015	第一届	创业创新——汇聚发展新动能	北京线下方式
2016	第二届	发展新经济,培育新动能	深圳线下方式
2017	第三届	"双创"促升级,壮大新动能	上海线下方式
2018	第四届	高水平"双创",高质量发展	四川线下方式
2019	第五届	汇聚"双创"活力,澎湃发展动力	杭州线下方式
2020	第六届	创新引领创业,创业带动就业	北京线上线下方式
2021	第七届	高质量创新创造,高水平创业就业	郑州线上线下方式
2022	第八届	创新增动能,创业促就业	合肥线上线下方式

二、国家政策助力大众创业、万众创新

推进大众创业、万众创新,实施创新驱动发展战略,是党中央、国务院打造经济增长新引擎、增强发展新动力的重大举措。自"大众创业、万众创新"号召提出后,中央政府和地方各级政府领导都十分重视"双创"工作,加大舆论宣传,出台相关文件,并逐步将这些文件转化为具体的政策措施,大力支持"双创"工作的推进。

(一)《关于发展众创空间推进大众创新创业的指导意见》

2015 年 3 月 11 日,国务院办公厅出台了《关于发展众创空间推进大众创新创业的指导意见》(国办发〔2015〕9 号)。该《意见》指导思想是以营造良好创新创业生态环境为目标,以激发全社会创新创业活力为主线,以构建众创空间等创业服务平台为载体,有效整合资源,集中落实政策,完善服务模式,培育创新文化,加快形成大众创业、万众创新的生动局面。基本原则为坚持市场导向、加强政策集成、强化开放共享、创新服务模式。发展目标:到 2020 年,形成一批有效满足大众创新创业需求、具有较强专业化服务能力的众创空间等新型创业服务平台;培育一批天使投资人和创业投资机构,投融资渠道更加畅通;孵化培育一大批创新型小微企业,并从中成长出能够引领未来经济发展的骨干企业,形成新的产业业态和经济增长点;创业群体高度活跃,以创业促进就业,提供更多高质量就业岗位;创新创业政策体系更加健全,服务体系更加完善,全社会创新创业文化氛围更加浓厚。为此,重点任务应放在加快构建众创空间、降低创新创业门槛、鼓励科技人员和大学生创业、支持创新创业公共服务、加强财政资金引导、完善创业投融资机制、丰富创新创业活动、营造创新创业文化氛围上。

(二)《关于大力推进大众创业万众创新若干政策措施的意见》

推进大众创业、万众创新,是发展的动力之源,也是富民之道、公平之计、强国之策,对于推动经济结构调整、打造发展新引擎、增强发展新动力、走创新驱动发展道路具有重要意义,是稳增长、扩就业、激发亿万群众智慧和创造力,促进社会纵向流动、公平正义的重大举措。为改革完善相关体制机制,构建普惠性政策扶持体系,推动资金链引导创业创新链、创业创新链支持产业链、产业链带动就业链,2015 年 6 月 16 日,国务院出台《关于大力推进大众创业万众创新若干政策措施的意见》(国发〔2015〕32 号),该《意见》提出:

一是要充分认识推进大众创业、万众创新的重要意义。推进大众创业、万众创新,是培育和催生经济社会发展新动力的必然选择;推进大众创业、万众创新,是扩大就业、实现富民之道的根本举措;推进大众创业、万众创新,是激发全社会创新潜能和创业活力的有效途径。

二是总体思路要:① 坚持深化改革,营造创业环境;② 坚持需求导向,释放创业活力;③ 坚持政策协同,实现落地生根;④ 坚持开放共享,推动模式创新。

三是创新体制机制,实现创业便利化。完善公平竞争市场环境、深化商事制度改革、加强创业知识产权保护、健全创业人才培养与流动机制。

四是优化财税政策,强化创业扶持。加大财政资金支持和统筹力度、完善普惠性税收措施、发挥政府采购支持作用。

五是搞活金融市场,实现便捷融资。优化资本市场、创新银行支持方式、丰富创业融资新模式。

六是扩大创业投资,支持创业起步成长。建立和完善创业投资引导机制、拓宽创业投资资金供给渠道、发展国有资本创业投资、推动创业投资"引进来"与"走出去"。

七是发展创业服务,构建创业生态。加快发展创业孵化服务,大力发展第三方专业服务,发展"互联网+"创业服务,研究探索创业券、创新券等公共服务新模式。

八是建设创业创新平台,增强支撑作用。打造创业创新公共平台、用好创业创新技术平台、发展创业创新区域平台。

九是激发创造活力,发展创新型创业。支持科研人员创业、支持大学生创业、支持境外人才来华创业。

十是拓展城乡创业渠道,实现创业带动就业。支持电子商务向基层延伸、支持返乡创业集聚发展、完善基层创业支撑服务。

十一是加强统筹协调,完善协同机制。加强组织领导、加强政策协调联动、加强政策落实情况督查。

(三)《关于强化实施创新驱动发展战略进一步推进大众创业万众创新深入发展的意见》

创新是社会进步的灵魂,创业是推进经济社会发展、改善民生的重要途径,创新和创业相连一体、共生共存。为进一步系统性优化创新创业生态环境,强化政策供给,突破发展瓶颈,充分释放全社会创新创业潜能,在更大范围、更高层次、更深程度上推进大众创业、万众创新,2017 年 7 月 27 日,国务院出台《关于强化实施创新驱动发展战略进一步推进大众创业万众创新深入发展的意见》(国发〔2017〕37 号),该《意见》进一步明确:

大众创业、万众创新深入发展是实施创新驱动发展战略的重要载体。

深入推进供给侧结构性改革,全面实施创新驱动发展战略,加快新旧动能接续转换,着力振兴实体经济,必须坚持"融合、协同、共享",推进大众创业、万众创新深入发展。要进一步优化创新创业的生态环境,着力推动"放管服"改革,构建包容创新的审慎监管机制,有效促进政府职能转变;进一步拓展创新创业的覆盖广度,着力推动创新创业群体更加多元,发挥大企业、科研院所和高等院校的领军作用,有效促进各类市场主体融通发展;进一步提升创新创业的科技内涵,着力激发专业技术人才、高技能人才等的创造潜能,强化基础研究和应用技术研究的有机衔接,加速科技成果向现实生产力转化,有效促进创新型创业蓬勃发展;进一步增强创新创业的发展实效,着力推进创新创业与实体经济发展深度融合,结合"互联网+""中国制造2025"和军民融合发展等重大举措,有效促进新技术、新业态、新模式加快发展和产业结构优化升级。要坚持创新为本、高端引领,改革先行、精准施策,人才优先、主体联动,市场主导、资源聚合,价值创造、共享发展。

该《意见》提出五个领域的政策措施。一是加快科技成果转化,重点突破科技成果转移转化的制度障碍,保护知识产权,活跃技术交易,提升创业服务能力,优化激励机制,共享创新资源,加速科技成果向现实生产力转化;二是拓展企业融资渠道,不断完善金融财税政策,创新金融产品,扩大信贷支持,发展创业投资,优化投入方式,推动破解创新创业企业融资难题;三是促进实体经济转型升级,着力加强创新创业平台建设,培育新兴业态,发展分享经济,以新技术、新业态、新模式改造传统产业,增强核心竞争力,实现新兴产业与传统产业协同发展;四是完善人才流动激励机制,充分激发人才创新创业活力,改革分配机制,引进国际高层次人才,促进人才合理流动,健全保障体系,加快形成规模宏大、结构合理、素质优良的创新创业人才队伍;五是创新政府管理方式,持续"放管服"改革,加大普惠性政策支持力度,改善营商环境,放宽市场准入,推进试点示范,加强文化建设,推动形成政府、企业、社会良性互动的创新创业生态。

(四)《关于推动创新创业高质量发展打造"双创"升级版的意见》

创新是引领发展的第一动力,是建设现代化经济体系的战略支撑。随着大众创业、万众创新持续向更大范围、更高层次和更深程度的推进,创新创业与经济社会发展深度融合,对推动新旧动能转换和经济结构升级、扩大就业和改善民生、实现机会公平和社会纵向流动发挥了重要作用,为促进经济增长提供了有力支撑。当前,我国经济已由高速增长阶段转向高质量发展阶段,对推动大众创业、万众创新提出了新的更高要求。为深入实施创新驱动发展战略,进一步激发市场活力和社会创造力,2018年9月18日,国务院出台《关于推动创新创业高质量发展打造"双创"升级版的意见》(国发〔2018〕32号),就推动创新创业高质量发展、打造"双创"升级版提出以下意见:

总体要求

推进大众创业、万众创新是深入实施创新驱动发展战略的重要支撑、深入推进供给侧结构性改革的重要途径。打造"双创"升级版,推动创新创业高质量发展,有利于进一步增强创业带动就业能力,有利于提升科技创新和产业发展活力,有利于创造优质供给和扩大有效需求,对增强经济发展内生动力具有重要意义。

1) 指导思想

以习近平新时代中国特色社会主义思想为指导,全面贯彻党的十九大和十九届二中、三中全会精神,坚持新发展理念,坚持以供给侧结构性改革为主线,按照高质量发展要求,深入实施创新驱动发展战略,通过打造"双创"升级版,进一步优化创新创业环境,大幅降低创新创业成本,提升创业带动就业能力,增强科技创新引领作用,提升支撑平台服务能力,推动形成线上线下结合、产学研用协同、大中小企业融合的创新创业格局,为加快培育发展新动能、实现更充分就业和经济高质量发展提供坚实保障。

2) 主要目标

——创新创业服务全面升级、创业带动就业能力明显提升、科技成果转化应用能力显著增强、高质量创新创业集聚区不断涌现、大中小企业创新创业价值链有机融合、国际国内创新创业资源深度融汇。

——着力促进创新创业环境升级。简政放权释放创新创业活力、放管结合营造公平市场环境、优化服务便利创新创业。

——加快推动创新创业发展动力升级。加大财税政策支持力度、完善创新创业产品和服务政府采购等政策措施、加快推进首台(套)重大技术装备示范应用、建立完善知识产权管理服务体系。

——持续推进创业带动就业能力升级。鼓励和支持科研人员积极投身科技创业、强化大学生创新创业教育培训、健全农民工返乡创业服务体系、完善退役军人自主创业支持政策和服务体系、提升归国和外籍人才创新创业便利化水平、推动更多群体投身创新创业。

——深入推动科技创新支撑能力升级。增强创新型企业引领带动作用、推动高校科研院所创新创业深度融合、健全科技成果转化的体制机制。

——大力促进创新创业平台服务升级。提升孵化机构和众创空间服务水平、搭建大中小企业融通发展平台、深入推进工业互联网创新发展、完善"互联网+"创新创业服务体系、打造创新创业重点展示品牌。

——进一步完善创新创业金融服务。引导金融机构有效服务创新创业融资需求、充分发挥创业投资支持创新创业作用、拓宽创新创业直接融资渠道、完善创新创业差异化金融支持政策。

——加快构筑创新创业发展高地。打造具有全球影响力的科技创新策源地、培育创新创业集聚区、发挥"双创"示范基地引导示范作用、推进创新创业国际合作。

——切实打通政策落实"最后一公里"。强化创新创业政策统筹、细化关键政策落实措施、做好创新创业经验推广。

(五)《"大众创业　万众创新"税收优惠政策指引》

为方便纳税人及时了解掌握税收优惠政策,更好发挥税收助力大众创业、万众创新的税收作用,国家税务总局于2017年4月发布了《"大众创业　万众创新"税收优惠政策指引》(以下简称《指引》)。《指引》针对创业就业主要环节和关键领域陆续推出了83项税收优惠措施,尤其是2013年以来,新出台了73项税收优惠,覆盖企业整个生命周期。

1. 企业初创期税收优惠

企业初创期,除了普惠式的税收优惠,重点行业的小微企业购置固定资产,特殊群体创业或者吸纳特殊群体就业(高校毕业生、失业人员、退役士兵、军转干部、随军家属、残疾人、回国服务的在外留学人员、长期来华定居专家等)还能享受特殊的税收优惠。同时,国家还对扶持企业成长的科技企业孵化器、国家大学科技园等创新创业平台、创投企业、金融机构、企业和个人等给予税收优惠,帮助企业聚集资金。

2. 企业成长期税收优惠

为营造良好的科技创新税收环境,促进企业快速健康成长,国家出台了一系列税收优惠政策帮助企业不断增强转型升级的动力。对研发费用实施所得税加计扣除政策。对企业固定资产实行加速折旧,尤其是生物药品制造业、软件和信息技术服务业等 6 个行业、4 个领域重点行业的企业用于研发活动的仪器设备不超过 100 万元的,可以一次性税前扣除。企业购买用于科学研究、科技开发和教学的设备享受进口环节增值税、消费税免税和国内增值税退税等税收优惠。帮助企业和科研机构留住创新人才,鼓励创新人才为企业提供充分的智力保障和支持。

3. 企业成熟期税收优惠政策

发展壮大有成长性的企业,同样具有税收政策优势,国家充分补给"营养",助力企业枝繁叶茂、独木成林。目前税收优惠政策覆盖科技创新活动的各个环节领域,帮助抢占科技制高点的创新型企业加快追赶的步伐。对高新技术企业减按 15% 的税率征收企业所得税,并不断扩大高新技术企业认定范围。对处于服务外包示范城市和国家服务贸易创新发展试点城市地区的技术先进型服务企业,减按 15% 的税率征收企业所得税。对软件和集成电路企业,可以享受"两免三减半"等企业所得税优惠,尤其是国家规划布局内的重点企业,可减按 10% 的税率征收企业所得税。对自行开发生产的计算机软件产品、集成电路重大项目企业还给予增值税期末留抵税额退税的优惠。

推进大众创业、万众创新,是发展的动力之源,也是富民之道、公平之计、强国之策。2019年、2021 年、2022 年,我国先后三次调整了《"大众创业 万众创新"税收优惠政策指引》。截至2022 年,税务总局围绕创新创业的主要环节和关键领域进一步梳理归并成 120 项税费优惠政策措施,覆盖企业整个生命周期,持续加大了对创新创业的支持力度,大众创业、万众创新持续向更大范围、更高层次和更深程度推进,创新创业与经济社会发展深度融合,对推动新旧动能转换和经济结构升级、扩大就业和改善民生、营造公平营商环境和创新社会氛围发挥了重要作用。

(六)《关于提升大众创业万众创新示范基地带动作用进一步促进改革稳就业强动能的实施意见》

自 2016 年国家首批大众创业万众创新示范基地启动建设以来,创新资源不断集聚,创业活力持续提升,平台能力显著增强,有力带动了创新创业深入发展。为进一步提升"双创"示范基地对促改革、稳就业、强动能的带动作用,促进"双创"更加蓬勃发展,更大程度激发市场活力和社会创造力,国务院办公厅 2020 年 7 月 23 日颁布了《关于提升大众创业万众创新示范基地带动作用进一步促进改革稳就业强动能的实施意见》(国办发〔2020〕26 号),该《意见》具体如下:

总体要求

以习近平新时代中国特色社会主义思想为指导,全面贯彻党的十九大和十九届二中、三中、四中全会精神,认真落实党中央、国务院关于统筹推进新冠肺炎疫情防控和经济社会发展工作的决策部署,深入实施创新驱动发展战略,聚焦系统集成协同高效的改革创新,聚焦更充分更高质量就业,聚焦持续增强经济发展新动能,强化政策协同,增强发展后劲,以新动能支撑保就业保市场主体,尤其是支持高校毕业生、返乡农民工等重点群体创业就业,努力把"双创"示范基地打造成为创业就业的重要载体、融通创新的引领标杆、精益创业的集聚平台、全球化创业的重要节点、全面创新改革的示范样本,推动我国创新创业高质量发展。

1. 积极应对疫情影响,巩固壮大创新创业内生活力

(1)落实创业企业纾困政策。切实落实阶段性减免企业社会保险费、缓缴住房公积金等减负政策,根据所在统筹地区政策做好阶段性减征职工基本医疗保险费工作,落实好小规模纳税人增值税减免等优惠政策。落实承租国有房屋房租减免政策,确保惠及最终承租人。鼓励"双创"示范基地通过延长孵化期限、实施房租补贴等方式,降低初创企业经营负担。优先对受疫情影响较大但发展潜力好的创新型企业加大金融支持力度,简化贷款审批流程,提高信用贷款、中长期贷款比重。

(2)强化"双创"复工达产服务。进一步提升"双创"示范基地服务信息化、便利化水平,充分发挥"双创"支撑平台、工业互联网平台、电子商务平台等作用,推广"一键申领、网上兑现""企业网上跑、政府现场办"等经验,多渠道为企业解决物流、资金、用工等问题,补齐供应链短板,推动全产业链协同。鼓励"双创"示范基地积极探索应对疫情影响的新业态新模式。政府投资开发的孵化基地等创业载体安排一定比例场地,免费向下岗失业人员、高校毕业生、农民工等群体提供。引导平台企业降低个体经营者相关服务费,支持开展线上创业。

(3)增强协同创新发展合力。充分发挥"双创"示范基地大企业带动作用,协助中小企业开展应收账款融资,帮助产业链上下游企业和相关创新主体解决生产经营难题。在符合条件的示范基地加快推广全面创新改革试验经验,探索实施政银保联动授信担保、建立风险缓释资金池等改革举措,为中小企业应对疫情影响提供有效金融支持。

2. 发挥多元主体带动作用,打造创业就业重要载体

(4)实施社会服务创业带动就业示范行动。顺应消费需求升级和服务便利化要求,重点围绕托育、养老、家政、乡村旅游等领域,组织有条件的企业、区域示范基地与互联网平台企业联合开展创业培训、供需衔接、信息共享和能力建设,打造社会服务创业带动就业标杆项目,及时复制推广经验成果,吸引社会资本发展社会服务新业态新模式,拓展更大就业空间。

(5)增强创业带动就业能力。加大创业带动就业支持力度,出台支持灵活就业的具体举措。盘活闲置厂房、低效利用土地等,加强对创业带动就业重点项目的支持。加强创业培训与创业担保贷款等支持政策的协同联动,提升创业担保贷款贴息等扶持政策的针对性和及时性。支持有条件的区域示范基地建设产教融合实训基地、人力资源服务产业园,加快发展面向重点群体的专业化创业服务载体。

(6)加强返乡入乡创业政策保障。优先支持区域示范基地实施返乡创业示范项目。发挥互联网平台企业带动作用,引导社会资本和大学生创客、返乡能人等入乡开展"互联网＋乡村旅游"、农村电商等创业项目。完善支持返乡入乡创业的引人育人留人政策,加大对乡村创业带头人的创业培训力度,培育一批能工巧匠型创业领军人才。对首次创业并正常经营1年以上的返乡入乡创业人员,可给予一次性创业补贴。对符合条件的返乡入乡创业人员按规定给予创业担保贷款贴息和培训补贴。对返乡创业失败后就业和生活遇到困难的人员,及时提供就业服务、就业援助和社会救助。

(7)提升高校学生创新创业能力。支持高校示范基地打造并在线开放一批创新创业教育优质课程,加强创业实践和动手能力培养,依托高校示范基地开展"双创"园建设,促进科技成果转化与创新创业实践紧密结合。推动高校示范基地和企业示范基地深度合作,建立创业导师共享机制。支持区域示范基地与高校、企业共建面向特色产业的实训场景,加快培养满足社会需求的实用型技能人才。促进大学生加强数理化和生物等基础理论研究,夯实国家创新能力基础。实施"双创"示范基地"校企行"专项行动,充分释放岗位需求,支持将具备持续创新能力和发展潜力的高校毕业生创业团队纳入企业示范基地人才储备和合作计划,通过职业微展示、创业合伙人招募等新方式,拓宽创业带动就业的渠道。

(8)发挥大企业创业就业带动作用。支持大企业与地方政府、高校共建创业孵化园区,鼓励有条件的"双创"示范基地开展产教融合型企业建设试点。对中央企业示范基地内创业带动就业效果明显的新增企业,探索不纳入压减净增法人数量。发展"互联网平台＋创业单元""大企业＋创业单元"等模式,依托企业和平台加强创新创业要素保障。

3. 提升协同联动发展水平,树立融通创新引领标杆

(9)构建大中小企业融通创新生态。鼓励企业示范基地结合产业优势建设大中小企业融通发展平台,向中小企业开放资源、开放场景、开放应用、开放创新需求,支持将中小企业首创高科技产品纳入大企业采购体系。细化政府采购政策,加大对中小企业的采购支持力度。鼓励"双创"示范基地聚焦核心芯片、医疗设备等关键环节和短板领域,建立大中小企业协同技术研发与产业化的合作机制,带动壮大高新技术企业、科技型中小企业规模。瞄准专业细分领域,培育专精特新"小巨人"企业、制造业单项冠军企业。

(10)构筑产学研融通创新创业体系。加强"双创"示范基地"校＋园＋企"创新创业合作,建设专业化的科技成果转化服务平台,增强中试服务和产业孵化能力。鼓励企业示范基地牵头构建以市场为导向、产学研深度融合的创新联合体。不断优化科技企业孵化器、大学科技园和众创空间及其在孵企业的认定或备案条件,加大对具备条件的创业服务机构的支持力度。中央预算内投资安排专项资金支持"双创"示范基地建设,降低对"双创"示范基地相关支持项目的固定资产投资比例要求。支持有条件的"双创"示范基地建设学科交叉和协同创新科研基地。优先在"双创"示范基地建设企业技术中心等创新平台。

(11)加强不同类型"双创"示范基地协同联动。搭建"双创"示范基地跨区域合作交流平台,推广跨区域孵化"飞地模式",探索在孵项目跨区域梯次流动衔接的合作机制,在资源共享、产业协同、知识产权保护和运营等方面开展跨区域融通合作。推动建设孵化器、加速器、产业园区相互接续的创业服务体系。中央预算内资金优先支持区域一体化创新创业服务平台建设。优化长三角、京津冀和西部示范基地联盟,支持建立中部、南部示范基地联盟。

4. 加强创新创业金融支持,着力破解融资难题

(12)深化金融服务创新创业示范。支持"双创"示范基地与金融机构建立长期稳定

合作关系,共同参与孵化园区、科技企业孵化器、专业化众创空间等创新创业服务载体建设。鼓励以"双创"示范基地为载体开展政银企合作,探索多样化的科技金融服务。鼓励金融机构与"双创"示范基地合作开展设备融资租赁等金融服务。支持"双创"示范基地内符合条件的企业发行"双创"孵化专项债券、创业投资基金类债券、创新创业公司债券和"双创"债务融资工具。支持在"双创"示范基地开展与创业相关的保险业务。支持将"双创"示范基地企业信息纳入全国知识产权质押信息平台。在有条件的区域示范基地设立知识产权质押融资风险补偿基金,对无可抵押资产、无现金流、无订单的初创企业知识产权质押融资实施风险补偿。

(13)完善创新创业创投生态链。鼓励国家出资的创业投资引导基金、产业投资基金等与"双创"示范基地深度合作,加强新兴领域创业投资服务,提升项目路演、投融资对接、信息交流等市场化专业化服务水平。支持金融机构在依法合规、风险可控前提下,与科研院所示范基地和区域示范基地按照市场化原则合作建立创业投资基金、产业投资基金,支持成立公益性天使投资人联盟等平台组织,加大对细分领域初创期、种子期项目的投入。

5. 深化对外开放合作,构筑全球化创业重要节点

(14)做强开放创业孵化载体。鼓励有条件的"双创"示范基地建设国际创业孵化器,与知名高校、跨国公司、中介机构等联合打造离岸创新创业基地,提升海外创业项目转化效率。支持设立海外创业投资基金,为优质创新创业项目提供资金支持。

(15)搭建多双边创业合作平台。优先将"双创"示范基地纳入多双边创新创业合作机制,支持承办大型国际创新创业大赛和论坛活动。支持"双创"示范基地建立国际合作产业园、海外创新中心。加强与国际重点城市的创新创业政策沟通、资源融通和链接。支持"双创"示范基地依托"双创"周"海外活动周"等举办创新创业重点活动,对接国际创新资源。加强与海外孵化器、国际创业组织和服务机构合作,为本土中小企业"走出去"拓展合作提供支撑。

6. 推进全面创新改革试点,激发创新创业创造动力

(16)探索完善包容创新监管机制。支持"双创"示范基地深化商事制度改革,营造良好营商环境。在省级政府事权范围内,支持区域示范基地在完善创业带动就业保障体系、建立新业态发展"监管沙盒"、推动各类主体融通创新、健全对创业失败者容错机制等方面开展试点,加快构建创新引领、协同发展的创新创业创造生态。

(17)深化"双创"体制改革创新试点。支持企业示范基地重点在建立大企业牵头的创新联合体、完善中央企业衍生混合所有制初创企业配套支持政策等方面开展试点,加快形成企业主体、市场导向的融通创新体系。支持企业示范基地率先试点改革国有投资监管考评制度,建立可操作的创新创业容错机制。支持在具有较高风险和不确定性的业务领域实施员工跟投机制,探索"事业合伙人"方式,形成骨干员工和企业的利益共同体。

(18)创新促进科技成果转化机制。支持高校和科研院所示范基地在建设现代科研院所、推动高校创新创业与科技成果转化相结合、推进职务科技成果所有权或长期使用权改革、优化科技成果转化决策流程、完善产学研深度融合的新机制、建立专业化技术转移机构等方面开展试点,为加快科技成果转移转化提供制度保障。

(七)《关于进一步支持大学生创新创业的指导意见》

纵深推进大众创业万众创新是深入实施创新驱动发展战略的重要支撑,大学生是大众创业、万众创新的生力军,支持大学生创新创业具有重要意义。面对近年来越来越多的大学生投身创新创业实践,但也面临融资难、经验少、服务不到位等问题,2021年9月21日,国务院办公厅颁布《关于进一步支持大学生创新创业的指导意见》(国办发〔2021〕35号),以提升大学生创新创业能力、增强创新活力,进一步支持大学生创新创业。该《意见》具体如下:

总体要求

以习近平新时代中国特色社会主义思想为指导,深入贯彻落实党的十九大和十九届二中、三中、四中、五中全会精神,全面贯彻党的教育方针,落实立德树人根本任务,立足新发展阶段、贯彻新发展理念、构建新发展格局,坚持创新引领创业、创业带动就业,支持在校大学生提升创新创业能力,支持高校毕业生创业就业,提升人力资源素质,促进大学生全面发展,实现大学生更加充分更高质量就业。

1. 提升大学生创新创业能力

(1) 将创新创业教育贯穿人才培养全过程。深化高校创新创业教育改革,健全课堂教学、自主学习、结合实践、指导帮扶、文化引领融为一体的高校创新创业教育体系,增强大学生的创新精神、创业意识和创新创业能力。建立以创新创业为导向的新型人才培养模式,健全校校、校企、校地、校所协同的创新创业人才培养机制,打造一批创新创业教育特色示范课程。

(2) 提升教师创新创业教育教学能力。强化高校教师创新创业教育教学能力和素养培训,改革教学方法和考核方式,推动教师把国际前沿学术发展、最新研究成果和实践经验融入课堂教学。完善高校"双创"指导教师到行业企业挂职锻炼的保障激励政策。实施高校"双创"校外导师专项人才计划,探索实施驻校企业家制度,吸引更多各行各业优秀人才担任"双创"导师。支持建设一批"双创"导师培训基地,定期开展培训。

(3) 加强大学生创新创业培训。打造一批高校创新创业培训活动品牌,创新培训模式,面向大学生开展高质量、有针对性的创新创业培训,提升大学生创新创业能力。组织"双创"导师深入校园举办创业大讲堂,进行创业政策解读、经验分享、实践指导等。支持各类创新创业大赛对大学生创业者给予倾斜。

2. 优化大学生创新创业环境

(4) 降低大学生创新创业门槛。持续提升企业开办服务能力,为大学生创业提供高效便捷的登记服务。推动众创空间、孵化器、加速器、产业园全链条发展,鼓励各类孵化器面向大学生创新创业团队开放一定比例的免费孵化空间,并将开放情况纳入国家级科技企业孵化器考核评价,降低大学生创新创业团队入驻条件。政府投资开发的孵化器等创业载体应安排30%左右的场地,免费提供给高校毕业生。有条件的地方可对高校毕业生到孵化器创业给予租金补贴。

(5) 便利化服务大学生创新创业。完善科技创新资源开放共享平台,强化对大学生的技术创新服务。各地区、各高校和科研院所的实验室以及科研仪器、设施等科技创新资源可以面向大学生开放共享,提供低价、优质的专业服务,支持大学生创新创业。支持行业企业面向大学生发布企业需求清单,引导大学生精准创新创业。鼓励国有大中型企业面向高校和大学生发布技术创新需求,开展"揭榜挂帅"。

(6) 落实大学生创新创业保障政策。落实大学生创业帮扶政策,加大对创业失败大学生的扶持力度,按规定提供就业服务、就业援助和社会救助。加强政府支持引导,发挥市场主渠道作用,鼓励有条件的地方探索建立大学生创业风险救助机制,可采取创业风险补贴、商业险保费补助等方式予以支持,积极研究更加精准、有效的帮扶措施,及时总结经验、适时推广。毕业后创业的大学生可按规定缴纳"五险一金",减少大学生创业的后顾之忧。

3. 加强大学生创新创业服务平台建设

(7) 建强高校创新创业实践平台。充分发挥大学科技园、大学生创业园、大学生创客空间等校内创新创业实践平台作用,面向在校大学生免费开放,开展专业化孵化服务。结合学校学科专业特色优势,联合有关行业企业建设一批校外大学生"双创"实践教学基地,深入实施大学生创新创业训练计划。

(8) 提升大众创业、万众创新示范基地带动作用。加强"双创"示范基地建设,深入实施创业就业"校企行"专项行动,推动企业示范基地和高校示范基地结对共建、建立稳定合作关系。指导高校示范基地所在城市主动规划和布局高校周边产业,积极承接大学生创新成果和人才等要素,打造"城校共生"的创新创业生态。推动中央企业、科研院所和相关公共服务机构利用自身技术、人才、场地、资本等优势,为大学生建设集研发、孵化、投资等于一体的创业创新培育中心、互联网"双创"平台、孵化器和科技产业园区。

4. 推动落实大学生创新创业财税扶持政策

(9) 继续加大对高校创新创业教育的支持力度。在现有基础上,加大教育部中央彩票公益金大学生创新创业教育发展资金支持力度。加大中央高校教育教学改革专项资金支持力度,将创新创业教育和大学生创新创业情况作为资金分配重要因素。

(10) 落实落细减税降费政策。高校毕业生在毕业年度内从事个体经营,符合规定条件的,在3年内按一定限额依次扣减其当年实际应缴纳的增值税、城市维护建设税、教育费附加、地方教育附加和个人所得税;对月销售额15万元以下的小规模纳税人免征增值税,对小微企业和个体工商户按规定减免所得税。对创业投资企业、天使投资人投资于未上市的中小高新技术企业以及种子期、初创期科技型企业的投资额,按规定抵扣所得税应纳税所得额。对国家级、省级科技企业孵化器和大学科技园以及国家备案众创空间按规定免征增值税、房产税、城镇土地使用税。做好纳税服务,建立对接机制,强化精准支持。

5. 加强对大学生创新创业的金融政策支持

(11) 落实普惠金融政策。鼓励金融机构按照市场化、商业可持续原则对大学生创业项目提供金融服务,解决大学生创业融资难题。落实创业担保贷款政策及贴息政策,将高校毕业生个人最高贷款额度提高至20万元,对10万元以下贷款、获得设区的市级以上荣誉的高校毕业生创业者免除反担保要求;对高校毕业生设立的符合条件的小微企业,最高贷款额度提高至300万元;降低贷款利率,简化贷款申报审核流程,提高贷款便利性,支持符合条件的高校毕业生创业就业。鼓励和引导金融机构加快产品和服务创新,为符合条件的大学生创业项目提供金融服务。

(12) 引导社会资本支持大学生创新创业。充分发挥社会资本作用,以市场化机制促进社会资源与大学生创新创业需求更好对接,引导创新创业平台投资基金和社会资本参与大学生创业项目早期投资与投智,助力大学生创新创业项目健康成长。加快发展天使投资,培育一批天使投资人和创业投资机构。发挥财政政策作用,落实税收政策,支持天使投资、创业投资发展,推动大学生创新创业。

6. 促进大学生创新创业成果转化

(13)完善成果转化机制。研究设立大学生创新创业成果转化服务机构,建立相关成果与行业产业对接长效机制,促进大学生创新创业成果在有关行业企业推广应用。做好大学生创新项目的知识产权确权、保护等工作,强化激励导向,加快落实以增加知识价值为导向的分配政策,落实成果转化奖励和收益分配办法。加强面向大学生的科技成果转化培训课程建设。

(14)强化成果转化服务。推动地方、企业和大学生创新创业团队加强合作对接,拓宽成果转化渠道,为创新成果转化和创业项目落地提供帮助。鼓励国有大中型企业和产教融合型企业利用孵化器、产业园等平台,支持高校科技成果转化,促进高校科技成果和大学生创新创业项目落地发展。汇集政府、企业、高校及社会资源,加强对中国国际"互联网+"大学生创新创业大赛中涌现的优秀创新创业项目的后续跟踪支持,落实科技成果转化相关税收优惠政策,推动一批大赛优秀项目落地,支持获奖项目成果转化,形成大学生创新创业示范效应。

7. 办好中国国际"互联网+"大学生创新创业大赛

(15)完善大赛可持续发展机制。鼓励省级人民政府积极承办大赛,压实主办职责,进一步加强组织领导和综合协调,落实配套支持政策和条件保障。坚持政府引导、公益支持,支持行业企业深化赛事合作,拓宽办赛资金筹措渠道,适当增加大赛冠名赞助经费额度。充分利用市场化方式,研究推动中央企业、社会资本发起成立中国国际"互联网+"大学生创新创业大赛项目专项发展基金。

(16)打造创新创业大赛品牌。强化大赛创新创业教育实践平台作用,鼓励各学段学生积极参赛。坚持以赛促教、以赛促学、以赛促创,丰富竞赛形式和内容。建立健全中国国际"互联网+"大学生创新创业大赛与各级各类创新创业比赛联动机制,推进大赛国际化进程,搭建全球性创新创业竞赛平台,深化创新创业教育国际交流合作。

8. 加强大学生创新创业信息服务

(17)建立大学生创新创业信息服务平台。汇集创新创业帮扶政策、产业激励政策和全国创新创业教育优质资源,加强信息资源整合,做好国家和地方的政策发布、解读等工作。及时收集国家、区域、行业需求,为大学生精准推送行业和市场动向等信息。加强对创新创业大学生和项目的跟踪、服务,畅通供需对接渠道,支持各地积极举办大学生创新创业项目需求与投融资对接会。

(18)加强宣传引导。大力宣传加强高校创新创业教育、促进大学生创新创业的必要性、重要性。及时总结推广各地区、各高校的好经验好做法,选树大学生创新创业成功典型,丰富宣传形式,培育创客文化,营造敢为人先、宽容失败的环境,形成支持大学生创新创业的社会氛围。做好政策宣传宣讲,推动大学生用足用好税费减免、企业登记等支持政策。

三、"大众创业、万众创新"提出的意义

对中国来说,最为重要的结构改革是激发全体人民的无穷创造力。万众一心、众志成城才

能绘出最好最美的新蓝图。"大众创业、万众创新"的提出,对当今中国具有特殊的意义。著名经济学家李稻葵认为,一方面,虽然中国经济环境已经好多了,有大量的资金、企业、天使基金在寻找创业合作伙伴,但公共服务并没有向创业青年倾斜,整个社会还没有一个创业培训服务机制,因此社会还没形成一个对创业支持和辅导的氛围。另一方面,除了公共服务的外部环境支持外,政府还需要提供一些硬件设施公共产品,比如孵化科技园、大学生创业园以及大学生创业免半年租金等各种扶持政策,这些方面政府还需加大力度。与此同时必须看到,还有很多行业,尤其是互联网上的新兴业态,蓬勃发展,供不应求。因此,互联网行业需要年轻人去创新、去创业。年轻人创业必须要面向互联网选择新的业态、新的企业、新的商业模式。

时任国务院总理李克强曾用五大排比句来说明"双创"作为中国经济增长新动能的五大意义:"'双创'是推动发展的强大动力,'双创'是扩大就业的有力支撑,'双创'是发展分享经济的重要推手,'双创'是收入分配模式的重大创新,'双创'是促进社会公正的有效途径。"

(一)"双创"是推动发展的强大动力

图1-1是2011—2022年国内生产总值的增长速度变化情况。12年间的增长速度均小于10%,呈现平稳下滑趋势,2020年和2022年由于受新冠疫情影响,增长率下降到2.2%和3.0%。

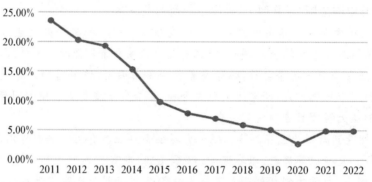

图1-1　2011—2022年国内生产总值的增长速度

图1-2是2011—2022年全社会固定资产投资的增长速度变化情况。12年间增速呈递减态势,同样受新冠疫情影响,2020年的增速只有2.7%,也表明长期以来我国依靠投资拉动经济增长的模式发生了根本性变化。

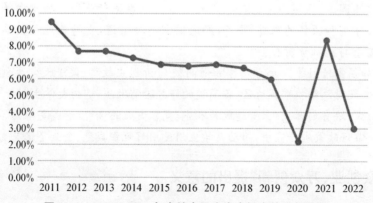

图1-2　2011—2022年全社会固定资产投资的增长速度

图 1-3 是 2011—2022 年全年货物进出口总额的增长速度变化情况。10 年来,进出口总额变化波动很大,有些年份表现出负增长的态势。例如,2015 年全年货物进出口总额 245 741 亿元,比上年下降 7.0%。2016 年全年货物进出口总额 243 386 亿元,比上年下降 0.9%。此外,自 2016 年以来,我国对"一带一路"沿线国家进出口总额逐渐增长,其增速比全年货物进出口总额增速要快,这表明我国"一带一路"对外开放战略取得了初步成效。

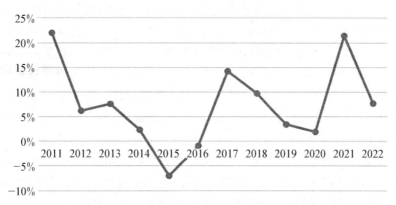

图 1-3　2011—2022 年全年货物进出口总额的增长速度

表 1-2 是 2019—2022 年全国居民人均消费支出状况。平均每年的增长率较为稳定,而且,消费支出对国内生产总值增长的贡献率日渐突出。据统计,2019—2022 年间,除了 2020、2022 年受疫情影响,其余年份最终消费支出对国内生产总值增长的贡献率均超过 50%。

表 1-2　2019—2022 年全国居民人均消费支出状况

年　份	全国人均消费支出/元	比上年增长/%
2019	21 559	5.5
2020	21 210	−4.0
2021	24 100	12.6
2022	24 538	−0.2

图 1-4 反映了 2014—2022 年三次产业增加值占国内生产总值比重。第三产业增加值比

图 1-4　2014—2022 年三次产业增加值占国内生产总值比重

重逐步增加,第二产业和第一产业增加值比重逐步降低,2015年,第三产业增加值比重为50.5%,首次突破50%,之后不断攀升,在新冠疫情期间略有回转。

从上述的国内生产总值、投资、进出口、消费以及产业结构的发展趋势可以分析出中国目前的经济走势至少有三股力量在影响:一是经济下行的压力,经济增长速度呈下滑趋势,在我国经济结构尚未完全转型的情况下,这种压力短时间内不会消除。二是我国经济现存一股较强的支撑力。具体而言是我国目前的工业化和城镇化尚未完成,尤其是新型工业化、新型城镇化和现代技术手段的结合将创造出新的增长力;中西部发展的不平衡既是当下的实际问题,但同时也是经济发展的后发优势;消费结构发生转型和升级,随着小康社会的全面建成,人们的需求不仅是吃饱穿暖,而有更高的需求,对教育、旅游、健康、保健方面的需求在持续增加。三是中国经济增长的动力正发生根本性的变化,新动力逐渐形成。随着中国即将迈向"消费型社会",以及改革红利、创新红利和人才红利的不断释放,新经济、新产品、新业态日渐形成一种新的经济增长驱动力。

党的二十大报告指出,到二〇三五年,我国发展的总体目标是:经济实力、科技实力、综合国力大幅跃升,人均国内生产总值迈上新的大台阶,达到中等发达国家水平;实现高水平科技自立自强,进入创新型国家前列。为此,应完善科技创新体系。坚持创新在我国现代化建设全局中的核心地位;加快实施创新驱动发展战略;强化企业科技创新主体地位,发挥科技型骨干企业引领支撑作用,营造有利于科技型中小微企业成长的良好环境,推动创新链产业链资金链人才链深度融合。应实施就业优先战略。强化就业优先政策,健全就业促进机制,促进高质量充分就业,完善促进创业带动就业的保障制度,支持和规范发展新就业形态。创新创业是经济发展的源动力。创新能促进我国经济结构不断优化升级,能解决我国资源环境约束问题,有利于转变经济发展方式。创业能迅速催生一大批新企业,能早就快速发展的新行业,缓解当前经济下滑带来的就业问题。"双创"是中国经济转型和保增长的"双引擎"。

(二)"双创"是扩大就业的有力支撑

长期以来,我国年末城镇登记失业率基本保持在4%左右:2013年年末城镇登记失业率为4.05%,2014年年末城镇登记失业率为4.09%;2015年年末城镇登记失业率为4.05%,2016年年末城镇登记失业率为4.02%,2017年年末城镇登记失业率下降为3.90%。2018年启动两个指标衡量就业状况,一是年末全国城镇调查失业率为4.9%,比上年末下降0.1个百分点;二是城镇登记失业率为3.8%,比上年末下降0.1个百分点。受新冠疫情影响,自2020年开始,城镇登记失业率超过4.0%。

值得注意的是,上述数据是登记在册的失业率状况,如果把那些尚未登记的失业人数统计在内,比例应该比这要高。因此,当前我国就业总量压力依然存在,结构性矛盾也相当突出。如何解决失业问题,政府当仁不让、责无旁贷。政府要通过发展经济开发就业岗位,通过职业培训提高劳动者的素质和技能;要通过实施失业保险制度对暂时不能实现就业的劳动者给予帮助,保障他们的基本生活,提供再就业服务。而鼓励大众创业、万众创新,把创新创业和就业结合起来,以创新创业带动就业,对于我们这样一个人口大国而言具有十分重要意义。创新来自万众的实践,而创业使创新得以落脚,不仅解决了自身就业问题,而且可以带动数倍的就业。

（三）"双创"是发展分享经济的重要推手

所谓分享经济（Sharing Economy）是信息革命发展到一定阶段后的新经济形态，是指个人、组织或者企业，通过新一代信息通信技术实现社会闲置资源合理充分利用，通过社会化平台分享闲置实物资源或认知盈余，以低于专业性组织者的边际成本提供服务并获得收入的经济现象。分享经济是将社会海量、分散、闲置的资源进行平台化、协同化地集聚、复用与供需匹配，从而实现经济与社会价值创新的新形态，其本质是以租代买，资源的支配权与使用权分离。例如，优步、空中民宿和滴滴快的等公司都属于分享经济的组织形式。分享经济的具体内容包括：① 分享的标的物，主要是闲置资源，包括闲置物品、碎片时间、认知盈余和资金盈余、闲置空间与公共服务；② 实现的方式，基于互联网、信息与通信技术、云计算、大数据等，构建平台，形成规模与协同，以更低成本和更高效率实现经济剩余资源智能化的供需匹配；③ 实现的结果，分享经济平台可以使得闲置资源实现经济价值与社会价值的创新。分享经济的特点是搭建了互联网第三方平台，能精确地动态匹配闲置资源的供需双方，实现闲置资源使用权交易。因此，分享经济除了强调技术创新、制度创新和商业模式创新之外，还强调人人参与，也就是"双创"，"双创"是发展分享经济的重要推手。

（四）"双创"是收入分配模式的重大创新

一国收入分配模式是对分配原则、分配制度、分配手段以及组织形式的选择问题。收入分配模式的合理与否，对经济增长、社会稳定、社会资源的合理配置都有十分重要的意义。我国现阶段的主要分配方式强调按劳分配为主体，多种分配方式并存。"双创"是我国收入分配模式的重大创新，其中体现在把创业者的智慧、企业家精神、技术创新成果、各种点子和创意等作为重要收入分配的原则，这将更加激励我国"双创"的有效进行。

（五）"双创"是促进社会公正的有效途径

市场经济体制按照个人对生产的贡献大小来分配收入。由于个人所拥有的体力、智力、天赋、资本在质和量上有很大差别，于是产生收入分配不公。我国改革开放取得举世瞩目的成就，但同时也逐步拉大收入分配差距。衡量我国收入分配不公的指标是基尼系数，是各国公认的一种衡量社会公平程度的一个标准。基尼系数介于 0 到 1 之间。目前我国该指标高达 0.47 左右，远超过了国际警戒线。一国贫富差距过大，会造成社会的不稳定，引发许多社会问题，甚至出现一些极端事件，直接威胁市场机制本身。如果不建立公平公正的竞争秩序，不采取有效手段对不公平分配进行纠正，最终会危及政治的稳定和经济的长足发展。当前，我国政府重点进行反腐倡廉活动，为我国长期经济的可持续发展营造了风清气正的公正环境；对中小企业的低息或贴息贷款、对个人的收入征收累进所得税、对低收入群体提供各方面的保障等也是促进社会公平的重要途径。大众创业、万众创新的提出，鼓励所有人都有机会在可能的条件下去创业、去创新，也是促进社会公正的有效途径。政府对此支持的力度也很大。例如，2015年 6 月 4 日的国务院常务会议后，决定鼓励地方创设基金，对众创空间等办公用房、网络等给予优惠，对小微企业、孵化机构等给予税收支持，创先投贷联动、股权众筹等融资方式，取消妨碍人才自由流动的户籍、学历等限制，为"双创"创造条件。因此，"双创"是我国收入分配改革和促进社会公正的切入点，可以增加大量的就业岗位，提供更加公平的机会和顺畅的上升通道，让更多的人通过自身努力富起来。

第二节 大学生创新创业教育的
内涵与意义

一、创新创业教育的内涵

(一)国外学者关于"创业教育"的定义

国外学者大多从创业教育入手研究,在后期才融入创新教育研究。创业教育,是英文 Enterprise Education 的中文表述。根据《牛津高级英汉双解辞典》(第 9 版)给出的解释, Enterprise Education 的意思可概括为:一是进行从事事业、企业、商业等规划、活动、过程的教育;二是进行事业心、进取心、探索精神、开拓精神、冒险精神等心理品质的教育。美国著名管理学教授彼得·F. 德鲁克(Peter F. Drucker)最先指出经典的"创业可教论",他强调"创业不是魔法,也并不神秘。创业并不是深植于基因中的与生俱来的天赋,而是可以被教授的,是可以通过学习掌握的"。许多学者对于创业教育的理解主要从个体角度出发,认为创业教育是对个体的能力、创业意识和技能和创新精神等创业综合素质的培养,创业教育可以提高拥有创业意向个体的素质。2013 年,美国著名的创业教育研究机构考夫曼基金会这样定义创业教育:创业教育是一个过程,它向被教育者传授一种概念与技能以识别那些创业是一个发现和捕获机会并由此创造出新颖的产品或服务和实现其潜在价值的过程。美国学者洛厄尔·W. 布森尼兹(Lowell W. Busenitz)提出创业教育内容包括在风险面前的机会识别与在资源整合的前提下创办一个企业,也包括对企业管理过程的介绍,如商业计划、市场营销等。联合国教科文组织亚太地区办事处 1991 年 1 月召开的"教育革新与发展服务计划"东京会议的报告指出:"创业教育,从广义上来说是培养具有开创精神的个人,它对于拿薪水的人也同样重要,因为用人机构或个人除了要求受雇者在事业上有所成就外,正越来越重视受雇者的首创、冒险精神、创业能力、独立工作能力以及技术、社交和管理技能。"狭义的创业教育则是与增收培训的概念紧密结合在一起的。1995 年,联合国教科文组织发表《关于高等教育的变革与发展的政策性文件》中全面阐述了完整的创业教育概念,指出:"人们希望高等教育的毕业生不仅是求职者,而且也是成功的企业家和工作岗位的创造者。"这里,创业教育包括"求职"和"创造新的就业岗位"。

(二)我国关于"创业教育""创新创业教育"的界定

创业教育的概念于 20 世纪 80 年代末传入中国。创业教育这一全新概念的首次提出是在 1989 年 11 月北京召开的"21 世纪教育国际研讨会"上。从创业教育的受教主体来说,创业教育是以高校大学生个体和学校为主,以政府、社会、企业、家庭与中小学校为辅。关于创业教育的含义,我国学者纷纷从不同的角度进行阐述:创业教育是高校创造教育的重要组成部分,它通过对在校生将自己所学知识和技能进行应用转化进而创办企业的教育,增强大学生的创新精神和创新能力,是高校培养创新人才的有效途径;创业教育主要是培养人的创业精神和创业能力的,是培养学生创业能力的教育活动,即在对大学生加强基本理论和基础教育的同时,以培养学生创业精神和创业能力基本价值取向的教育;创业教育的精髓不是"就业",而是"创造新的就业岗位"。创业教育是指企业家精神,是一种将创新成果与商业冒险结合起来的潜质的培养,它是创新教育、素质教育的具体的、高层次的目标。

2010年,我国教育部将"创业教育"改为"创新创业教育"。在《教育部关于大力推进高等学校创新创业教育和大学生自主创业工作的意见》中明确指出,创新创业教育是适应经济社会和国家发展战略所需而产生的一种教学理论与模式,在高等学校中大力推进创新创业教育有利于促进高等教育的科学发展,深化教育教学的改革,提高人才培养的质量。为此,国内学者纷纷对创新创业教育进行界定。多数学者从两者的关系入手进行阐述:创新创业教育是在创新教育和创业教育的基础上提出来的,基于创新和创业两者密不可分、相互依存的关系,融入了创新教育和创业教育的内涵。创新是指创建一种新的机制,创业指的创建新的事业,因此创新创业的实质在于向新的机制中注入新鲜的血液。强调创业的本质是创新,创新也同时支撑着创业。创业意味着要创新,有了创新的思维,占得先机,促使创业的成功。在"创业"前面加上"创新",实际上规定了创业是创新型创业,创新是创业的特质。在"创新"后面加上"创业"意味着思维上的创新要落实到行为上的创业,创新的目标是创业,创新活动最终是要指向应用。

二、国外大学生创新创业教育的发展

(一)美国高校创业教育的发展

创业教育首先在美国兴起并获得迅速发展。1947年,哈佛商学院的迈尔斯·梅斯(Myles Mace)教授率先开设"新创企业管理"课程。1957年,硅谷仙童半导体公司创建,在较短时间内取得了极大的成功;20世纪60年代,硅谷新成立了26家硅片公司。应该说,美国硅谷地区成功的创新和创业故事、良好的创业环境和文化使得大学创业教育的需求大大增加。1967年,斯坦福大学和纽约大学开创了现代的MBA创业教育课程体系。1968年,百森商学院(Babson College)第一次在本科教育中开设创业方向课程。20世纪70年代,史蒂夫·沃兹尼亚克(Steve Wozniak)和史蒂夫·乔布斯(Steve Jobs)一起开发出苹果计算机(Apple Computer)。苹果电脑公司的创建和发展,大大推动了计算机技术的创新,强烈激发了人们的创业激情。

在这种背景下,20世纪70年代和80年代,美国大学的创业教育进一步得到快速发展。根据所罗门(Solomon)和费纳德(Fernald)关于全美高校本科层次的创业教育课程开设情况的研究成果显示,1979年时有127所高校在本科生中开设了创业教育课程,1982年时增加到315所,1986年时有590所,到1989年数量达到1060所。

20世纪90年代,互联网革命出现,使得创业的门槛进一步降低;相当大比例的名校MBA毕业后首选创业企业或创建新企业而不是去投资银行、大企业或咨询公司。这些使得大学创业教育进一步得到发展。到1995年,开设了创业课程的美国大学已经超过400所,其中超过50所大学开设并提供了至少4门创业方面课程,使之成为一个创业教育项目,并作为大学教育(尤其是MBA教育)的重要组成部分。

目前伴随着知识经济时代的来临,创业教育作为美国大学教育的一个重要组成部分,经过50多年的发展已经趋于成熟,其发展趋势是从单门课程到一个项目,进而在一些大学成为一个专业。许多大学和学院还开设了创业学或创业研究专业,成立创业教育中心、创业教育研究会,形成了大学比较完整的创业教育体系和浓厚的校园创业文化,促使了大学生、研究生创业者阶层的产生。

(二) 其他国家高校创新创业教育的发展

德国重视对创业者的支持和保障,为创业者营造良好的创业环境,提出高等学校要成为"创业者的熔炉"的口号,通过立法保障创业者,在资金、政策、服务、咨询和培训上支持创业者。日本政府也十分重视培养创造性人才,通过立法,在高校倡导创业教育。日本政府还制定了《青年自立挑战计划》的政策性文件,促进青年就业和创业。日本高校创业教育模式覆盖面广,层次清晰,内容丰富,形式多种多样,并制定了严格的大学生创业教育规章制度。在课程设置上把创业教育放进了必修课的位置。澳大利亚政府积极实行课程结构改革和调整,开发有关创业的综合类、工业类、商业类、远程教育的教材,并重视教学思想、教学目的、课程结构、课内的教育体系建设,并且在教学方法、评估考核等方面体现出自己的特色。韩国的大学里流行着"大学是预备企业,大学生是预备企业家"的观念,创业成为大学生的热潮。韩国政府已放弃了开发区优先的模式,转为支持大学生创业,将高素质人才和风险资金、风险企业紧密地结合起来。英国很重视创新创业教育,英国财政部在21世纪初成立国家大学生创业委员会,发展本国的创新创业教育。英国政府在初中就开始开设创业课程,发起了一项中学生创业计划,意识到了创业教育具有超前性。加拿大的研究生有五分之一接受创业课程的培养,本科生则有近一半的学生接受创业教育课程。泰国在基础课程中渗透创业教育,注重创业能力的培养。新西兰设置人才培养方案,要求学生掌握工作能力、工作习惯、合作能力、解决问题能力。

三、我国大学生创新创业教育的发展

创新创业教育是时代的产物,是在创造教育、创新教育、创业教育的基础上发展而来的。早在1917年,"创造教育"就被教育家陶行知等提出来,他把创造教育同生活教育和儿童教育思想结合在一起,促进了创造教育理论的发展。1989年11月底,联合国教科文组织组织了一些发展中国家在北京召开"面向21世纪教育国际研讨会",正式提出"创业教育"的概念,并要求把创业教育提高到学术性和职业性教育所享有的同等地位。创新是20世纪90年代的主题,此时,中央教育科学研究所提出了"创新教育"的理念,并在大学、中学、小学开展创新教育。

1998年9月,清华大学在国内管理学院中率先为MBA开设了"创新与创业管理方向",其中包括8门课程;同时,还为全校本科生开设了"高新技术创业管理"课程。随后,一些国内知名高校也陆续开设了创业方面的课程。同年,清华大学举办了第一届"清华大学创业计划大赛"。

1998年10月,在法国巴黎召开的世界高等教育大会发表的宣言《21世纪的高等教育:展望与行动》明确提出:"培养学生的创业技能,应成为高等教育主要关心的问题。"这次大会发表的《高等教育改革和发展的优先行动框架》强调:"高等教育必须将创业技能和创业精神作为基本目标,以使高校毕业生不仅仅是求职者,而首先是工作岗位的创造者。"为适应世界教育改革和发展的趋势,同年12月,我国教育部在公布的《面向21世纪教育振兴行动计划》的文件中,提出了要"加强对教师和学生的创业教育,鼓励他们自主创办高新技术企业"。这标志着创业教育在中国高等教育领域逐步展开。

1999年,共青团中央、中国科协与全国学联联手举办首届"挑战杯"中国大学生创业计划竞赛。此后,国内许多高校也纷纷采取相应措施,举办大学生创业大赛、开展创业教育、支持创业活动。大学生中涌现出一股前所未有的创业潮。目前,大学生创业计划竞赛已经成为全国大学创业教育中的重要活动,与创业课程教育形成比较好的互补。1999年5月由团中央、科技部共同发布了《关于共同实施中国青年科技创新行动的意见》,鼓励青年创新、创业,为大学生创业教育提供了机会与支持。

2000年1月,在全国高校技术创新大会上,教育部公布了新的政策,大学生、研究生可以休学保留学籍创办高新技术企业。许多地方也相继出台一些政策与措施,帮助和鼓励大学生创业。

2003年4月上旬,团中央、教育部和全国学联组织"创业者风采"优秀大学生事迹报告团赴全国各地高校巡回演讲,对大学生进行了一次良好的创业教育,收到很好的效果。但随着每年新加入就业市场的毕业大学生越来越多,大学生的就业压力越来越大,因此迫切需要加强大学生的创业教育。

2005年9月,团中央国际联络部、国际劳工组织和联合国青年就业网络中国项目合作办公室共同开展的大学生创业教育试点项目"了解企业"(Know About Business, KAB)在北京正式启动,这是为培养大学生的创业意识和创业能力而专门开发的新项目。

2010年,教育部发布《关于大力推进高等学校创新创业教育和大学生自主创业工作的意见》,正式采用"创新创业教育"的提法,明确要求创新创业教育要结合专业教育,融入人才培养全过程。

2015年10月19日至20日,首届中国"互联网+"大学生创新创业大赛总决赛在吉林长春举行。时任国务院总理李克强对大赛作出重要批示,强调应把创新创业教育融入人才培养。批示指出:大学生是实施创新驱动发展战略和推进大众创业、万众创新的生力军,既要认真扎实学习、掌握更多知识,也要投身创新创业、提高实践能力。中国"互联网+"大学生创新创业大赛,紧扣国家发展战略,是促进学生全面发展的重要平台,也是推动产学研用结合的关键纽带。教育部门和广大教育工作者要认真贯彻国家决策部署,积极开展教学改革探索,把创新创业教育融入人才培养,切实增强学生的创业意识、创新精神和创造能力,厚植大众创业、万众创新土壤,为建设创新型国家提供源源不断的人才智力支撑。

2015年,国务院办公厅发布《关于深化高等学校创新创业教育改革的实施意见》(国办发〔2015〕36号),该《意见》从国家层面、社会层面和大学生个人层面的需要出发,提出了深化高等学校创新创业教育改革的指导思想、基本原则和总体目标。强调高校必须重视创新创业教育,对高校创新创业教育的发展做出了明确的规划。此外,教育部高等学校创新创业教育指导委员会在这一时期成立,指导和推动创新创业教育在全国高校探索和发展。

2016年起,创新创业教育课程在高校都要有所开设,在全国各高校普及创新创业教育,到2020年建立健全课堂教学、自主学习、结合实践、指导帮扶、文化引领融为一体的大学生创新创业教育体系。

2017年,教育部认定并公布了首批"深化创新创业教育改革示范高校",引导其他高校学习示范高校在开展创新创业教育工作方面的先进做法,通过树立榜样,指引并激励全国高校提高创新创业教育水平和质量。

四、大学生创新创业基础教育的必要性

大学生以及大学毕业生创业者作为我国创业创新的"中坚力量"与"中流砥柱",对其加强创新创业教育具有一定的必要性。在2017年,全球化智库(Center for China and Globalization, CCG)发布了《2017中国高校学生创新创业调查报告》中,97.93%的学生认为学校开展创新创业教育是必要的,超过60%的学生对创新创业感兴趣,但是实际能够进行创

新创业的人却较少；在 2018 年麦肯锡研究院的就业蓝皮书中显示，依照美国 SCANS (Secretary's Commission on Achieving Necessary Skills，SCANS)标准，中国大学生毕业时的基本工作能力的掌握水平低于企业单位对于工作岗位的要求水平，其中包括理解与交流能力、科学思维能力、管理能力、应用分析能力和动手能力五大类，说明当前大学生的整体职场就业能力不足。因此，创新创业教育是满足大学生知行合一、实践能力提升并实现终身教育的有效途径之一。

(一) 创新创业教育是适应新时代人才培养目标的需要

21 世纪，人类进入了知识经济时代。知识经济对人才的要求不仅要掌握大量的理论知识，还要有较强的动手能力和创新能力，具有较高的创新、创业综合素质，具有科学的人生观和社会责任感。传统的人才培养模式难以满足时代发展和社会经济发展的需要，创新驱动发展战略需要大量的创新创业型人才。中共中央、国务院在《关于深化教育改革全面推进素质教育的决定》中指出："高等教育要重视培养大学生的创新能力、实践能力和创业精神。"因此，加强大学生创新创业教育，是知识经济时代对教育发展提出的新要求，在我国大学生就业形势日益严峻的今天，实施创新创业教育，有其现实的和深远的意义。

1. 新时代要求大学生应具备创新能力

知识经济是以现代高新科技为主导的经济，加强知识创新和技术创新、发展高科技以及实现产业化，是我国经济发展面临的深层次的问题，是提高国民经济整体综合实力、实现跨越式发展的紧迫要求，也是应对国际竞争的战略抉择。我国正面临着严峻的挑战，据统计，目前我国的科技成果转化率较低，仅有 6%—8%，而发达国家科技成果转化率高达 50%左右。许多科研机构的成果因无人购买而派不上用场，经费缺乏矛盾突出，形成恶性循环；许多企业技术落后，效益低下，没有竞争力，甚至面临关门倒闭的危机，却得不到能起死回生的技术成果。缺乏创新能力是造成这种局面的重要原因之一。创新能力是一个国家和民族核心竞争力的重要标志。习近平总书记在党的十九大报告中指出，创新是引领发展的第一动力，是建设现代化经济体系的战略支撑。当今世界已经进入到知识经济时代，一国经济增长的动力源泉是创新，面对日趋竞争激烈的形势，为了在经济全球化中占据主动地位，增加本国的经济发展实力，各国都非常重视创新创业型人才的培养。因此，加强创新创业教育是大学生适应知识经济和高新技术发展之必要，培养大学生创新意识与创新能力对提高我国科技成果转化率具有重要意义。

大学生的创新能力不仅表现为对已有知识的获取、改组和运用，对新思想、新技术、新产品的研究和发明，而且也表现为追求创新的意识、发现问题并积极探求的心理取向、善于把握机会的敏锐性、积极改变自己并改变环境的应变能力。加强创新创业教育有利于培养大学生的创造性思维能力。创新创业活动可以引导学生主动接收信息、追求真知，提高创造性思维能力，也有助于培养学生的兴趣和爱好，激发他们进行探索和研究的欲望，从而有助于学生情感与意志的培养与发展。

2. 新时代要求大学生应具备实践能力

社会对人才需求的结构随着不同的时代而发生变化。随着我国社会主义市场经济的迅速发展，传统的"专才型"人才培养模式逐渐暴露出它的弊端。新经济时代需要的是复合型人才，他们应该能够适应复杂多变的社会经济环境，适应规范的市场竞争机制，适应经济全球化的潮流,适应终身学习的成长道路。新经济时代要求教育不仅重视理论知识教学,还重视培养大学生实践能力,培育出综合素质更高的创新创业型人才,增强大学生就业竞争力。大学生创新创业活动重视的是学生的实际动手能力,重视的是学生的亲身体验和实践。创新创业活动关注的是过程而非结果,强调的是在整个活动中训练技能,发展能力,能使学生的专业能力、特长发展及各种能力得到增强和巩固,有助于学生的社会实践能力和组织协调能力的提高。另外,大学生能否与人进行良好的沟通与合作非常重要,因为创业者必须具备团队合作精神、公关社交能力、语言表达能力,而加强创新创业教育恰恰可以提高这方面的能力素质。

3. 新时代要求大学生应具备创业精神

经济的全球化和激烈的竞争使现在企业所面临的外部环境复杂多变,大学毕业生要胜任自己所承担的工作,就必须有较强的适应环境能力和灵活应变能力。创新创业教育的目标是让大学生了解创新创业在经济发展中的地位与作用,了解创业过程的一般规律,使学生对自己的创业技能进行评估,了解新创企业进入市场的一般策略,了解创业计划的基本要素,了解如何控制与管理新创企业的成长和扩张等规律,使受教育者敢想敢干,致力于成为一个具备创业精神的创业者,并为成为推动经济发展和社会就业的企业家而不懈努力。开展创新创业教育,促使高校人才培养目标紧密结合社会需要和市场需求,可以培养大学生更强的社会适应性,使之更符合企业选人、用人的要求,符合社会主义经济建设的人才需求。创新创业基础教育和训练在一定程度上是一种学习的过程,是一种开拓思维、创新思维、团队合作精神、敏锐洞察力的训练,这对于大学生今后的工作、学习和生活都具有重要的意义。

(二) 创新创业教育是适应就业形势变化之必要

我国是一个劳动力问题长期供大于求的发展中国家,就业任务非常艰巨,就业压力十分沉重,如何有效利用这丰富的劳动力资源,是一个严峻的挑战。自 1999 年我国高校持续扩招以来,高等教育大众化的进程明显加快,但是由其带来的毕业生的就业问题越来越为社会所关注。目前,大学毕业生大量供给与市场需求的矛盾十分突出。高校毕业生择业难、就业更难,从 2008 年到 2018 年间,全国高校毕业生数量由 559 万人已经上升至 835 万人。解决就业问题,不应是一个被动安置现有劳动人口的过程,而应是一个加强人力资源能力建设、提高人口素质的过程,是一个努力把我国人力资源优势转化为经济社会发展优势的过程。加强大学生的创新创业教育势在必行。通过创新创业教育培养创业型人才,扩张创业的就业倍增效应,为社会提供更多的就业岗位,是解决就业问题的根本出路。通过对大学生的创新意识、创造精神和创业能力的培养,使大学毕业生"不仅成为求职者,而且逐渐成为工作岗位的创造者"。另外,在我国长期的传统教育体制下,大学生普遍习惯于被动就业,缺乏冒险精神和风险意识。因此,实施创新创业教育能够在一定程度上转变大学生对未来谋生存求事业的观念。越来越多的大学生选择创业代替就业,通过自主创业的途径实现自我的人生价值。创业是一种更高级的职业选择。

(三) 创新创业教育是推动我国高等教育改革的重要抓手

目前我国高等教育存在的问题主要有如下几点:第一,高校办学理念保守与陈旧。一些高校相对封闭的人才培养与"市场"未能达到较好的"对接"。而市场真正需要的人才,高校并未规模化培育出来,最终出现了当下大学生择业、就业难的局面。第二,许多本科院校都按照大而全的综合性大学的样板来办学,这样,无论是学生的培养模式还是教学的效果、质量,都难以适应社会需要,恰当地择业和就业。第三,高校对大学生的教育,更强调和突出知识型、复合型,而能力型和创新型相对弱化甚至是匮乏。

联合国教科文组织于1998年10月在巴黎举行世界高等教育会议,大会发表的《21世纪的高等教育:展望与行动》宣言和《高等教育改革和发展的优先行动框架》宣言明确指出:高等学校必须将创业技能和创业精神作为高等教育的基本目标。《行动框架》则进一步阐述,应培养学生逐渐成为工作岗位的创造者,要求教师不应仅仅传授知识,而且必须把重点放在教会学生如何学习、如何思考、如何发挥主动精神上,使学生能独立思考和协同工作,能将传统和当地的知识和技能与先进的科学技术相结合以产生创造力。因此,我们必须坚定不移地加强我国高等学校的创新创业教育,把对当代大学生"创新创业"教育融入人才培养体系,这不仅对大学生本身而言具有重要意义,同时也是国家发展战略要求。这是高等教育的历史使命与新时期各高校创建"双一流"愿景的重要基因与元素,更是促进高校内涵式发展的本质要义。

第三节　创新创业的内涵与特征

一、创新的内涵与特征

(一) 创新的定义

我国早期提到的"创新"["革弊创新者,先皇之志也"(《魏书》第六十二卷)]主要指破除旧的思想观念,提倡新的方式、方法。《辞海》(第7版)中对于创新的定义为"创造新的革命"。《现代汉语词典》(第7版)中对创新的定义定义为"抛开旧的,创造新的"。从词义上理解,创新是在改变旧事物的基础上产生的行为,创新是对旧事物的否定与超越。

美国著名经济学家约瑟夫·熊彼特(Joseph Schumpeter)早在1912年出版的著作《经济发展理论》中就对创新的定义做出了重要的阐述。他指出:"创新是把一种新的生产要素和生产条件的'新结合'引入生产关系。"他提出的创新理论包含五种情况:"一是开发新产品;二是用新的生产方法;三是发现新的市场;四是发现新的供应来源并获得新的原材料或半成品;五是创建新的工业、产业组织"。熊彼特认为,创新是一个经济范畴,所谓"创新"就是"建立一种新的生产函数",也就是说,把一种从来没有过的关于生产要素和生产条件的"新组合"引入生产,形成一种新的生产能力。由此对创新的内涵解释有两种:一是创造发明;二是将已有的事物进行重新组合并产生新的效益。自20世纪60年代起,管理学家们开始将创新引入管理领域。彼得·德鲁克在《在动荡年代的管理》一书中发展了创新理论。他认为创新的含义是有系统地抛弃昨天,有系统地寻求创新机会,在市场薄弱的地方寻找机会,在新知识萌芽时期寻找机会,在市场的需求和短缺中寻找机会。

综上,我们认为创新指的是创造和发现新东西。创新是运用知识或相关信息开发一种新事物的过程。创新概念包含的范围很广,可以说各种能提高资源配置效率的新活动都是创新,其中,既有涉及技术性变化的创新,如技术创新、产品创新、过程创新;也有涉及非技术性变化的创新,如制度创新、政策创新、组织创新等。创新可以从观念上或行为上产生思想的创新、艺术的创新、技术的创新等,更多的是在思维上推陈出新、勇于进取和勇于开拓及转化的一种创造。

(二) 创新的基本类型

美国德布林咨询公司在研究近 2 000 个最佳创新案例后,发现历史上所有伟大的创新都是 10 种基本创新类型的某种组合,并由此开发出"创新的 10 种类型"框架。创业者需要综合应用多种创新类型,才能打造可持续的竞争优势,如表 1-3 所示。

表 1-3 创新的 10 种类型

类 型	定义和特点	作用与范围
盈利模式创新	是公司寻找全新的方式将产品和其他有价值的资源转变为现金的一种创新	这种创新常常会挑战一个行业关于生产什么产品、确定怎样的价格、如何实现收入等问题的传统观念。溢价和竞拍是盈利模式创新的典型例子
网络创新	是指公司可以充分利用其他公司的流程、技术、产品、渠道和品牌	众筹众包等开放式创新方式是网络创新的典型例子
结构创新	通过采用独特的方式组织公司的资产来创造价值的一种创新	它可能涉及从人才管理系统到重新固定设备配置等方方面面,包括建立激励机制,鼓励员工朝某个特定目标努力,实现资产标准化从而降低运营成本和复杂性,甚至创建企业大学以提供持续的高端培训
流程创新	是公司主要产品或服务的各项生产活动和运营的创新	这类创新需要彻底改变以往的业务经营方式,使得公司具备独特的能力,高效允准,迅速适应新环境,并获得领先市场的利润率。流程创新常常构成一个企业的核心竞争力
产品性能创新	是公司在产品或服务的价值、特性和质量方面进行的创新	这类创新既涉及全新的产品,也包括能带来巨大增值的产品升级和产品线延伸
产品系统创新	将单个产品和服务联系或捆绑起来,创造出一个可扩展的强大系统的一种创新	产品系统创新可以帮助你建立一个能够吸引并取悦顾客的生态环境,并且抵御竞争者的侵蚀
服务创新	保证并提高了产品的功用、性能和价值的一种创新	它能使一个产品更容易被试用和享用,它为顾客展现了他们可能会忽视的产品特性和功用,它能够解决顾客遇到的问题并弥补产品体现中的不愉快
渠道创新	包含了将产品与顾客和用户联系在一起的所有手段	这方面的创新老手常常能发掘出多种互补方式,将他们的产品和服务呈现给顾客
品牌创新	是有助于保证顾客和用户能够识别、记住你的产品的一种创新,并在面对你和竞争对手的产品或替代品时选择你的产品	好的品牌创新能够提炼一种"承诺",吸引买主并传递一种与众不同的身份感
顾客契合创新	是要理解顾客和用户的深层意思,并利用这些来发展顾客与公司之间富有意义的联系的一种创新	顾客契合创新开辟了广阔的探索空间,帮助人们找到合适的方式把自己生活的一部分变得更加难忘、富有成效并充满喜悦

二、创业的内涵与特征

(一) 创业的定义

《辞海》(第7版)对创业的注解为"创立基业,这里的基业是指事业的基础、根基"。创业一般用于三种状况:① 强调开端和草创的艰辛和困难;② 突出过程的开拓和创新意义;③ 侧重于在前人的基础上有新的成就和贡献。美国创业学专家谢恩·斯科特(Shane Scott)认为,创业是机会的发现、评估和开发的行为,通过此前不存在的组织努力用以导出新产品和服务、组织形式、市场、流程和原材料的过程。美国创业学教授罗伯特·C. 荣斯戴特(Robert C. Ronstadt)认为,创业是一个创造增长的财富的动态过程。美国哈佛商学院创业管理教授霍华德·H. 斯蒂文森(Howard H. Stevenson)提出,创业是一个人——不管是独立的还是在一个组织内部——追踪和捕获机会的过程,这一过程与其当时控制的资源无关,创业就是察觉机会、追逐机会的意愿及获得成功的信心和可能性。美国创业学教授杰弗里·A. 蒂蒙斯(Jeffry A. Timmons)在其所著创业教育领域经典教科书 *New Venture Creation* 中指出:"创业是一种思考、推理和行为方式,这种方式是以商机为起点,能促使人们根据自身情况和发展前景去努力追求梦想的活动。创业导致价值的产生、增加、实现和更新,不只是为所有者,也为所有的参与者和利益相关者。"

人们对创业的理解各种各样,但概括起来有以下共同点:第一,创业是一种开拓性的活动;第二,创业是一种创新活动,在创业过程中总能创造出新颖的产品、服务、模式;第三,创业必须要贡献出时间和付出努力,并要自己承担相应的财务的、精神的和社会的风险;第四,创业是创业者有意识的发掘某些资源或获得某些信息、技术以及机会,创造价值并努力实现价值的过程。因此,创业是一种个人、团队或一个现有企业,有意识地发现和捕获商业机会,充分发掘和整合资源,利用或借助相应的平台,创造出新颖的产品和服务,以创造价值并实现价值的一种开拓性创新性活动。

(二) 创业的功能

 案例

海南师范大学女生孙丽婷的创业故事

海南师范大学女生孙丽婷2008年7月毕业于海南师范大学中文系。刚毕业时,她一年之内换了十几份工作却不如意,大部分原因是薪水低,用她的话说:"一个月的工资根本应付不了房租、交通、通信和吃饭等花费,更别提回报父母。"经过多方考察,孙丽婷准备进军陌生的服装行业。东拼西凑30万元在海口国贸商圈开了一家小型服装厂,取名叫"百齐服装"。孙丽婷和她的团队设计开发了具有海南特色的"古尔多齐"岛服,印制海南特色元素。

当然,服装厂的创业一般门槛比较低,容易进入,因此要想在这一个行业中取胜,其实更多要讲究创新。创业一般具有以下功能。

第一,促进资源分配:创业有利于社会资源的合理配置,加剧行业经营的竞争,形成优胜劣汰的局面,维持市场的活力,促进社会资源产生较高的社会效益。

第二,推动组织发展:组织是创业者为把商业机会转换成商业价值而整合配置资源的一种形式,创业者为了适应外界不断变化就必须不断地调整组织的功能与形式,从而推动组织的发展。例如,制衣店就是一个公司组织,在发展中吸纳劳动力,加强技术改进。

第三,帮助实现人生价值:实现人生价值最好的方法就是找到自己,做最好自己的时候,就一定能成功。

第四,推动社会发展进步:创业在促进自身成长的同时,也会创造社会价值,推动社会发展进步。

(三) 创业的基本要素

美国百森商学院由罗杰·百森(Rogey Babson)在1919年3月创立,初始命名百森协会,1969年改名为百森商学院。百森商学院是创业学领域的领导者,在创业管理方面的专长为世界公认。蒂蒙斯是创业学的创始人,提出了比较典型的创业要素模型,即蒂蒙斯模型,认为创业的基本要素是创业者及其创业团队、创业机会和创业资源。

我们在其基础上认为创业的基本要素包括以下内容:

1. 创业者及其创业团队

创业者及其创业团队是指创业初期(包括企业成立前和成立早期),由一群才能互补、责任共担、愿为共同的创业目标而奋斗的人所组成的特殊群体。创业者是创业的主体,承担个人钱财、声誉以及放弃其他工作机会等风险从事创业活动,在创业过程中起着关键的推动和领导作用,包括商业机会的识别和把握、企业组织的创立、融资、产品创新、资源获取和有效配置及运用、市场开拓等等。创业者的素质和经验直接决定创业的成功与失败。风险投资家选择投资项目时,首先评价的要素就是创业者及其组建的团队,然后才是技术先进性、产品独特性和市场潜力及盈利前景等因素。

2. 创业机会

创业机会是指创业者可以利用的商业机会,从创业过程角度来看,机会是创业的起点,创业过程就是围绕着创业机会识别、开发、利用的过程。创业是市场驱动的,没有被满足的市场需求,就是商机。利用商机,是创业者进行创业的主要驱动力量。利用商业机会将其转化为价值的过程就是创业的过程。创业需要寻求有效机会。创业通常离不开创业者识别机会、把握机会和实现机会的有效活动。创业者从创业起始就需要努力识别商业机会,只有发现了商业机会,才有可能更好地整合资源和创造价值。因此,一般认为寻求有效机会是产生创业活动的前提。

3. 创业资源

创业资源是指新创企业在创造价值的过程中,需要的特定资产,包括有形与无形的资产。它是新创企业运营的必要条件,主要表现形式为创业人才、创业资本、创业技术和创业管理等。创业时总是要面对资源难题,因此创业者需要设法突破资源束缚。大多数创业者在创业初期甚至全过程都会经历资源约束和"白手起家"的过程。这是因为,创业活动通常是创业者在资源高度约束情况下所进行的,是从无到有的财富创造过程。创业者往往需要通过技术创新和商业模式创新等方式对资源进行更为有效的整合,进而实现创业目标。换言之,创业者只有努力创新资源整合手段和资源获取渠道,才能真正摆脱资源约束的困境。

4. 创业组织

组织是协调创业活动的系统,是创业的载体。离开组织创业活动无法协调、创业资源无法整合、创业者的意图无法贯彻和落实,创业也就无从谈起。创业型组织是以创业者为核心形成的关系网络,不仅包括企业内部员工,还包括企业以外的组织和个人,如顾客、供应商和投资者等。组建富有战斗力的企业团队,营造与顾客、供应商、投资者等和谐信任、多赢的生存环境,是企业得以生存和发展的必备条件。

5. 价值创造

创业必须进行价值创造。创业属于人类的劳动形式之一,也需要创造劳动价值。创业的本质在于创新,更强调创造出创新性价值,这些新价值通过技术、产品和服务等方式的变革更好地为消费者服务,促进社会的发展和进步。创业通常需要比一般劳动付出更多的时间和努力,需要承担更多的风险,也更需要坚忍不拔、坚持不懈的努力。

上述基本要素尤其是前三者之间的关系是相辅相成、缺一不可的。如果没有机会,创业活动比较盲目,难以创造真正的价值,而机会关键要看创业者及其创业团队能否有效识别和开发机会,如果没有创业者及其创业团队的主观努力,创业活动是不可能发生的。创业者及其创业团队把握住合适的机会后,还需要有相应的资金和设备等资源,如果没有必要的资源,机会也就难以被开发和实现。

> **案例**
>
> ### 秸 秆 罐 头
>
> 河北省广平县是个农业大县,有玉米地16.6万亩(1亩≈666.67平方米),每年的玉米产量是5.9万吨。平均每1公斤的玉米产生的秸秆是4公斤。这就意味着每年有23万吨的玉米秸秆产生,成为让人头疼的难题。一开始当地农民就拿去焚烧,但污染空气,而且容易导致火灾的发生。为此,当地还专门成立了秸秆禁烧办。但是就算秸秆禁烧办罚款,天天盯梢,还是屡禁不止。郭进军,早在2003年从报纸上看到这个项目。于是他购买秸秆饲料加工设备,通过高温高压扎制秸秆,就变成了"秸秆罐头",加工后的秸秆由生变熟,本身含有的蛋白质和粗纤维等营养成分更容易被牛羊采食和吸收。而内蒙古、上海、江苏这带的养殖场,每到四五月牧草青黄不接时,牛羊的饲料就非常缺乏。秸秆罐头体积小、运输方便且储存期长,恰好可以满足需要。算下来,1吨秸秆收进来加上设备折旧费等,费用成本是150元,卖出去的市场价是400元左右。一个月1000吨的产量,纯利润就是25万元。后来这个项目还得到政府的扶持,进一步降低其设备成本,并在销售上给予很大保障,利润丰厚。

通过上述案例,你会发现创业要具备什么样的要素:

第一,是否有资源? 当然有,劳动力资源,可以雇佣村里的劳动力,秸秆本身就是资源。此外,开办秸秆罐头厂还要投入机器设备,这是物质资源。

第二,是否有市场需求? 内蒙古、上海、江苏的农牧养殖场四五月份的时候需求量大。

第三,是否有机会? 当创业者将资源和市场等要素结合起来,就发现了机会,产生了创业的驱动。

第四,是否有价值创造? 一个月 1 000 吨秸秆罐头的产量,纯利润就是 25 万元。这就是一种价值创造;而秸秆罐头厂开办,解决了当地秸秆焚烧污染问题;解决了农村剩余劳动力就业问题,甚至许多青壮年可以扎根农村,不外出打工,也解决了被诟病的留守儿童和留守老人的社会问题。这都是一种社会价值的创造。

因此,创业就是创办企业的简称,是指创业者不拘泥于当前资源约束,有意识地发现和捕获商业机会,利用或借助相应的平台,采取行动将机会变为市场价值的过程。

创业是一种开拓性的创新活动,在创业过程中总能创造出新颖的产品、服务、模式,必须要贡献出时间和付出努力,并要承担相应的财务的、精神的和社会的风险。

创业有两层含义:一层含义是活动,主要指创业者及其团队孕育和创建新企业或者新事业而采取的行动,包括新组织的生存和初期发展;另一层含义是精神,主要指创业者及其团队在开展创业活动中所表现出来的抱负、执着、坚忍不拔和创新等精神品质。

(四) 创业的基本类型

1. 生存型创业与机会型创业

这是基于创业动机不同的分类。所谓生存型创业,是指创业者为了生计而相对被动进行的创业。其主要特征是创业者受生活所迫,物质资源贫乏,在现有市场中捕捉机会,从事低成本、低门槛、低风险、低利润的创业。所谓机会型创业,是指创业者为了追求商业机会,谋求更多发展而从事的创业活动。

2. 创建新企业与企业内创业

这是基于创业起点不同的分类。创建新企业是指创业者或团体从无到有地创建全新的企业组织。这个过程充满机遇和风险,难度很大。企业内创业是指在已有公司或企业内进行创新的过程。例如,企业流程再造,正是通过二次、三次乃至连续不断地创新创业,企业的生命周期才能不断地在循环中延伸。

3. 独立创业、母体脱离和合伙创业

这是基于创业者数量不同的分类。独立创业是指创业者个人或创业团队白手起家进行创业。特点在于产权归创业者个人所有,企业由创业者自由掌控,决策迅速,但创业者要独自承担风险,创业资源整合比较困难,并且受个人才能限制。

母体脱离是公司或企业内部的管理者从母公司中脱离出来,新成立一个独立公司或企业的创业活动。相比之下,母体分离成功率相对较高,因为分出来的新企业创业者具备一定的经营管理经验;分出来的新企业在产品和服务上都不会脱离母体企业太远;还有母体脱离的新企业多数在资金上,特别是流动资金也要比独立创业企业要相对充足。

合伙创业是指与他人共同创办企业,其优势劣势正好与独立创业相反。

4. 传统技能型、高新技术型和知识服务型创业

这是基于创业项目性质不同的分类。传统技能型创业是指使用传统技术、工艺的创业项目。高新技术型创业是指知识密集度高,带有前沿性、研究开发性质的新技术、新产品创业项目。知识服务型创业是指为人们提供知识、信息的创业项目。

5. 依附型、尾随型、独创型和对抗型创业

这是基于创业方向或风险不同的分类。依附型创业可以是依附于大企业或产业链而生存,在产业链中确定自己的角色,为大企业提供配套服务,也可以是特许经营权的使用。尾随

型创业是指模仿他人所开办的企业和经营项目。独创型创业是指提供的产品和服务能够填补市场空白,大到商品完全独创,小到商品的某个技术独创。对抗型创业是指进入其他企业已形成垄断地位的某个市场,与之对抗较量。

(五)创业的步骤与流程

创业过程是由包括创业者从产生创业想法到创建新企业或开创新事业并获取回报,涉及识别机会、组建团队、寻求融资等一系列活动组成的流程。通常经历如下6个环节:

1. 产生创业动机

创业动机是创业机会识别的前提,是创业的原动力,它推动创业者去发现和识别市场机会。不少人是因为看到了创业机会,由于潜在收益的诱惑,才产生了创业动机,进而成为一名创业者或创业团队人员。创业机会的增多会形成巨大的利益驱动,促使更多的人尝试创业。社会经济转型、技术进步等多方面的因素在使创业机会增多的同时,也会降低创业门槛,进而促成更大的创业热潮。创业的机会成本也会影响创业动机的产生,人们能从其他工作获得高收入和满足需求,创业意愿就低。

2. 识别创业机会

识别创业机会是创业过程的核心环节。识别创业机会包括发现机会来源和评价机会价值。第一,机会从何而来? 创业者应该找到创业机会的来源在哪里。第二,机会受何影响? 即创业者应该找到影响创业机会的相关因素。第三,机会有何价值? 就是说创业者应该找到创业机会所具有的并能被评价的价值。第四,机会如何实现? 就是说创业者应该明了能通过什么形式或途径使机会变成实际价值。

3. 整合有效资源

整合资源是创业者开发机会的重要手段。创业者几乎都经历白手起家、从无到有的过程。对创业者来说,整合资源往往意味着需要借船出海,要善于尝试依靠盘活别人掌握的资源来帮助和实现自己的创业起步。首先,是要能组建团队,凝聚志同道合的人;其次,是要能进行有效的创业融资;最后,是要有创业的基础设施,包括创业活动的场地和平台。创业是在创业者面对资源约束情况下开展的具有创造性的工作,一定会面临很大的不确定性,所以,创业者在创业初期乃至新企业成长的很长一段时间里,都要把主要精力放在资源的获取上,以解决公司和企业的生存问题。

4. 创建创业企业

新企业的创建是创业者的创业行为最为直接的标志。创建新企业包括公司制度设计、企业注册、经营地址的选择、确定进入市场的途径,以及选择完全新建企业还是采取加入或收购现有企业等。值得注意的是,许多创业者在创业初期迫于生存的压力,以及对未来缺乏准确预期,往往容易忽视这部分工作,结果给以后的发展留下了隐患。

5. 提供市场价值

创业者识别机会,整合资源,创建新企业等的目的是实现自己的创业目标。但真正能促成创业目标最终实现的是看创业者能否提供市场价值。创业者必须面对挑战,采取有效措施,使创业的市场价值得到充分涌流和实现,不断地让客户收益,从而获得企业的长期利润,逐步把企业做活、做好、做大、做强。

6. 收获创业回报

收获回报是创业活动的主要目的,对回报的获取有助于促进创业者的事业发展。对回报的满意程度在很大程度上取决于创业者的创业动机。创业者的创业动机不同,对收获创业回报的态度和想法也有所不同。对多数年轻创业者来说,获取回报最为理想的途径之一,就是把自己创建的企业尽快发展成为一家快速成长的企业,并成功上市。

三、创新与创业的关系

创新与创业有着密不可分的内在联系。在信息化、经济全球化背景下,两者的相互作用和集成融合,对于我国创新创业的理论与实践,对于构建创新型国家,推动企业进行技术创新、高等院校创新创业以及创新创业型人才培养具有重大且深远的影响。

（1）创业在本质上是人们的一种创新性实践活动。创业是主体的一种能动的、开创性的实践活动。

（2）创业是一个从无到有的创新过程。创业的核心是创办企业,即通过创业者的努力,导致一个新的生产或服务性企业的诞生。创业从本质上体现着创新的特质。

（3）创业是一种推陈出新的社会实践活动。对原有的思想理念、制度文化和科学技术进行革新、改造、突破、超越乃至淘汰,这是一切创新活动共有的特质,而创业正是具有这样特质的一种实践活动。现代社会的创业,实际上是一种充满着激烈竞争的社会实践活动,这种竞争的一个具体特点就是新创企业不断地以新的产品和服务方式取代那些产品和服务相对落后的企业。

（4）创业是主体能动性的实践行为。主体能动性是一切创新活动的内在动因,创业是一种高度的自主行为,在创业实践的全过程中,主体的主观能动性将会得到最充分的发挥和张扬,主体的素养和能力等主体性创新要素是决定创业活动成败的关键。

（5）创新是创业的源泉,是创业的本质。创业者在创业过程中需要具有持续旺盛的创新、创业意识,才可能产生富有创意的想法或方案,才可能不断寻求新的模式、新的出路,最终获得创业成功。创新的价值在于创业,在于将潜在的知识、技术和市场机会转化为现实生产力,实现社会财富增长,造福人类社会。实现这种转化的根本途径就是创业。

（6）创新是创业的基础,创业推动着创新。现代创业活动依赖于科学技术、生产流程和经营理念创新支持下的产品和服务创新,创新已经成为一批又一批新企业诞生的内在支撑和根本保障。

总之,创新是建立一种新的生产函数,引进生产要素的"新组合";而创业则是这种"新组合"的市场化或产业化的实现过程。但创新与创业并非相互独立甚至对立,而是有着不可分割的内在联系,创业的关键在于创新,创新是创业的源泉、社会价值的实现。创新的价值在于创业,创新需要通过创业这样的载体实现其价值,而创业又将进一步推动并深化创新。

复习思考题

1. 什么是创新? 什么是创业? 简述创新和创业之间的关系。
2. 创业具有哪些类型? 创新具有哪些类型?
3. 简述创新创业教育的内涵。
4. 简述大学生开展创新创业基础教育的必要性。
5. 简述美国创业教育的发展历程。

第二章
组建创业团队

学习目标

通过本章的学习，能够了解创业团队的概念，熟知创业团队的特征和类型，掌握创业团队的组建方法，掌握创业团队的职责与分工。

案例导入

行军蚁生活在南美洲亚马逊河流域，喜欢群体生活，一般一个群体就有一二百万只，它们属于迁移类的蚂蚁，没有固定的住所，习惯于在行动中发现猎物。行军蚁集体捕食猎物的时候，排成密集及规则的纵队。它们分支再分支，包抄并围攻猎取对象。主力部队前进时，前卫线上和两翼是长着巨颚的兵蚁，中间是工蚁，大军前进时如汹涌的潮水。有人看见过15米宽的行军蚁队列，猎物立即会被淹没掉。

这说明团队以及团队精神的重要性。创业最重要的是团队，团队最重要的是内部凝聚力，好团队才有可能做出好的产品。

创业并不是一件简单的一拍即合的事情，在实际情况中，随着公司不断发展，合伙人不得不为各方利益和发展方向考虑，意见不合很容易一拍两散，公司也会陷入四分五裂的境地。请分析：

(1) 合伙人对初创公司意味着什么呢？

(2) 创始人又如何去搭班子、带队伍？

习近平总书记在党的二十大报告中指出："团结就是力量，团结才能胜利。全面建设社会主义现代化国家，必须充分发挥亿万人民的创造伟力。"正所谓"凝聚产生力量，团结诞生希望"，创业亦是如此，团队是创业者的创业基石。

一支竹篙难渡海，众人划桨开大船；一个人走得快，一群人走得远，对于初创企业而言，团队的建设尤为重要，一个良好的团队是企业成功的重要因素，是一个企业真正的资本，团队成员能力互补，发挥集体的协作作用，会超越个体的局限，起到一加一大于二的作用。团队精神对任何一个企业来讲都是不可缺少的精髓，否则企业就会如同一盘散沙。

第一节　创业团队概述

一、创业团队的概念与要素

(一) 创业团队的概念

团队不同于人群和组织。人群,是结合在一起但没有共同目标的人员;组织,是实现管理目标、完成管理任务和承担管理职能的机构。而创业团队不同,狭义的创业团队即初始合伙人团队。广义的创业团队指在创业初期(包括企业成立前和成立早期),由一群才能互补、责任共担、愿为共同的创业目标而奋斗的人所组成的特殊群体,这其中还包括与创业过程有关的各种利益相关者,如风险投资家、专家顾问等。与人群和组织不同的是创业团队的成员目标一致,责任由集体和个人共同承担,齐心协力,互相补充。

对创业团队的内涵把握可以从以下三点入手:创业团队是一种特殊群体,其能力搭配完美,有创业激情,有凝聚力,愿意与企业同成长,发掘企业价值;创业团队的工作绩效大于所有个体成员独立工作时的绩效之和,并且分配公平有弹性,股权分配合理;创业团队是高层管理团队的基础和最初组织形式。

(二) 创业团队的要素

1. 主管

当团队运作时代来临,主管的角色越来越重要,主管是整个团队的核心和灵魂。主管犹如舵手,会带领团队成员,描绘团队未来的愿景,分享意见并产生共识,制定出具体的目标,拟定实施的计划;主管犹如教练,对团队成员进行分工,能够激励团队成员成长,并提供教练式的指导活动;主管是精神领袖,依据团队成员的个性,尊重其差异性,建立互信互助的团队文化,使团队运作能顺利进行,完成公司任务。

2. 目标

一个团队凝聚力的重要因素之一就是拥有共同的创业目标。人类因为梦想而伟大,团队更是这样,有效的团队领导人应能找出团队所有成员的共同目标,并与团队成员达成共识,激发成员不懈地朝向目标迈进。创业团队一旦失去共同目标,很容易就会步入歧途,走向灭亡。《孙子兵法·谋攻》写道:"上下同欲者胜。"只有真正目标一致、齐心协力的创业团队才能取得最终的胜利。

3. 人员

创业的行为要有人来实施。人是构成创业团队最核心的力量,一个群体是由3个或3个以上的人形成的,群体有了共同奋斗目标就形成了团队。在创业团队中,人力资源是所有创业资源中最活跃、最重要的资源,所以应充分调动创业者的各种资源和能力,将人力资源进一步转化为人力资本。

目标是通过人员来实现的,所以人员的选择是创业团队中非常重要的一部分。在一个团队中要有人出主意,有人制订计划,有人去实施,有人去协调,有人监督工作的进展,有人评价创业团队的最终贡献,所有成员共同完成创业团队的目标。

4. 分工与协作

高效团队存在的基础是团队成员有明确的分工和职责,成员之间的技能要有互补性,团队内部要取长补短,创造高效团队。

5. 文化

创业团队需要有文化,所谓的团队文化是指团队成员在相互合作的过程中,为实现各自的人生价值,并为完成团队共同目标而形成的一种意识文化和行为准则,团队文化是团队发展的内在动力和基石。

建立一个团队,不是一件容易的事,而要建立一个优秀的团队,更是一件不易的事情。优秀创业团队具有的基本因素有:一个能胜任的团队带头人,一种正确的理念,一组彼此熟悉并能相互配合的成员,一些创业所需的技能,一套严格的规章制度,等等。

 案 例

新东方的创业团队

俞敏洪,1962年出生于江苏省江阴市,是新东方教育集团创始人、英语教学与管理专家,担任新东方教育集团董事长、洪泰基金联合创始人、中国青年企业家协会副会长、中华全国青年联合会委员等职。1980年考入北京大学西语系,毕业后留校担任北京大学外语系教师,1991年9月,俞敏洪从北京大学辞职,开始自己的创业生涯。1993年,俞敏洪创办了新东方培训学校,创业伊始,俞敏洪单枪匹马,仅有一个不足十平方米的漏风的办公室,零下十几度的天气,自己拎着糨糊桶到大街上张贴广告,招揽学员。

1994年,俞敏洪已经投入20多万元,新东方积累了几千名学员,在北京也成为一个响亮的牌子,他看到了一个潜力巨大的教育市场。俞敏洪喜欢教书,他曾经说过:"我这辈子什么都可以离开,就是不可以离开讲台。"对教师职业的热爱和新东方的发展壮大,让他决定他不仅要做一个教师、一个校长,还要做一个教育家。很显然,他成功做到了。

在新东方创办之前,北京已经有三四所同类学校,参加新东方培训的人多以出国留学为目的。新东方能做到的,其他学校也能做到。就当时的大环境而言,随着出国热,以及人们在工作、学习、晋升等方面对英语的多样化要求,国内掀起了学习英语的热潮,越来越多的优秀教师加入英语培训这个行业,俞敏洪认识到,想要在同类行业中出类拔萃,想要先人一步,取得自己的竞争优势,把新东方做大做强,就必须要具备一流的师资。

培训学校普遍做不大的原因是对个别讲师的过分倚重,每个讲师都可以开一个公司,但是每个公司都做得不大。所以,俞敏洪开始寻找更多的合作伙伴,他需要找到更多的合作伙伴,帮他控制住英语培训各个环节的质量。于是,俞敏洪以自己为核心,开始寻找拥有过硬的专业知识和能力,并且与他本人拥有共同办学理念、在思维上存在一定共性的人员。他首先想到的是远在美国的王强、加拿大的徐小平等人,实际上这也是俞敏洪思考了很久所做的决定。这些人不仅符合业务扩展的要求,更重要的是这些人作为自己在北大时期的同学、好友,在思维上有着一定的共性,肯定比其他人能更好地理解并认同自己的办学理念,合作也会更坚固和长久。这时他遇到了一个和他有着共同梦想的惺惺相惜的朋友——杜子华。1994年,在北京做培训的杜子华接到了俞敏洪的电话,几天后,两个同样钟爱教育并有着共同梦想的"教育家"会面了,谈话中,俞敏洪讲述了新东方的创业和发展、未来的构想、自己的理想、对人才的渴望……这次会面后杜子华决定在新东方实现自己的追求和梦想。1995年,俞敏洪来到加拿大温哥华,找到曾在北大共事的朋友徐小平。随后,俞敏洪又来到美国,找到当时已经进入贝尔实验室工作的同学王强。新东方就像一个磁场,凝聚起一个个年轻的梦想。就这样,从1994年到2000年,杜子华、徐小平、王强、胡敏、包凡一、何庆权、钱永强、江博、周成刚等人陆续被俞敏洪聚集到了新东方的门下。

作为教育行业,师资构成了新东方的核心竞争力,俞敏洪秉持一种"比别人多做一点,比别人做得好一点"朴素的创新思维,以满足学员的实际需求为目标,合理构架自己的团队,寻找和抓住英语培训市场上别人不能提供或者忽略的服务,不断完善分工、加强协作,不断创新,使新东方的业务体系得以不断完善,让这支高精尖的队伍最大限度地发挥作用,让新东方成为一个具有竞争力和创造力的地方。比如,1995年加入新东方的胡敏就开发出了雅思英语考试培训,大受欢迎,胡敏本人也因此被称为"胡雅思";徐小平开设的"美国签证哲学"课,把出国留学过程中一个大家关心的重要程序问题,上升到一种人生哲学的高度,让学员在会心大笑中思路大开;王强开创的"美语思维"训练法,突破了一对一的口语训练模式;杜子华的"电影视听培训法"已经成为国内外语教学培训极有影响力的教学方法,很多新东方的老师根据自己教学中的经验和心得著书立说,并形成了自身独有的特色,让新东方成为一个有思想、有创造力的地方。

俞敏洪的成功之处是为新东方组建了一支年轻而又充满激情和智慧的团队,俞敏洪的温厚,王强的爽直,徐小平的激情,杜子华的洒脱,包凡一的稳重,五个人的鲜明个性让新东方总是处在一种不甘平庸的氛围当中。

二、创业团队的特征与类型

(一)创业团队的特征

创业团队是为进行创业而形成的集体,它使各成员联合起来,在行为上形成彼此影响的交互作用、在心理上意识到其他成员的存在及彼此相互归属的感受和工作精神。这种集体不同于一般意义上的社会团体,它存在于企业之中,因创业的关系而连接起来却又超乎个人、领导和组织之外。

团队与群体最大的差距就在于,团队具有创造性。通过团队成员间的合作互补,每个人同时具备了自己的优势和别人的优势,因此能产生"核裂变"式的爆发性力量。而群体却只有制造性,最好也只能达到1+1=2的效果。即使群体中有个别人具备创造性,但由于无法和其他人合作互补,也就无法产生1+1＞2的效果。

总之,群体和团队之间的根本区别在于:

(1)领导方面。作为群体,应该有明确的领导人;而团队可能就不一样,尤其是团队发展到成熟阶段时,成员共享决策权。

(2)目标方面。群体的目标必须跟组织保持一致;但团队中除了这点之外,还可以产生自己的目标。

(3) 协作方面。协作性是群体和团队最根本的差异,群体的协作性可能是中等程度的,有时成员还有些消极、有些对立;但团队中是一种齐心协力的气氛。

(4) 责任方面。群体的领导者要负很大责任,而团队中除了领导者要负责之外,每一个团队的成员也要承担一定的责任,与领导者一起相互作用,共同负责。

(5) 技能方面。群体成员的技能可能是不同的,也可能是相同的;而团队成员的技能是相互补充的,把不同知识、技能和经验的人综合在一起,形成角色互补,从而达到整个团队的有效组合。

(6) 结果方面。群体的绩效是每一个个体的绩效相加之和,团队的结果或绩效是由大家共同合作完成的产品。

(二) 创业团队的类型

从不同的角度、层次和结构,创业团队可以划分为不同种类型。依据团队的组成者可将创业团队划分为星状创业团队、网状创业团队和虚拟星状创业团队。

1. 星状创业团队

这类创业团队即有核心主导,在团队形成之前就有一个核心人物,他的创业想法形成团队的思想,团队也因他的思想而组建,成员也由他来选择,成员在团队中更多的时候是充当支持者的角色。这些加入创业团队的成员也许是核心人物以前熟悉的人,也有可能是不熟悉的人。

这种创业团队的特点主要有以下几点:

(1) 组织结构紧密,向心力强,核心人物在组织中的行为对其他个体影响巨大。

(2) 决策程序相对简单,组织效率较高。

(3) 权力相对集中简单,决策失误风险较大。

(4) 核心人物拥有绝对的权威,当成员与其冲突时,成员往往需要妥协;当冲突无法解决时,成员一般会选择离开团队,这样一来,容易形成权力过分集中的局面,从而使决策失误的风险加大。

这种组织的典型例子,如太阳微系统公司(Sun Microsystem)创业当初,由维诺德·科尔斯勒(Vinod Khosla)首先确立了多用途开放工作站的概念,接着他找了比尔·乔(Bill Joy)和安迪·贝克托森(Andy Bechtolsheim),两位分别是软件和硬件方面的专家,还邀请了一位具有实际制造经验和人际技巧的斯科特·麦克尼里(Scott McNealy)。于是,Sun 的创业团队成立了。

2. 网状创业团队

这类创业团队即群众性的创业团队,网状创业团队的成员一般在创业之前都有密切的关系,比如同学、亲友、同事、朋友等。一般都是在交往过程中,共同认可某一创业想法,全体成员形成共识后进行共同创业。在创业团队组成时,没有明确的核心人物,成员根据各自的特点进行自发角色定位。因此,在企业初创时期,各位成员基本上扮演的是协作者或者伙伴角色。

这种创业团队的特点主要有以下几点:

(1) 团队没有明确的核心人物,团队整体较为松散。

（2）团队在决策时，一般通过大量沟通和讨论达成一致意见，因而组织效率相对较低。

（3）团队成员地位平等，一般容易形成多头领导。

（4）团队成员冲突时，一般采用协商解决，不会轻易离开，如果冲突升级会导致团队涣散。

这种创业团队的典型例子是微软的比尔·盖茨和童年玩伴保罗·艾伦，惠普的戴维·帕卡德和他在斯坦福大学的同学比尔·休利特等组成的团队。多家知名企业的创建都是先由于关系和结识，基于一些互动激发出创业点子，然后合伙创业。

3. 虚拟星状创业团队

虚拟星状创业团队是由网状创业团队演化而来，基本上是前两种的中间形态。在团队中，有一个核心成员，但是该核心成员地位的确立是团队成员协商的结果，因此核心人物从某种意义上说是整个团队的代言人，而不是主导型人物，其在团队中的行为必须充分考虑其他团队成员的意见，不如星状创业团队中的核心主导人物那样有权威。

这种创业团队的特点主要有以下几点：

（1）团队的核心人物是团队成员通过讨论协商达成一致意见选出来的。

（2）与星状创业团队不同，核心人物只是具有一定的权威，在决策时还需要考虑其他成员的意见，权力不过度分散也不过度集中。

> **案例**
>
> 虚拟星状创业团队可以参考自然界的大雁结队迁徙。大雁迁徙时往往排成"人"字形或"一"字形，在雁群的飞行过程中，会发现每只大雁在拍动翅膀的同时会本能地成人字形队列；同时位于队形后方的大雁会不断发出鸣叫声；如果发现受伤的同伴队群会自发地出现两只大雁脱离队形，靠近这只遇到困难的同伴，协助它降落在地面上，直至它能够重回群体，或是不幸死亡；领雁并非一只贯穿飞行始终，当领头大雁疲惫时，会发出信息，然后自动退到队伍之中，队列中的另一只大雁就会自觉地飞上去替补领头位置。正是这样一种团结合作的精神，使得大雁能长途迁徙数千里。

第二节　创业团队组建方法

一、创业团队组建原则

（一）合伙人原则

一般企业都是招员工，而员工都是在做"工作"。但创业团队需要招的是"合伙人"，因为合伙人做的是事业，一个人只有把工作当作事业才有成功的可能，一个企业只有把员工当作"合伙人"才有机会迅速成长，所以，创业团队要先解决价值分配的分配障碍，然后去找自己的"合伙人"。

（二）激情原则

激情是衡量一个人是否能够成功的基础标准。创业团队一定要选择对项目有高度热情的人加入,并且要使所有人在企业初创就要有每天长时间工作的准备。任何人,不管其有无专业水平,如果对事业的信心不足,将无法适应创业的需求,而且这种消极因素,对创业团队产生的连带负面影响可能是致命的。创业初期,整个团队可能需要每天 16 小时不停地工作,但在高负荷的压力下,团队仍需对创业保持高度的激情。

(三) 团队原则

团队是企业凝聚力的基础,成败是整体而非个人。成员如果能够同甘共苦,能够公开且合理地分享经营成果,团队就会有坚强的凝聚力与一体感。

团队中没有个人英雄主义,每一位成员的价值,表现为其对于团队整体价值的贡献。每一位成员都应将团队利益置于个人利益之上,个人利益是建立在团队利益基础上的,因此成员必须愿意不计较短期的薪资、福利、津贴等,必须愿意牺牲短期利益换取长期的成功果实,将利益分享放在成功后。

(四) 互补原则

建立优势互补的团队是创业成功的关键。"主内"与"主外"的不同人才,耐心的"总管"和具有战略眼光的"领袖",技术与市场两方面的人才,都不可偏废。创业者寻找团队成员,首先要弥补当前资源能力上的不足,要针对创业目标与当前能力的差距,寻找所需要的配套成员。好的创业团队,成员间的能力通常都能形成良好的互补,而这种能力互补也会有助于强化团队成员间彼此的合作。

二、创业团队组建流程

(一) 明确创业目标

创业团队的总目标就是要通过完成创业阶段的技术、市场、规划、组织、管理等各项工作,实现企业从无到有、从起步到成熟的过程。总目标确定之后,再将总目标加以分解,设定若干可行的、阶段性的子目标。

(二) 撰写创业计划书

在确定了目标之后,紧接着就要研究如何使目标得以实现,这就需要周密的创业计划。创业计划是创业者计划创立的业务的书面摘要,是市场营销、财务、生产、人力资源等职能计划的综合。它用于描述与拟合创办企业相关的内外部环境条件和要素特点,为业务的发展提供指示图,以及作为衡量业务进展情况的标准。创业计划是创业者敲开投资者大门的"敲门砖",一份优秀的创业计划往往会使创业者达到事半功倍的效果。通过撰写创业计划书,进一步使自己的思路清晰,也为后来合作伙伴的寻找奠定基础。

(三) 寻找创业合作伙伴

创业团队组建的关键环节是招募合适的人员,在这个环节中一方面主要考虑人员在能力或技术上的互补性,另一方面考虑适度的团队规模,这是保证团队高效运转的重要条件。创业者可以通过媒体广告、亲戚朋友介绍、各种招商洽谈会、互联网等形式寻找自己的创业合作伙伴。创业者可以根据自己的情况,选择确定有利于实现创业计划的合作方式。

（四）达成创业合作协议

通过第三步，找到有创业意愿的创业者后，双方还需要就创业计划、股权分配等具体合作事宜进行深层次、多方位的全面沟通，达成创业合作协议。只有前期进行了充分有效地沟通交流，后期正式创业时才不会出现因沟通不够而导致迅速解体的问题。

（五）确定职责权利

在双方充分交流达成一致意见后，创业团队还需对合伙条款进行谈判，划分职权。这是保证团队成员执行创业计划、顺利开展各项工作最基本的前提条件。职权的划分必须明确，不仅要避免职权的交叉和重叠，还要避免无人任职造成工作上的疏漏。此外，创业团队成员的职权也应该根据工作开展情况不断地进行调整变动。

（六）创建制度体系

创业团队的制度体系体现了创业团队对团队成员的控制和激励能力，主要包括团队各种约束制度和激励制度。约束制度主要包括纪律条例、财务条例、组织条例和保密条例等；激励制度主要包括奖惩制度、考核标准、股权分配、激励措施、薪酬分配等。创业团队既要通过各种约束制度对成员进行限制，避免其做出影响团队发展的行为，又要建立有效的激励机制，充分调动团队成员的积极性，最大限度地发挥自己的作用。除此以外，还要明确公司章程、职责、职权、职务、退出机制等等。

三、创业团队组建要求

（一）高素质

素质，是指思想、文化、身体，即德、智、体三个方面。一个优秀的创业团队要有较高的素质，团队成员不仅要为人正直、有诚信，而且要精通专业知识和技能。在事业方面要忠诚、敬业，要有很好的沟通技巧和能力。团队成员要有较强的学习能力，高度的团队精神，坚强的意志力；要有责任感，有组织、领导和协调能力，有良好的身体素质与心理素质，并勇于追求卓越。

（二）优势互补

创业团队成员之间，最好有互补性。互补包括知识、经验、资源上的互补，也包括性格、能力上的互补。只有这样，在创业的过程中，大家才能分别掌管不同的领域，工作起来才能达到事半功倍的效果。

通常，一个合格的团队中必备三种人：领导管理型（管理者）、技术研发型（技术者）和公关沟通型（营销者）。

（三）正确的创业理念

每个团队都会有不同的创业理念，但不同的理念都应具备如下共同点：追求团队协作、内部凝聚力；考虑长远利益、价值创造；实施公平原则、诚信守法。

（四）建章立制

团队须制定规章制度，包括公司章程，职责、职权、职务，股权分配，退出机制，薪酬分配，财务制度,奖惩制度等。

案 例

腾讯五虎将

　　1998年,马化腾和4个好友共同出资50万元,在深圳创立了腾讯公司。如今,一家只有50万元注册资金的小公司已经变成了互联网巨头。对于创立了腾讯公司的这5个人,网络上称呼他们为"腾讯五虎将",也是腾讯的5个创始股东。他们分别是马化腾、曾李青、陈一丹、张志东、许晨晔。不过,最开始是马化腾、张志东、曾李青3个全职,到年底,许晨晔和陈一丹才加进来。

　　他们5个人凑了50万元,其中马化腾占了47.5%的股份,张志东占20%的股份,曾李青占了12.5%的股份,其他两个人各占10%。经过几次稀释,最后他们上市所持有的股份比例只有当初的三分之一的样子,但即便这样,他们每个人的身家都以10亿元为计量单位。

　　马化腾1971年10月29日生于广东省汕头市潮南区,是腾讯公司主要创办人之一,现担任腾讯公司控股董事会主席兼首席执行官。他1993年从深圳大学毕业后,首先是进入了传呼行业润讯,在其中的龙头老大润讯公司担任一个普通的工程师,润讯无疑提升了马化腾的视野,以及给马化腾在管理上的必要的启蒙。带着积累的经验,带着他对于实用软件开发的认知,1998年,马化腾与他的同学张志东创办注册了"深圳腾讯计算机系统有限公司"。此前,一件发生在马化腾身上的轶事,也更是体现出了他在经济商业方面的过人之处:那年,他在股市挣得了第一桶金,他用10万元炒到了70万元。这也为日后创业打下了基础。马化腾虽然家庭富裕,但其创业资本更多来自自己的积累。2000年,QQ迅速在人们之间传播开来,带着"中国风"的ICQ瞬间人气大涨。但是当时使用的服务器已经远远不能满足用户的需求。但是对于创业初期的腾讯公司来说,几千元的服务器托管费都很难拿得出手,甚至为此险些将刚研发出的ICQ售卖。软件不能转让,而且用户也与日俱增,面对这样的困境,马化腾只好带着自己撰写的计划书四处筹集资金。终于,柳暗花明,马化腾的计划书得到了"ICG"和"盈科数码"的认可,获得了两家企业的投资。2004年6月16日腾讯公司在香港交易所主板上市了。马化腾从前是一位安静的理工男,非常内向。虽然马化腾平时是非常和气的,但是马化腾做事的时候是绝不含糊的,拥有很强的领导能力。曾李青和马化腾的性格很不一样,他在腾讯五虎将里面也是最爱玩、最有感召力的那个人。在加入腾讯之后,他开始展现出自己市场奇才的天赋,腾讯早期的市场都是依靠曾李青打开,可以说,曾李青对腾讯早期的发展起着很重要的作用。首席行政官陈一丹原名陈惠龙,是马化腾在深圳中学的同学,陈惠龙也是在深圳大学读的大学,专业是化学系。陈一丹还拥有律师执照,非常严谨,同时又是一个非常张扬的人,他能在不同的时候激起大家激情的状态。他不同于永远行走在市场最前线的曾李青,陈一丹就像是一个总管,将腾讯内部的事物整理的条条有序。张志东于1993年取得深圳大学理学士学位,主修计算机及应用,并于1996年取得华南理工大学计算机应用及系统架构硕士学位。在电信及互联网行业拥有逾八年经验。张志东思维活跃,沉迷技术,一心希望可以通过自己提供的技术来帮助别人改变生活,掌管着整个腾讯的研发部门,同时也是一个工作狂和技术天才。许晨晔和曾李青是深圳电信数据分局的同事,也是马化腾在深圳大学计算机系的同学,同时也是唯一一个在腾讯创立之后加入进腾讯的创始人。许晨晔是一个非常随和又有自己观点,但不轻易表达的一个人,是有名的"好好先生"。他最大的爱好是与人聊天,兴趣则多种多样。

　　腾讯五虎将每一个都是师出名门,身怀绝技。在腾讯刚起步的时候,5人中的老大哥曾李青在前面冲锋陷阵开拓市场,而在曾李青开拓市场的时候,QQ这个腾讯的核心诞生于技术天才张志东的手上;接着在腾讯发展壮大的时候,总管陈一丹默默地为腾讯的内部管理制定了一套管理制度,为腾讯稳定了大后方。5个人中的每一个人都在发挥着自己的作用,可以说,没有当初这5个人的创业团队,就没有现在的腾讯。

第三节　创业团队职责与分工

一、创业团队职责

(一)职责与团队职责的定义

职责是指在某一岗位上,任职者为了履行一定的组织职能或工作使命,以及完成一系列工作任务所需要承担的相应责任。

团队职责是指确定任务由谁来完成以及管理和协调这些任务的过程中应负的责任。职责划分要明确,从而避免职权的重叠和交叉,以及无人任职造成工作上的疏漏。管理者要根据团队成员的变化以及团队需要不断地调整责任范围。

(二)团队职责的界定原则

1. 战略导向原则

与战略目标相关的事情才可以被称为企业员工的工作职责,无关战略的职责就是做无用功,只会浪费时间、浪费成本。

2. 单一职责原则

不能把同一职责授予两个岗位,必须体现"专业的人做专业的事"和"每件事都有专人负责"原则。

3. 职责衔接原则

职责不是一种孤立存在,要在流程运转中实现或完成。因此,企业在划分职责时,一定要考虑工作目标的整体实现,要确定好工作的承接与传递方向,避免职责断裂的局面。例如,手工操作企业的仓管员要明确"负责向会计报送物料收发报表"的工作职责,信息技术企业的仓管员要明确"传递物料收发数据"工作职责。

4. 责权对等原则

界定职责就要授权,授责的同时必须授权。员工没有资源支配权力,就不能有效履行职责责任,可以说,没有权力是无法完成任务的。要避免"员工时时请示、事事汇报"这种责权不对等的现象。

5. 责权利均衡原则

这一原则着重强调责利对等和权利公正原则。完全承担并且履行了职责,就应该享受对等的利益,履行职责与获得的利益要公正公平。

6. 简洁直观原则

职责的界定在表达方式和语言使用上要言简意赅、清晰明了。

(三) 创业团队职责划分的意义

创业团队职责划分可以有效解决企业职责不明确、做事推脱、效率低下的问题。全方位做好岗位的职责管理工作,有利于激发员工的工作积极性与主动性,提高工作效率。

创业团队职责划分可以作为岗位设置合理性与岗位价值的诊断工具,有利于反映企业分工的现状及未来职能分工的构想。

对于初创型的企业以及面临变革的企业,明确的职责划分更有利于企业的发展和稳定。

二、创业团队分工

(一) 主导者

这种角色的特点主要有:

(1) 能做到耐心地听取别人的意见,有自己的想法,在反驳别人的意见时会表现出足够的强硬态度,有理有据。一旦作了决定不轻易变更,有一锤定音的魄力。

(2) 能很好地授权于他人,知人善任,根据每个人的能力和特点合理分配团队成员工作,协调各部门各成员之间的工作,确立企业运行的机理和公司文化,有很好的协调和组织能力。

(3) 具有正当而不泛滥的责任心。权力和责任对等,能够在关键时刻挺身而出,团队遇到困难时不轻易放弃,出现问题时不推卸责任。

(4) 具有长远且开阔的眼界。一个优秀的领导者至少应该是个怀揣梦想,同时又能将目光放远将来的人,拥有热情的心和冷静的头脑。

(二) 策划者

这种角色的特点主要有:

(1) 是一个"点子型"的人才,知识面广,思维活跃并且发散,能打破传统的束缚。

(2) 沉着、自信,可以客观地看待问题,不带偏见,兼容并蓄。

(3) 可以立足于整体,有把握全局的能力。

(三) 协调者

这种角色的特点主要有:

(1) 能够引导一群拥有不同技能和个性的人向着共同的目标努力。

(2) 除权威之外,更有一种个性的感召力。

(3) 在团队中能很快发现各成员的优势,并在实现目标的过程中妥善安排。

（四）信息者

这种角色的特点主要有：

（1）性格外向，交往能力强，能在与人交往的过程中获取信息。

（2）消息灵通，对外界环境十分敏感，可以最早感知变化。

（五）创新者

这种角色的特点主要有：

（1）拥有高度的创造力，思路开阔，观念新，富有想象力。

（2）有挑战精神，敢于推动变革。

（3）爱出主意，想法有时候会缺乏一定的实践基础。

（六）实施者

这种角色的特点主要有：

（1）勤劳务实，执行能力强，会将主意变为实际行动。

（2）崇尚努力，计划性强，有很好的自控力和纪律性。

（3）对团队忠诚度高，有较强的团体意识，会为团队整体利益着想，较少考虑个人利益。

（七）推广者

这种角色的特点主要有：

（1）思维敏捷，有干劲，办事效率高。

（2）自发性强，目的明确，主动探索，拥有高度的工作热情和成就感。

（3）遇到困难时，总能找到解决办法，具有竞争意识。

（八）监督者

这种角色的特点主要有：

（1）清醒、理智、谨慎，会对工作方案的实施等实行严格监督。

（2）对一件事情喜欢反复推敲，判断力和分析力很强，能把范围很广的因素都考虑进去。

（3）挑剔，但不易情绪化，讲求实际，有很强的逻辑思维。

案例

西 游 团 队

中国乃至世界"历史上"一个最优秀的团队，就是"西天取经"团队。团队成员：唐僧、孙悟空、沙僧和猪八戒。团队成员虽然不多，但是各类人物很齐全，因此西游团队很值得探讨。

1. 西游团队的分工与协作

团队目标十分明确，西游团队的目标就是取经，这一点从头到尾都十分明确；人才搭配使用合理，唐僧没什么本事，但能把握大局，而且执着；孙悟空忠心耿耿，能征善战，适合打头阵;猪八戒看似一无是处,但能讨领导欢心,能调节气氛,关键时候也能尽一份力;沙僧老实朴素,最适合基础工作;制度虽不完善,但却很严格,孙悟空是人才,但好出格,紧箍咒把他管束住了;猪八戒有些懒散,但是孙悟空可以管束住他;沙僧老实,可以进行自我管理。虽然这种制体系有些压制创新意识,但是对于特定的任务而言反而是种比较好的选择。

2.人物特点具体分析

人　物	专 业 技 能	特　征	适 应 岗 位
唐　僧	解决问题的技能和决策技能	固执 有原则	领导
孙悟空	具备技术性或专业性的人员	自由成性 恃才自傲	业务骨干
猪八戒	人际关系技能	好吃懒做 贪财好色 性格开朗	困境帮手
沙　僧	无突出技能	战斗力一般 任劳任怨	普通员工

3.现实借鉴意义

很难想象,阿里巴巴和淘宝网的创造者马云不懂电脑,对软件、硬件一窍不通。但马云认为,一个成长型企业成功的原则是,打造一个明星团队,而不只是拥有明星领导人。马云坦言,自己最欣赏的就是唐僧师徒团队。

马云认为,很多时候,中国的企业往往是几年下来,领导人成长最快,能力最强。其实这样并不对,他们应该学习唐僧,用人用长处,管人管到位即可。毕竟企业仅凭一人之力,永远做不大,团队才是成长型企业必须突破的瓶颈。

创业团队对初创企业尤为重要。搭建一支优秀的创业团队,对任何创业者而言,都是一项至关重要的工作,它决定着创业的成败。创业者能否走得更远,取决于创业者和创业团队的基本素质。个人也只有通过团队合作才能够了解不足之处,从而不断提高能力,找到自己的价值,不断进步,不断成长。

复习思考题

1. 假如你是一个创业者,在创业初期会如何组建自己的团队?
2. 一般可以从哪些方面衡量一个创业团队是否成熟? 怎样增强创业团队的创业精神?
3. 创业团队的基本要素有哪些? 你认为哪个最重要?
4. 如何界定创业团队的职责并进行合理分工?

第三章
识别创业机会

学习目标

通过本章的学习，了解什么是创业机会，创业机会的特征与类型；了解创业机会获取的主要来源；掌握如何运用创业机会评估工具，对创业机会进行科学分析和判断，选择适合自身的创业项目，开发出合理的商业模式；了解创业风险的概念、类型和如何进行创业风险管理。

案例导入

"90后"海南大学在校生创业办公司　推出海南特色旅游

海南大学有一家旅游公司，不仅法人代表是一名在校大学生，其他员工也都是在校大学生。他们在平衡好学业和事业的过程中，将爱好变成了赚钱的资本。

12名志同道合在校生齐创业

创始人马昕彤给人的感觉是淡定从容，谈到公司时有说不完的话。他说，整个团队一共12个人，其中5人是核心股东，大家都是在校生，而且都是"90后"。2012年，来自兰州的马昕彤和其他11名同窗一同考入了海南大学，在不同的学院就读不同的专业。在学校里，他们把彼此当作亲人，互相扶持和帮助。

马昕彤说，他所学的专业是旅游管理，曾在酒店和旅行社实习，从小就喜欢钻研计算机，他说："我们这群人志同道合，从上初中开始就有一个爱好，就是喜欢研究网络。"

2013年，其中一位同学提出合伙做生意，经过一番准备后，他们的第一家旅行社于2013年7月份成立，马昕彤表示："当时是以实体店的形式在学校开的旅行社，但校方考虑到旅游业风险大，容易出问题，不鼓励我们这样做，加上当时经营模式也不完善，所以没多久就关门了。"

旅行社关门后，几个"90后"大学生开始寻找新的商机，在这里，马昕彤发现在海南环岛骑行特别受欢迎，自行车租赁会很有市场，所以，马昕彤想把整个海南岛的自行车租赁整体打包起来，成立一个自行车租赁中介网商，让所有来海南骑行的驴友们都能找到自己想要的自行车。酝酿很久之后，马昕彤开始付诸行动。

2013年初，马昕彤在海南大学建立了自己的团队，并初步规划建立自己的旅游公司，以私人订制和骑行旅游结合为主打特色。接着,他们建立了自己的网站,接待来自全国各地的骑行团队,在海南的骑行圈子小有名气。2014 年 3 月,他们成立了旅游咨询公司,马昕彤说:"新公司与之前不一样的地方在于这次走的是网络营销模式,我们的客户大部分来自网络(微信)。新公司的成立点燃了大伙的激情,效果也很好,2、3 月份旅游旺季时,我们月盈利达到 10 万元,现在淡季每月大约也有两万元的收入。"

推出海南特色旅游

"现在,海南的旅行社出售的路线除了三亚就是三亚,其实海南还有很多很美的地方,只是因为没有被开发出来而鲜为人知,我们团队于是在微信上推出了一些十分新颖的旅游线路,没想到反响还挺大的。现在团队已经勘测完了海南的所有海角和商业景区,正在对各个目的地之间的景区进行规整,立志打造数字海南旅游平台。"马昕彤说,随着旅游人群对旅游品质要求的提高,为私人专门订制一对一、专业的服务会有很大的市场,于是他们决定将业务拓展为"私人订制＋骑行旅游"。接着又推出了"毕业旅游季""蜜月旅游"等多个特色旅游主题,在海南市场上引起了较大反响。

伴随着海南旅游业的快速发展,马昕彤等人的旅行公司也逐渐壮大。不到半年时间,他们已经拥有 3 个工作室,分布在澄迈金江、海口白龙南创业园及海大思源学堂 A105 室等地。通过网络推广及与旅行社对接,他们当前主要经营业务包括接机、帮游客租车、订房及制定旅游路线等。

在学校的指导和扶持下成长

"该旅游公司的股东和员工都是我们学校大一、大二的学生。"海南大学创新院执行院长林琛说,学校创新院从海南国际旅游岛创意产品需求入手,充分利用海南特色自然资源,依托学校"海洋、热带、旅游、特区"学科特色,打造"基地—平台—实训室""专兼职导师团队"和"基金、竞赛等各项制度"构成的"三创"一体化创新人才实训培育体系。此外,学校从"中西部高校提升综合实力工作资金"划拨 300 万元经费,设立"大学生创新创业训练计划基金",资助学生开展科创活动(每项 1 万—2 万元),为促进大学生较早地参与科研训练提供了有利条件,"在旅游公司创业阶段,我们免费提供场地、设施和必要办公用品,为该公司人员进行创业培训,为企业的发展提供智力支持和资金支持。"

"如果没有学校的指导和扶持,我们也不会取得现在的成就。"马昕彤说,大学生创业道路艰辛、曲折、充满挑战,但他们相信有了学校的扶持,也就有了坚强的后盾。在提及如何平衡学业与事业时,马昕彤和其他员工表示,确实因为业务量的增加而在一定程度上影响了学业,但他们将努力平衡好两者,毕竟学生还是以学业为主,只有学好知识,才能更好地创业。同时,马昕彤还表示,自己成立公司后就不再需要家里汇生活费,但父母不放心,依然按月汇钱。对此,马昕彤说:"我自己赚的钱都花不完了,所以家里人给的钱我都存着,一毛都没花。"

马昕彤说,希望公司能为更多的大学生提供一个实习、就业、积累经验的地方。在谈到未来时,马昕彤说:"其实我们跟很多即将毕业的大学生一样,对于未来也会迷茫、会担心,可是大家相信,只要有信念,并将信念坚持到底,就一定会有收获。我们先把海南的市场拿下,然后再进军内地市场。"(案例来源:海口网 http://www.hkwb.net,2014-05-08)

请分析:

(1)大学生在创业中如何寻求创业机会?

(2)你认为大学生创业要想获得成功,项目选择时应注意哪些问题?

第一节 创业机会与识别

一、创业机会的概念

关于创业机会的定义、内涵和度量，至今尚没有统一界定。

百度百科中，创业机会定义为："创业机会主要是指具有较强吸引力的、较为持久的有利于创业的商业机会，创业者据此可以为客户提供有价值的产品或服务，并同时使创业者自身获益。"

美国纽约大学教授柯兹纳(Kirzner)认为，创业机会是未明确的市场需求或未充分使用的资源或能力；它不同于有利可图的商业机会，其特点是发现甚至创造新的手段—目的关系来实现创业收益；对于"产品、服务、原材料或组织方式"有极大的革新和效率的提高，且具有创造超额经济利润或者价值的潜力。

我国学者张红(2014)提出，现实中的创业都是追逐利润的行为。创业机会的概念无须刻意强调"新"而排斥利润机会。因此，创业机会就是对产品市场或者要素市场的不完全性进行开发的可能性，以使创新、改善或模仿的产品、服务、原材料或组织方法在这些市场上得以被提供。并且，创业机会是客观存在的，我们可以对此进行识别、衡量、评价和开发。同时，开发的过程中离不开创业者的主观商业创意行为。

综上，我们给出一个较为全面的概念：

创业机会，是指在市场经济条件下，社会经济活动过程中形成和产生的一种有利于企业经营成功的因素，是一种带有偶然性并能被经营者认识和利用的市场契机，并最终表现在能够为消费者、客户创造和增加价值的产品和服务之中。创业机会的两个核心要素是市场需求和满足这个需求的产品或服务；其中，市场需求可能是显而易见的，也可能是潜在的，产品或者服务可能是成熟的，也可能是初步构想。产品提供的方式可以是线上的，也可以是线下的。机会发现的过程，可能是先看到市场需求，再去开发产品或服务，也可能是先有技术、初级产品，再去开发新市场。

二、创业机会的特征

(一) 潜在的盈利性

良好的创业机会要具有足够大的市场发展空间。创业机会的合理利用，能够给投资者带来现有或未来的利益。

(二) 普遍性与差异性

凡是有市场、有经营的地方，客观上就存在着创业机会。创业机会普遍存在于各种经营活动过程之中。但是创业者拥有的资源不同，优势不同，面对同一创业机会，可能对某些创业者来说是机会，但是对另外的创业者可能并不是。

(三) 不确定性

对一个企业来说，创业机会的发现和捕捉带有很大的不确定性，任何创业机会的产生都有偶然的因素。

(四) 时效性

创业机会存在于一定的时空范围之内,随着产生创业机会的客观条件的变化,创业机会就会相应地消逝。创业者要及时抓住出现的创业机会,观望和犹豫会带来难以弥补的损失。

三、创业机会的类型

基于创业者的创业动因,创业类型可以划分为生存型创业和机遇型创业。生存型创业是指找不到工作,为了解决自我就业而迫不得已进行创业。机遇型创业是指为了抓住某个市场机会而进行创业,创新型创业也属于机遇型创业。

香港城市大学孙洪义教授,从创业机会的特点和内涵的视角,基于安索夫矩阵和布鲁亚特和朱利安的市场—产品—机会矩阵,根据创业中市场和产品的明确与否,将创业机会类型划分为4类:复制型创业、增值型创业、模仿型创业、风险型创业(见表 3-1)。

表 3-1　孙洪义创业机会类型

市　　场	产　　品	
	现有产品(明确的)	新产品(不明确的)
现有市场(明确的)	复制型创业	增值型创业
新市场(不明确的)	模仿型创业	风险型创业

复制型创业是在市场和产品都相对明确的情况下,复制已有的创业模式。例如,特许经营开加盟店、连锁店、补习班、饭店、网店等都属于复制型创业,很多高科技企业同样可以复制。复制型创业的特点是有成功企业的经验可循,但是市场竞争通常很激烈,需要认真评估市场的饱和度。许多生存型创业都属于复制型创业。

模仿型创业是对一种成功的创业模式进行创新和改良,或者从一个市场移植到另外一个市场。和复制型创业的区别:复制型创业是完全复制市场类型和产品,而模仿型创业是根据新的市场特点,对产品或者服务模式、商业模式进行了改进和创新。但是,模仿型创业不是鼓励创业者生产山寨产品,必须要尊重知识产权,做到合法合理。

增值型创业是通过提供一种全新的产品来满足已知用户需求的创业方式。创新的产品比原有的产品具有更高的价值。增值型创业主要依靠技术和新产品的开发。增值型创业需要创业团队依靠坚实的专业技术知识和创新能力,洞察市场上存在的各种问题,提出新的解决方案,满足消费者的需求。

风险型创业也称为机遇型创业,是利用某种新技术或者社会发展趋势带来的创业机遇而创造全新的产品、全新的市场、全新的行业。其中,社会发展趋势包括技术变革、政治制度变革、人口结构变化、产业机构变革等。风险型创业的机会非常隐性,需要创业者能够预见到未来市场将会面临的问题,创造创业的机会。

在以上的4种创业类型中,创业机会的特征、识别难度、创业风险和自主创新程度存在不同,如表 3-2 所示。

表 3 - 2 4 种创业机会的区别

项 目	创业类型			
	复制型创业	模仿型创业	增值型创业	风险型创业
机会特征	高度显性	中度显性	中度隐性	高度隐性
识别难度	低	比较低	比较高	很高
创业风险	低	比较低	比较高	很高
自主创新程度	很低	比较低	比较高	比较高

虽然我们鼓励创新型创业,但也并不排斥其他类型的创业。因为大学生缺乏创业的经验,并且资源有限,即使选择复制一个成功的创业模式进行创业,也非常不容易。

四、创业机会的主要来源

(一)变化就是机会

环境的变化,会给各行各业带来良机,人们透过这些变化,就会发现新的前景。变化可以包括政府新政策的出台,产业结构的变化,科技进步,通信革新,政府放松管制,经济信息化、服务化,价值观与生活形态变化,人口结构变化,等等。

> **案 例**
>
> ### 海南旅游迎自贸政策春风 医疗旅游现商机
>
> 2018 年 4 月 13 日下午,习近平总书记在庆祝海南建省办经济特区 30 周年大会上郑重宣布,党中央决定支持海南全岛建设自由贸易试验区,支持海南逐步探索、稳步推进中国特色自由贸易港建设,分步骤、分阶段建立自由贸易港政策和制度体系。近年来,旅游产业一直与其他产业结合发展,"旅游+"正当其时。其中,医疗旅游就是其中的一个正在迅速发展的分支。在刚刚结束的亚洲博鳌论坛上,海南省省长沈晓明指出,医疗旅游产业已经成为全球增长最快的一个新兴产业,海南发展医疗旅游具有得天独厚的条件。
>
> **医疗旅游的风口**
>
> 近年来随着跨国交通的便捷,互联网的发达,越来越多的人不远万里到医疗旅游目的地求医问药。据统计,全球医疗旅游产业从 2000 年不到 100 亿美元,飙升到 2017 年的 7 000 亿美元,并且以每年 20% 的速度保持增长。沈晓明指出,据初步统计,2016 年,中国有 60 多万人到境外医疗旅游。很多人到国外求医问药,其实就是医疗卫生系统的"马桶盖"问题。国内不是没有地方看病,只不过国内的医疗服务已经难以满足人们的需求。
>
> 从观光到休闲度假,从购物到养生医疗,旅游的功能随着消费者消费能力和意识也在不断转型和升级,旅游加上健康一直处于风口浪尖。2018 年 4 月 8 日,国务院印发了《国务院关于在海南博鳌乐城国际医疗旅游先行区暂停实施有关规定的决定》,决定在海南博鳌乐城国际医疗旅游先行区暂停实施《医疗器械监督管理条例》第十一条第二

款的规定,对先行区内医疗机构临床急需且在中国尚无同品种产品获准注册的医疗器械,由海南省人民政府实施进口批准,在指定医疗机构使用。有了政府政策的支持,千亿市场的发展趋势更被看好。

各家入局

目前,凯撒旅游、众信旅游都有关于健康主题的旅游线路,众信旅游曾推出"奇迹旅行健康系列——瑞士 SGK 干细胞逆时光之旅"的抗衰老医疗旅游产品;凯撒旅游目前有多条前往日本、泰国、新加坡等地的健康检查私家团。

对于医疗旅游这样被看好的行业,也早就引发了资本和行业巨头的关注。2014 年 4 月,红杉资本宣布投资盛诺一家,抢占跨国医疗旅游行业的高端市场,盛诺一家是国内最早从医疗旅游中细分出海外医疗市场的机构之一;2016 年 11 月,携程宣布战略投资智特医疗,进军医疗旅游市场,重点布局试管婴儿领域的服务。

除了医疗服务本身以外,有一些比较"轻医疗"更接近于康养的项目发展也有很大的发展可看性,比如有些人的目的只是温泉浴、医疗美容和按摩等等,与医疗相关的周边服务发展也还有很大的发展空间。

价格高　有客源

健康主题游下的健康检查团价格在 2 万—10 万元之间不等,价格远远高于普通的观光旅游团,举例来说,凯撒旅游从北京出发的"日本四国冈山大阪京都东京臻享私家团 7 天 6 晚"产品,价格为 24 999 元;而"北京出发至日本东京三大疾病健康检查私家团 5 天 4 晚"产品,售价为 89 999 元。据携程 2016 年发布的《2016 年在线医疗旅游报告》显示,人均订单费用超过 5 万元,健康医疗已经成为人气高的主题游项目之一。

医疗旅游的价格为何昂贵?对比旅游观光,医疗旅游有更大的难度,尤其是目前出国医疗旅游中,首先是对于医疗资源的资质考察和合作,其次是消费者在医疗旅游期间,需要全程有翻译人员的陪同,还有住宿、接送以及医疗费用等一系列的服务费用。

北京第二外国语学院王兴斌教授表示,虽然价格昂贵但是中国不缺少客源,我国很多选择到海外医疗旅游的消费者是希望能够获得更加优质的医疗服务及旅行体验,而这部分需求只有高端市场才能够满足。

(二) 从问题的发现和分析中寻找商机

所谓问题就是现实与理想的差距。在生活中可以盯住那些大家"苦恼和困扰的事"。人们总是迫切希望解决,如果能提供解决的办法,实际上就是找到创业的机会。例如,双职工家庭,没有时间照顾小孩,于是有了家庭托儿所;没有时间买菜,就产生了蔬菜配送企业。还可以分析消费者对市场上产品或服务的满意度。创业者通过追踪、解析和评判对手的产品或服务,及时发现现有产品和服务存在哪些问题,有针对性的提出改进方案。

(三) 集中盯住某些顾客的需要就会有机会

机会不能从全部顾客身上去找,因为共同需要被识别,基本上已很难再找到突破口。而实际上每个人的需求都是有差异的,如果我们时常关注某些人的日常生活和工作,就会从中发现某些机会。因此,在寻找机会时,应习惯把顾客分类,认真研究各类人员的需求特点。

案 例

"猪肉大王"陈生

"猪肉大王"陈生从传统的中国猪肉行业里,分析到了其中的巨大商机。因为中国每年的猪肉消费约 500 亿公斤,按每公斤 20 元算,年销售额就高达上万亿元。而与其他行业相比,猪肉这个行业一直没有得到很好的整合,基本上没有形成像样的产业化,竞争不强,档次不高,机会很多。更重要的是,进入这一行业的陈生,机智地率先推出了绿色环保猪肉"壹号土猪",开始经营自己的品牌猪肉;并且,针对学生、部队等不同人群,却能够选择不同的农户,提出不同的饲养要求。比如,为部队定制的猪可肥一点,学生吃的可瘦一点,为精英人士定制的肉猪,据传每天吃中草药甚至冬虫夏草,使公司的生猪产品质量与普通猪肉"和而不同"。在这样的"精细化营销"战略下,陈生终于在很短的时间内叫响了"壹号土猪"品牌,成为广州知名的"猪肉大王"。

五、市场需求与创业机会

需求,是指一定时间内和一定价格条件下,消费者对某种商品或服务愿意而且能够购买的数量。市场需求的构成要素有两个:一是消费者愿意购买,即有购买的欲望;二是消费者能够购买,即有支付能力。好的创业机会,必然具有特定的市场定位,专注于满足顾客需求,最后为顾客提供能够为其创造价值或增值的产品或服务。创业者要尽所能,研究市场,捕捉信息,把握商机。

现有市场机会与潜在市场机会。现有市场机会是市场机会中那些明显未被满足的市场需求,往往发现者多,进入者也多,竞争势必激烈。潜在市场机会是那些隐藏在现有需求背后的、未被满足的市场需求,不易被发现,识别难度大,往往蕴藏着极大的商机。

行业市场机会与边缘市场机会。行业市场机会是指在某一个行业内的市场机会,发现和识别的难度系数较小,但竞争激烈成功的概率低。边缘市场机会是在不同行业之间的交叉结合部分出现的市场机会,处于行业与行业之间出现"夹缝"的真空地带,难以发现,需要有丰富的想象力和大胆的开拓精神,一旦开发,成功的概率也较高。

目前市场机会与未来市场机会。目前市场机会是那些在目前环境变化中出现的机会,未来市场机会是通过市场研究和预测分析它将在未来某一时期内实现的市场机会。若创业者提前预测到某种机会会出现,就可以在这种市场机会到来前早做准备,从而获得领先优势。

全面市场机会与局部市场机会。全面市场机会是指在大范围市场出现的未满足的需求,在大市场中寻找和发掘局部或细分市场机会,见缝插针,拾遗补阙,创业者就可以集中优势资源投入目标市场,有利于增强主动性,减少盲目性,增加成功的可能。局部市场机会则是在一个局部范围或细分市场出现的未满足的需求。同时,地理因素的限制会带来不同地区之间的市场差异。不同的地区需要不同的产品和市场,关键在于你能不能发现差异并做缩小差异的工作,满足市场需求。

案例

李嘉诚的创业故事

李嘉诚,广东潮安人,1928年7月出生于广东潮州市一个贫穷家庭,父亲为教师。

有一天,他翻阅英文版《塑胶》杂志,看到一则不太引人注意的小消息,说意大利某家塑胶公司设计出一种塑胶花,即将投放市场。李嘉诚立刻意识到,战后经济复苏时期,人们对物质生活将有更高的要求,而塑胶花价格低廉,美观大方,正合时宜,于是决意投产。

1950年夏天,李嘉诚立志创业,向亲友借了5万港元,加上自己全部积蓄的7 000港元,在筲箕湾租了厂房,正式创办"长江塑胶厂"。

他的塑胶花产品很快打入香港和东南亚市场。同年年底,欧美市场对塑胶花的需求愈来愈大,"长江"的订单以倍数增长。直到1964年,前后7年时间,李嘉诚已赚得数千万港元的利润;而"长江"更成为世界上最大塑胶花生产基地,李嘉诚也得了"塑胶花大王"的美誉。

不过,李嘉诚预料塑胶花生意不会永远看好,他更相信物极必反。于是急流勇退,转投生产塑胶玩具。果然,两年后塑胶花产品严重滞销,而"长江"却已在国际玩具市场大显身手,年产出口额达1 000万美元,为香港塑胶玩具出口业之冠。

1965年2月,香港发生了严重的银行信用危机,人心惶惶,投资者及市民纷纷抛售房产,离港远走。香港房地产价格暴跌,地产公司纷纷倒闭。1967年,香港更发生反英暴动,进一步使房地产市场陷于死寂。

不过,李嘉诚却看好香港工商业的前景,认为香港这个商机十足的殖民地,不会久乱。他反行其道,在人们贱价抛售房产的时候,却大量购入地皮和旧楼。不出3年,风暴平息,香港社会恢复正常,经济复苏,大批当年离港的商家纷纷回流,房产价格随即暴涨。李嘉诚趁机将廉价收购来的房产,高价抛售获利,并转购具有发展潜力的楼宇及地皮。70年代初,他已拥有楼宇面积共630万平方英尺。

1971年6月,李嘉诚正式创办长江置业有限公司,翌年改组为长江实业(集团)有限公司,正式在地产事业上大展拳脚,并在后来多次石油危机和经济萧条的时期,趁楼价下滑,运用人退我进、人弃我取的战略入货,结果在楼市大升时获得巨利,使手上的资金暴增。

经过20多年的"开疆辟土",李嘉诚已拥有4间蓝筹股公司,市值高达7 810亿港元,包括长江实业、和记黄埔、香港电灯及长江基建,占恒生指数两成比重。集团旗下员工超过3.1万名,是香港第4大雇主。1999年的集团盈利高达1 173亿港元。

由美国《商业周刊》编辑部180余位资深编辑及其全球各地24位记者评选的"2015年度25位最佳经理人",李嘉诚成为全球唯一入选的华人企业家,名列第11位。

2015年7月16日,美国《福布斯》杂志在其官方网站上发布了"全球十大最有影响力富人榜"。中国香港的长江实业集团主席李嘉诚排名榜单第五名。

第二节　创业机会评估与选择

当有了创业的想法后,经验派的创业者会凭借着创业的热情马上付诸行动。但是,这种创业存在着盲目的风险,缺乏对创业机会科学的分析和判断,失败的风险也会很高。虽然创业需要把握机会窗口,需要实践和经验,但是创业也需要用科学的方法和理论加以指导。目前,教育界秉承精益创业的核心理念,建议创业者把想法当作一个假设,用证据去验证它,对创业的机会进行科学的评估,避免失误的产生,给创业者带来不必要的损失。创业机会评估是创业者分析什么样的创意才具有商业价值,这是创业者应该具备的一项技能。在知识经济和创新创业的时代,我们倡导科学创业。一个好的产品和创意,并不一定是一个好的创业机会。创业机会评估可以帮助创业者减少资源和时间的浪费,提高创业效率。

一、创业机会评估

创业机会的评估是通过科学的评估方法,分析市场需求、可盈利性、行业趋势、行业竞争、产品创意等方面,帮助创业者更好地识别创业机会的吸引力、可行性、适时性、匹配性和持久性。

创业机会的吸引力主要体现在市场需求和利润回报。市场需求旺盛和能够带来丰厚回报的项目,吸引力越高。创业机会的可行性需要分析外部环境和行业竞争环境的机会和威胁,以及微观创业项目的优势劣势,做出判断。创业机会的适时性,是对"机会窗口"进行判断。机会经常被称为窗口。某一机会不会永远存在,它随着时间的推移,发生改变或者消失。创业机会的适时性是指在创业者能够把握机会窗口,在恰当的时间做恰当的事情,过早和过晚的机会都不是真正的机会。创业机会的匹配性是面对创业机会,创业者能够整合和拥有的资源、团队能力与之匹配程度的分析。创业机会的持久性是对创业机会持续时间和未来市场成长性的分析。好的创业机会应该可以持久性地开发,能够为企业带来持续的竞争力。

二、创业机会评估的内容

(一) 市场评估

市场评估的内容包括市场定位、市场结构、市场规模、市场渗透力、市场占有率和产品的成本结构。

市场定位的评估是分析市场定位是否明确、顾客需求分析是否清晰、顾客接触通道是否流畅、产品和服务是否持续衍生和迭代等。基于此,能够判断出创业机会可能创造的市场价值。创业市场价值越高,创业成功的机会也越大。对创业机会的市场结构进行六项分析:进入障碍、供货商、顾客、经销商、替代性产品的威胁和市场内部竞争的激烈程度。由此分析企业在未来市场中的地位,及可能遭遇竞争对手反击的程度。市场规模越大,进入障碍就越低,市场竞争激烈程度也越小。对于具有巨大市场潜力的创业机会,市场渗透力评估非常重要。市场需求正要大幅增长的时候也是最佳的进入时机。从物料与人工成本所占比重、变动成本与固定成本的比重,以及经济规模产量,可以判断企业创造附加价值的幅度和未来持续性获利的可能。

(二) 效益评估

效益评估的内容包括合理的税后净利、达到损益平衡所需的时间、投资回报率和毛利率、退出机制与策略。

一般而言,具有吸引力的创业机会,至少需要能够创造百分之十五以上的税后净利。合理的损益平衡时间应该在两年之内达到。当然,有的创业机会确实需要经过比较长的前期投入,即创业进入障碍。这样的情况可将前期投入视为投资,才能容忍较长时间的损益平衡时间。考虑到创业面临的各种风险,合理的投资回报率应该在百分之二十五以上,而百分之十五以下的投资回报率是不值得考虑的创业机会。资本需求额过高会稀释投资回报率。通常,在创业初期,不要募集太多资金,最好通过盈余积累的方式来创造资金,增加每股盈余,提高未来上市的价格。毛利率高的创业机会,易取得损益平衡,风险相对较低。一般而言,理想的毛利率是百分之四十。所有投资的目的都在于回收资金和丰厚的回报,因此退出机制与策略就成为一项评估创业机会的重要指标。由于资金退出的难度普遍要高于进入,所以一个具有吸引力的创业机会,应该为所有投资者考虑退出机制,以及退出的策略规划。

三、创业机会评估的方法

(一) 蒂蒙斯的创业机会评价框架

蒂蒙斯创业机会评价体系,给我们提供了一套系统的评价框架和可量化的指标体系。这个工具可以帮助创业者科学深入地评价创业项目的可行性及其价值性。

蒂蒙斯的创业机会评价框架涉及行业和市场、经济因素、收获条件、竞争优势、管理团队、致命缺陷问题、个人标准、理想与现实的战略差异等 8 个方面的 53 项指标,如表 3-3 所示。

表 3-3 蒂蒙斯创业机会评价体系

评 价 要 素	评 价 指 标
行业和市场	1. 市场容易识别,可以带来持续收入
	2. 顾客可以接受产品或服务,愿意为此付费
	3. 产品的附加价值高
	4. 产品对市场的影响力高
	5. 将要开发的产品生命长久
	6. 项目所在的行业是新兴行业,竞争不完善
	7. 市场规模大,销售潜力达到 1 千万元到 10 亿元
	8. 市场成长率在 30%—50% 甚至更高
	9. 现有厂商的生产能力几乎完全饱和
	10. 在五年内能占据市场的领导地位达到 20% 以上
	11. 拥有低成本的供货商具有成本优势

评 价 要 素	评 价 指 标
经济因素	1. 达到盈亏平衡点所需要的时间在 1.5—2 年以下
	2. 盈亏平衡点不会逐渐提高
	3. 投资回报率在 25% 以上
	4. 项目对资金的要求不是很大，能够获得融资
	5. 销售额的年增长率高于 15%
	6. 有良好的现金流量，能占到销售额的 20%—30% 及以上
	7. 能获得持久的毛利率要达到 40% 以上
	8. 能获得持久的税后利润，税后利润率要超过 10%
	9. 资产集中程度低
	10. 运营资金不多，需求量是逐渐增加的
	11. 研究开发工作对资金的要求不高
收获条件	1. 项目带来附加价值的具有较高的战略意义
	2. 存在现有的或可预料的退出方式
	3. 资本市场环境有利，可以实现资本的流动
竞争优势	1. 固定成本和可变成本低
	2. 对成本、价格和销售的控制较高
	3. 已经获得或可以获得对专利所有权的保护
	4. 竞争对手尚未觉醒，竞争较弱
	5. 拥有专利或具有某种独占性
	6. 拥有发展良好的网络关系，容易获得合同
	7. 拥有杰出的关键人员和管理团队
管理团队	1. 创业者团队是一个优秀管理者的组合
	2. 行业和技术经验达到了本行业内的最高水平
	3. 管理团队的正直廉洁程度能达到最高水准
	4. 管理团队知道自己缺乏哪方面的知识
致命缺陷问题	不存在任何致命缺陷问题
个人标准	1. 个人目标与创业活动相符合
	2. 创业家可以做到在有限的风险下实现成功
	3. 创业家能接受薪水减少等损失
	4. 创业家渴望进行创业这种生活方式，而不只是为了赚大钱
	5. 创业家可以承受适当的风险
	6. 创业家在压力下状态依然良好

(续表)

评 价 要 素	评 价 指 标
理想与现实的 战略差异	1. 理想与现实情况相吻合
	2. 管理团队已经是最好的
	3. 在客户服务管理方面有很好的服务理念
	4. 所创办的事业顺应时代潮流
	5. 所采取的技术具有突破性,不存在许多替代品或竞争对手
	6. 具备灵活的适应能力,能快速地进行取舍
	7. 始终在寻找新的机会
	8. 定价与市场领先者几乎持平
	9. 能够获得销售渠道或已经拥有现成的网络
	10. 能够允许失败

蒂蒙斯创业机会评价体系只是一套评价标准,在进行创业机会评价实践时,还需要科学的步骤和专业的评价方法才能操作。下面介绍两种常用且易操作的评价方法。

(1) 标准矩阵打分法。标准打分矩阵,是指将创业机会评价体系的每个指标设定为三个打分标准,比如最好3分、好2分、一般1分,形成的打分矩阵表。在打分后,求出每个指标的加权评价分。这种方法简单易懂,易操作。该方法主要用于不同创业机会的对比评价,其量化结果可直接用于机会的优劣排序。只用于一个创业机会的评价时,则可采用多人打分后进行加权平均。如果其加权平均分越高,说明该创业机会越可能成功。一般来说,高于100分的创业机会可进一步规划,低于100分的创业机会,则需要考虑淘汰。

(2) Baty选择因素法。该方法可以看作是标准矩阵打分法的简化版。评价者通过对创业机会的认识和把握,按照蒂蒙斯创业机会评价体系的各项标准,看机会是否符合这些指标要求。如果统计符合指标数少于30个,说明该创业机会存在很大问题与风险;如果统计结果高于30个,则说明该创业机会比较有潜力,值得尝试。应用该方法时需要注意一点,如果机会存在"致命缺陷",需要一票否决。致命缺陷通常是指法律法规禁止、需要的关键技术不具备、创业者不具备匹配该创业机会的基本资源等方面的系统风险。该方法比较适合于创业者对创业机会进行自评。

(二) 我国学者提出的评价指标

蒂蒙斯创业机会评价体系的缺点在于指标多,导致主次不够清晰;各维度划分不尽合理,存在交叉重叠,在一定程度上影响了机会评价指标的有效性。姜彦福、邱琼(2004)提出了适合中国创业者进行非正式评价或投资人在进行尽职调查前快速评估创业机会的10项关键指标序列,如表3-4所示。

表 3 - 4　创业机会评价体系简化版

指 标 类 别	具 体 指 标
管理团队	创业者团队是一个优秀管理者的结合
竞争优势	拥有优秀的员工和管理团队
行业与市场	顾客愿意接受该产品或服务
致命缺陷	不存在任何致命缺陷
个人标准	创业家在承担压力的状态下心态良好
收获条件	机会带来的附加价值具有较高的战略意义
管理团队	行业和技术经验达到了本行业内的最高水平
经济因素	能获得持久的税后利润,税后利润率要超过 10%
竞争优势	固定成本和可变成本低
个人标准	个人目标与创业活动相符合

林嵩(2007)构建了机会识别模型。他认为创业机会可以从三个层次进行分析和评价。一是创业机会的核心特征。这一层次的特征属于创业机会的自然属性,主要包括市场层面特征和产品层面的特征。二是创业机会的支持要素。包括创业团队要素、创业资源要素和商业模式要素。三是创业机会的成长预期。包括各项财务指标、能否顺利收获等,只有符合创业者心中的标准,创业机会才能真正付诸行动。

四、大学生创业项目选择

(一)创业项目与项目选择

创业项目是指创业者进行创业所从事的某一具体方向或具体行业,是具有吸引力的、较为持久的和适时的一种商务活动内容,并最终表现在可以为客户和最终用户创造或增加价值的产品或服务。广义的创业可以是创业者开了一个小店、开一家公司、加盟一个品牌。这些都可以视为创业项目。

创业项目的分类:从性质上,可以分为实业创业和网络创业;从观念上来看,可分为传统创业项目、新兴创业项目以及最新兴起的微创业项目;从方法上来看,可分为实业创业项目和网络创业项目;从投资上来看,可分为无本创业项目、小本创业项目及微创业项目;从方式上来看,可分为自主创业项目、加盟创业项目、体验式培训创业项目和创业方案指导创业项目;从经营性质及特点上看,可分为生产类创业项目、科技类创业项目、商贸类创业项目、服务类创业项目、创意类创业项目和公益类创业项目。

项目选择指组织或个人需要对各种项目机会做出比较与选择,将有限的资源以最低的代价投入到收益最高的项目中,以确保个人或组织的发展。

(二)大学生项目选择中注意的问题

1. 对创业项目做好前期的调查和论证

创业项目选择要舍得下功夫,做好充分调查和论证。同时,在项目选择时,不能只看只是眼前有利润的社会流行的项目,还要看它是否有未来发展的潜力和空间;不但要分析现有的市场和生存环境,还要对社会未来发展趋势做出判断。所以,创业者尽可能避开市场趋近饱和的项目。如果条件具备,在谋求经济利益最大化的同时,优先选择社会效益大的项目。

2. 正确地认识自我

大学生选择创业项目,是创造一个切入社会的端口,要找到一个自身与社会结合的契合点。正确地认识自我是分析自身的优势与强项、兴趣所在、知识经验积累、性格与心理特征、拥有的资源等。最终,发掘最适合自己的创业项目。

1) 创业项目选择可以结合自己的兴趣

创业的过程是实现梦想的过程。每个人都有自己的兴趣爱好,把兴趣与创业联系起来,成为生活和工作的内容,能够对自己的事业起到推动作用。美国苹果公司的创始人乔布斯,在上初中时,对电脑就产生了很大的兴趣。19岁那年,刚念大学一年级的乔布斯,辍学继续自己年少时的兴趣,与志同道合的好友沃兹一道,在自家的小车库里琢磨电脑。最终,他们创造出了世界上第一台个人电脑。精明的乔布斯看到了这种自制电脑的市场价值。为筹集创业的资金,他卖掉了自己的汽车,同时劝说好友沃兹卖掉了自己珍爱的惠普计算器。就这样,他们有了奠基伟业的1 300美元。1976年愚人节那天,乔布斯成立属于自己的电脑公司,并命名为苹果。

2) 结合经验优势和所学专业

结合经验优势是创业者结合所具有的强项与特长,将其发展为可行的创业项目。中国有句俗语"不熟不做"。在做同样生意的人群里,如果有人赚钱,一定是那个最熟悉该生意的人。江南春在1994年上大学三年级时,就和几个合作伙伴成立了永怡广告公司。到了2001年江南春发现广告代理公司的利润很低,未来生存的空间有限。在重新分析广告市场的基础上,最后锁定在商业楼宇的电梯广告上,成立了分众传媒。大学生创业者可以从自己的相关工作经验或者自己的优势入手选择创业项目。

大学生创业者可以依靠自己学科专业,在学习知识和研究探索的过程中,寻找创业项目。很多的创业者都是根据自己的专业学习和工作领域经验的积累,最终找到创业的项目。马化腾1989—1993年在深圳大学主修计算机专业,1993年毕业后曾在中国电信服务和产品供应商深圳润迅通信发展有限公司主管互联网传呼系统的研究开发工作。1998年,离开润讯通信的马化腾带着炒股赚来的一笔资金和5位同学共同创办了腾讯计算机系统有限公司。

3) 结合个人所拥有的人脉资源

俗话说"孤木不成林",创业成功离不开团队和他人的帮助。卡耐基曾经说过:"成功靠的是15%的专业知识和85%的人际关系。"前面所提到的结合兴趣、经验和专业,也使得创业者在初创时期,能够更快地通过兴趣圈、同学圈、同事圈、好友圈找到志同道合的合作伙伴。

4) 初次创业可以考虑选择特许经营和加盟

特许经营是指特许经营权拥有者以合同约定的形式,允许被特许经营者有偿使用其名称、商标、专有技术、产品及运作管理经验等从事经营活动的商业经营模式,而被特许人获准使用由特许权人所有的或者控制的共同的商标、商号、企业形象、工作程序等。我国法律对特许经营的定义为:特许经营指特许者将自己所拥有的商标(包括服务商标)、商号、产品、专利和专有技术、经营模式等以特许经营合同的形式授予被特许者使用,被特许者按合同规定,在特许者统一的业务模式下从事经营活动,并向特许者支付相应的费用。

对于大学生创业者而言,这种创业选择的优势在于可以享受特许经营者已经在市场上树立的良好商誉和品牌;从特许商处获得多方面的支持,如培训、选择地址、资金融通、市场分析、统一广告、技术转让等;分享规模效益:采购规模效益、广告规模效益、经营规模效益、技术开发规模效益等;降低市场和管理风险。对于缺乏市场经营的投资者来说,面对激烈的市场竞争环境,借助特许商品牌形象、管理模式以及运营支持系统,可以大大降低创业风险。

第三节　商业模式开发

一、商业模式

商业模式是一个比较新的名词,无论是创业者,还是风险投资者都经常会提到。它首次出现在 20 世纪的 50 年代,但直到 90 年代才开始被广泛使用和传播。简单来说,商业模式是企业设计所经营业务的利润来源、生成过程和产出方式的系统,围绕企业如何盈利来配置企业资源和组织企业内外活动。商业模式设计的核心是公司获利方式。例如,饮料公司通过生产和销售饮料来赚钱;通信公司通过搭建平台,收取话费、设计和提供增值服务等来赚钱。

一个好的商业模式对创业的成功至关重要。彼得·德鲁克曾经提出,未来的竞争不是产品的竞争,而是商业模式的竞争。例如,微信的成功不在于产品本身,而是腾讯创造了新型的关系联结模式,给利益相关者获得了低成本、高收益的巨大效应。

商业模式是为了通过利用商业机会来创造价值,从而设计的交易内容、交易结构和对交易的治理方式。商业模式是对一组活动在组织单位中的配置,这些单位通过在企业内部和外部的活动,在特定的产品市场上创造价值。

总体而言,商业模式是通过最优设计实现价值最大化,同时使系统实现持续盈利目标的整体解决方案。其中,价值的内涵不仅仅是创造利润,还包括为客户、员工、合作伙伴、股东提供的价值,在此基础上形成的企业竞争力与持续发展力。为实现价值最大化,需要把能使企业运行的内外各要素整合起来,形成一个完整、高效、具有独特核心竞争力的运行系统。商业模式的设计是一个企业战略层面创造价值的商业逻辑,而不是操作层面单纯的业务流程设计。

二、商业模式画布理论

瑞士学者亚历山大·奥斯特瓦德(Alexander Osterwalder)和伊夫·皮尼厄(Yves Pigneur)在《商业模式新生代》和《价值主张设计》两本书中分别提出了商业模式画布理论以及在该理论中处于核心地位的价值主张画布理论。他们认为,商业模式就是一个组织创造、传递以及获得价值的基本原理。商业模式画布构成的 9 个要素如下所示。

(1)客户细分:通过市场细分,定义所面向的顾客群体。

(2)价值主张:为了解决客户的问题并满足其需求,企业所开发的系列产品和服务。

(3)渠道:如何与目标客户交流,以传递价值。

(4)客户关系:组织与特定的客户之间是什么样的关系。

(5)收益流:组织自目标客户获得的收入。

(6)关键资源:为了执行商业模式所需要的资产,实体资产以及非实体资产,如人力资源等。

（7）主要活动：能够不断创造价值，并提供给顾客的重要活动。

（8）关键合作伙伴：对组织的活动而言至关重要的合作伙伴。

（9）成本结构：事业在营运时必要的成本。

企业理解每个模块的含义以及相互关系之后，就可以按照特定的流程，利用商业模式画布来设计出专属于自己的企业商业模式。创业公司与成熟公司、传统行业公司与新兴行业公司、中小企业与大型企业需要利用的商业模式截然不同，最关键的是要设计出适合自己企业的商业模式。

三、商业模式6要素

我国学者魏炜和朱武祥于2009年提出了魏朱6要素模型。商业模式包括6个基本要素：定位、业务系统、关键资源能力、盈利模式、自由现金流结构和企业价值（见图3-1）。

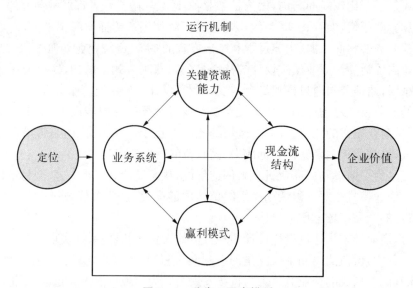

图3-1　魏朱6要素模型

定位就是企业应该做什么，它决定了企业应该提供什么特征的产品和服务来实现客户价值。定位是商业模式体系中其他有机部分的起点。

业务系统是指企业达成定位所需要的业务环节、各合作伙伴扮演的角色以及利益相关者合作与交易的方式和内容。围绕企业定位所建立起来的这样一个内外部各方利益相关者相互合作的业务系统将形成一个价值网络，该价值网络明确了客户、供应商和其他合作伙伴在影响企业通过商业模式而获得价值的过程中所扮演的角色。

关键资源和能力是让业务系统运转所需要的重要的资源和能力。任何一种商业模式构建的重点工作之一就是明确企业商业模式有效运作所需的资源能力，如何才能获取和建立这些资源和能力。

盈利模式指企业如何获得收入、分配成本、赚取利润。各种客户怎样支付、支付多少，所创造的价值应当在企业、客户、供应商、合作伙伴之间如何分配。

自由现金流结构是企业经营过程中产生的现金收入扣除现金投资后的状况，其贴现值反映了采用该商业模式的企业的投资价值。

企业价值,即企业的投资价值,是企业预期未来可以产生的自由现金流的贴现值。企业的投资价值包括企业成长空间、成长能力、成长效率和成长速度。如果说定位是商业模式的起点,那么企业的投资价值就是商业模式的归宿,是评判商业模式优劣的标准。

商业模式的 6 个要素相互作用、相互决定。6 个要素中只要有一个要素不同,商业模式也就不同。比如,相同的企业定位可以通过不一样的业务系统实现;同样的业务系统也可以有不同的关键资源能力、不同的盈利模式和不一样的现金流结构。

设计商业模式的步骤为:

(1)确定业务范围和产品在市场中的定位。

(2)分析和锁定目标消费群体。

(3)构建企业独特的业务系统,提高被模仿的难度。

(4)挖掘企业的关键资源能力形成核心竞争优势。

(5)构建独特的盈利模式。

(6)提高企业价值以获得资本市场的号召力。

四、商业模式设计应注意的问题

(一)商业模式要选准行业和时机

选择创业项目要通过市场细分,并准确把握行业生命周期发展阶段的痛点。行业的不同生命阶段,市场增长率、需求增长率、产品品种、竞争者数量、进入壁垒及退出壁垒、技术变革、用户购买行为等存在较大差异,给创业者带来不同的机遇和威胁。

(二)满足顾客需求,实现顾客价值最大化

商业模式的根本出发点是对消费者进行细分,差异化定位企业所面向的消费群体。企业运营的过程是通过满足顾客需求,达到顾客满意最大化,进而实现顾客的终身价值。

(三)商业模式要实现价值创造

价值创造是商业模式设计的核心,即投入产生效率高、效果好。主要体现在投资少、运营成本低、收入的持续成长能力强。

(四)商业模式的独特性与差异化

根据商业模式画布理论,商业模式的独特性和差异化体现在这九个方面的集中创新。目前,大学生的很多创业模式,局限于原有商业模式的拷贝和模仿。商业模式须改良和颠覆原有的要素组合。

(五)商业模式与企业资源相匹配

商业模式的选择和设计要能够充分利用和发展企业的关键资源和核心能力。关键资源和核心能力决定了企业的竞争优势和未来可持续性的发展。企业资源可以分为外部资源和内部资源。企业的内部资源可分为人力资源、财物力资源、信息资源、技术资源、管理资源、可控市场资源和内部环境资源。而企业的外部资源可分为行业资源、产业资源、市场资源和外部环境资源。

(六) 要有超前的竞争意识,建立进入壁垒

商业模式的设计要考虑未来面临的竞争。进入壁垒在创业早期不可能马上建立起来,要在企业持续发展的过程中,不断构建和迭代。这就需要创业团队在不同环境资源变化的情况下,通过规模壁垒、资源壁垒、技术壁垒等各个方面的组合,持续增进。

(七) 将商业模式融合互联网思维

"互联网+"时代,我们要考虑如何应用互联网的思维和方法去颠覆传统产业。目前已经形成了2种商业模式:① "工具+社群+电商/微商"的混合模式。② O2O(Online to Offline)模式。O2O就是线上交易+线下体验消费。用户可以在线上购买或预订服务,再到线下商户实地享受服务;也可以通过线下实体店体验并选好商品,然后通过线上下单来购买商品。

(八) 主动规划,不断实践验证并持续优化和创新

一个能对企业各个利益相关者有贡献的商业模式需要企业家反复推敲、实验、调整和实践6个要素才能产生。创新体现在企业运营管理的方方面面,如技术、内部制度、盈利模式等,都需要企业不断地探索和研究。在商业模式的开发中,也要重视和体现创新。因为,只有差异化的新颖的商业模式才能在激烈的竞争中增强投资者的信心和消费者的热情。在商业模式中,创新的要点是深入理解细分市场中消费者的需求和利益相关方的需求,并将其有机整合,形成一个利益共享的模式。

 案例

新东方直播带货——东方甄选

东方甄选是新东方在"双减"政策出台后,寻求转型而推出的直播带货平台。自2021年12月28日正式发布至今,抖音号粉丝量已突破2 500万人,农产品双语知识型直播带货模式成为广泛关注的话题。这种商业模式虽然没有突破原有电商直播商业模式,但也有其创新之处。

商业模式创新政策背景

"双减"政策、直播监管政策、乡村振兴战略促成新东方转型和创新。2021年7月,"双减"政策出台,给教培行业带来巨大冲击。受政策影响,新东方股价暴跌近70%,教培机构面临转型问题。

直播电商监管趋严促使行业规范化发展。2021年,《关于加强网络直播规范管理工作的指导意见》《网络直播营销活动行为规范》《网络主播行为规范》等相关政策出台。直播电商的监管体系日益完善,未来将会进入规范发展的新阶段。

乡村振兴战略给农业转型升级带来机遇,直播电商助农顺应政策导向。党的十九大报告中首次提出乡村振兴战略。在技术引领下,发展现代农业、农业数字化转型成为重要发展趋势,东方甄选开展农产品的直播带货顺应政策导向。

双语知识直播带货为顾客创造知识价值

东方甄选的双语知识直播带货模式用优质内容为顾客创造价值。东方甄选的老师主播通过双语直播带货,同时结合地理、历史、哲学等学科知识,弹唱英文歌、诗词歌赋、

名家典故、爆梗段子等优质内容为顾客提供了知识价值。

名师主播资源保证了优质内容资源。新东方名师学历高、沟通水平强、英语好、知识储备量高,又自带丰富的教学经验、学生及家长粉丝基础。而知识直播和教学授课也存在一定共性,名师资源很容易转化为优质主播资源,比如当前走红的董宇辉、顿顿、YOYO等主播老师。依托名师主播资源,东方甄选进一步形成优质的内容资源。名师们凭借差异化的内容和叙述形式,将产品销售包裹在诗词、哲学、英语学习中。

根据目标客户需求选择高品质产品

东方甄选的目标用户主要是有学习需求的城市年轻群体和城市中产家庭的家长。根据目标客户群体,东方甄选定位中高端市场。选品环节注重品质,如五常大米、牛排、DK博物大百科等都属于相对高价位、高品质需求。直播环节注重双语、知识、文化方面的讲解,将客户需求与直播内容、售卖产品紧密结合,有助于形成更多黏性客户群体,更易让客户买单。

盈利模式

传统直播电商盈利模式为"坑位费＋佣金"。据猎云网资料,腰部主播的坑位费5万元左右,佣金20%左右;百万级主播的坑位费达到几十万元左右。自2021年以来,品牌方被坑位费裹挟的消息不绝于耳,有品牌商支付6万元坑位费,而直播销售额仅为397.2元。也有直播间采取免坑位费的模式,但抽佣比例较高,佣金为30%左右。东方甄选采取免坑位费、差异化的低佣金、高定价的盈利模式。东方甄选不收取坑位费,佣金15%左右,低佣金也是由农业本身利润率低所导致的。佣金采取差异化抽佣,助农佣金和农业公司抽取不同佣金,以兼顾履行社会责任和赚取利润。在免坑位费和低佣金模式下,东方甄选对农产品的定价较高,这和其定位高端市场一脉相承。据统计,相较于其他直播间,东方甄选同款产品定价更高,如东方甄选的玉米卖到6元/根。此外,东方甄选在利润率低的情况下,致力于通过做大规模赚取更多利润。总体而言,东方甄选以免坑位费、低佣金、高定价和规模取胜的盈利模式为主。但是这种盈利模式的实际效果及是否可持续有待商榷。

(案例来源:摘自于《上海商业》,2023,No.527,王荣《商业模式创新案例研究——以东方甄选农产品双语直播为例》)

第四节 创业风险识别与规避

创 业 失 败 案 例

创业过程中法律风险需重视

秦亮在上海大学读大四时,通过熟人与中国联通上海分公司一级代理商上海美天通信科工程设备有限公司取得联系,并得知美天正准备推广CDMA校园卡业务。秦亮认为可以发动老师、同学购买,盈利几乎唾手可得。

由于美天要求必须与公司为主体来签协议,秦亮和几个同学在家长的帮助下,注册了上海想云科技咨询有限公司,以该公司的名义与美天签署了《CDMA 校园卡集团用户销售协议书》。在同学和老师的宣传下,秦亮的生意很红火,一共发展了 4 196 名用户。秦亮和想云可从美天获得 10 余万元的回报。但是美天给秦亮支付了 2 万元钱后,联通公司发现想云递交的客户资料中有几百份是虚假的,有一部分根本不是校园用户,有的是冒用别人的身份证,最终形成了大量欠费。

美天为此得赔偿联通 442 户不良用户的欠费 52 万余元,联通还扣减美天 406 部虚假用户和不良用户的手机补贴款 36 万余元。

美天将想云及秦亮起诉到法院,要求想云及秦亮承担上述赔偿款项,另赔偿美天 406 部虚假、不良用户手机的补贴差价 6 万余元,未归还的手机价款 15 万余元和卡款 5 100 元,总计 100 万元左右。

经过一审和二审,法院认定秦亮借用想云公司名义与美天签订销售协议,协议书上是秦亮的签名和想云的公章,并无其他想云公司的人员参与,故秦亮与想云公司共同承担 100 万元的赔偿责任。

由于想云本来就是为这项业务成立的公司,加上经营亏损,已被吊销营业执照,秦亮成了债务承担人。一分钱没挣到的秦亮反背上了 100 多万元的债务。

通过此案例,大学生必须警惕在创业期间可能涉及的各种法律风险。

创业本身是一个风险和机遇并存的过程。在浩浩荡荡的创业潮中,我国大学生创业成功率仅为 5% 左右。事实证明,创业者对创业过程中风险信息的准确解读和有效管控,是创业成功的关键。大学生创业者要意识到自身知识结构单一、经验不足、资源匮乏等"先天不足"背后潜藏的各种风险,提前进行创业风险管理,对风险进行合理规避和转化。

一、创业风险的含义

大学生创业风险是大学生通过一系列步骤创办企业,在将产品或服务推向市场的过程中,由于创业外部环境的不确定性和复杂性,大学生创业者及创业团队知识、能力和经验的有限性等问题,导致创业活动偏离预期目标的可能性。

二、创业风险的分类

中国大学生创业培训专家李振东教授认为,大学生创业需要过 7 关,即选项、资金、团队、管理、经验、心态、坚持。大学生创业前期靠的是激情和梦想;随着创业过程的深入,企业将会遇到资金问题、团队构建问题、管理问题等,梦想和现实差距使初创业者感到迷茫,这种迷茫期即所谓的创业中期,也是创业的关键期,这些问题的出现和大学生经验不足有很大的关系;如果上述问题得到了妥善解决,那么创业后期(结束期)亦是创业持续期。在创业的三个阶段,创业风险的重点也不同,如表 3-5 所示。

表 3-5　大学生创业过程中风险

创 业 过 程	创 业 风 险
创业前期	项目选择风险、融资风险、员工跳槽风险、市场风险
创业中期	营销风险、团队风险、资金链风险、管理风险、财务风险
创业后期	融资风险、运营风险、扩大投资风险、环境恶化风险

创业的核心风险主要有：

(一) 项目风险

项目是整个创业过程的逻辑起点。创业项目的选择关系到企业未来的发展方向,甚至创业的最终成败。项目风险是指在实现创业目标的过程中因为项目选择把握不清而带来的创业不确定性。受年龄阶段、知识储备等的限制,部分大学生在创业项目的选择上仅凭一时冲动和满腔热血就做出了创业项目的决定。也有不少学生是在功利心的驱使下,看到身边的同学创业成功之后,简单复制、模仿他人的创业范式,缺乏创意。这导致大学生在创业过程中对产品或服务的市场定位以及内外部环境的判断等关键点上存在较大风险。

(二) 团队风险

创业企业的建立和成长离不开一支优秀的创业团队。创业团队风险主要表现为团队成员没有共同的愿景和目标、创业团队核心成员在某些问题上存在分歧、不能塑造和谐的创业团队关系、团队角色配置不合理、专业人才及业务骨干流失等等。创业团队在企业产品和服务研发、市场开拓、企业融资等方面均发挥着重要作用。创业团队最主要的特征是知识与能力的优势互补。但也正因于此,创业团队的成员在许多问题的分析和思考中存在差异和分歧,如果不能有效地得以解决,创业团队将不可避免地面临解散的风险。

(三) 财务风险

财务风险是指企业在各项财务活动中,由于内部、外部环境及各种难以预料和无法控制的因素作用,使企业的实际收益与预期目标发生偏离,从而产生经济损失的可能性。广义的企业财务风险包括筹资风险、投资风险、资金回收风险和收益风险。狭义的财务风险是指企业因负债经营需偿还到期债务而引起的融资风险或筹资风险。在市场经济环境下,企业财务风险是各种风险因素在企业财务上的集中表现。企业在经营过程中风险是不可避免的,应力求在最低风险条件下获得最大收益。财务风险的防范是企业健康生存与发展的前提。大学生创业过程中,因为财务管理专业知识和经验的不足,也是影响创业成功的重要因素。

(四) 技术风险

技术风险是指在企业技术创新过程中,因技术因素导致的不确定性。技术风险的种类很多,其主要类型是技术不足风险、技术开发风险、技术保护风险、技术使用风险、技术取得和转让风险。造成技术风险的主要原因包括技术创新所需要的相关技术不配套、不成熟,技术创新所需要的相应设施、设备不够完善,对技术创新的市场预测不够充分。核心技术是企业赖以生存的核心,防范技术风险也是大学生创业企业风险管理的重要内容之一。

(五) 市场环境风险

市场外部环境是企业不能控制的客观条件,时刻处于变动之中。市场环境风险是指企业由于经济因素、市场因素、政治条件、社会文化、自然条件等外部环境变化而造成创业失败的可能性。企业与外界环境关系遵循着"适者生存,优胜劣汰"的原则,企业必须经常对自身系统进行调整,才能适应外部环境的变化。

市场因素风险产生的原因来自以下几个方面:产品或服务的价格及供需变化,能源、原材料、配件等物资供应的变化,主要客户、供应商的是否诚信,税收政策和利率、汇率、股票价格指数的变化,潜在进入者、竞争者、与替代品的竞争。大学生社会创业过程中,大都是选择技术含量较低、门槛较低的项目。例如,餐饮服务、教育培训、线下商品批发与零售、电子商务等。此类项目的优势在于投入较低,资金风险较小,但是市场竞争激烈。而大学生由于专业知识和经验的不足,难以把握市场的消费动向,非常容易导致创业失败。

(六) 法律风险

法律风险是指在特定的法律规范体系管辖范围内,行为主体的作为或不作为与具体的法律规定存在差异,从而承担不利后果的可能性。公司在创业期间往往重视战略规划、投资融资、产品研发、营销策划等,而忽视对生产经营过程中潜在的法律风险的规避与管理。很多的创业者因为缺乏法律知识,不能有效地运用法律保护自身的利益,甚至在不懂法的情况下产生违法行为,最终导致创业企业利益受损和创业失败。创业企业需要注意的法律风险主要包括合同风险、企业设立和解散的风险、人力资源管理风险、税收征管风险等。

> ┌─ 课 外 资 料 阅 读 ─┐
>
> ## 101 个失败案例背后:创业公司失败的 20 个原因
>
> 近日,美国科技市场研究公司 CB Insights 通过分析 101 家科技创业公司的失败案例,总结出了创业公司失败的 20 个原因,包括融资烧完、竞争力不足、产品糟糕和商业模式不佳等。以下是这 20 个原因:
>
> 1. 没有分析需求就贸然开发产品
>
> 42%的失败创业公司出现过这个问题。创始人执着于执行自己的创意,却没有弄清楚创意是否符合市场需求。Patient Communicator 的创始人对 CB Insights 说:"我意识到实际上我们没有客户,因为没有人对我们开发的产品感兴趣。医生需要更多的病人,而不是一个效率更高的办公室。"
>
> 2. 融资烧完,无法获得新融资
>
> 29%的失败创业公司遇到了这个问题。Flud 的团队对 CB Insights 称,事实上 Flud 的失败原因在于公司没能筹集到新的资金。
>
> 3. 团队不行
>
> 23%的失败创业公司缺少能够指挥大局的人物。这个原因很有趣,多数风投表示,投资之前首先考虑的是团队,其次才是创意。

4. 竞争力不足

风险资本家、亿万富翁皮特·泰尔(Peter Thiel)建议创业公司一开始规避竞争,进入其他人没有尝试的领域。约 19% 的公司没有这么做。

5. 定价/成本出现问题

对于创业公司而言,产品定价不能过高,也不能过低,应当找到最适合的定价。遗憾的是,18% 的公司没有找到正确的定价。

6. 糟糕的产品

17% 的创业公司开发的产品很糟糕。GAmeLayers 的创始人回忆称,公司本应该放下身段,开发出易于互动的产品。

7. 缺乏商业模式

好的创意需要好的商业模式。这就需要找到将创意变现的途径,缺乏商业模式导致 17% 的创业公司最终失败。

8. 糟糕的营销

仅仅懂得怎样写代码或开发好的产品是不够的,还要利用有效的营销对外销售更多的产品。14% 的创业公司没有好的营销团队。

9. 忽视客户

哈佛商学院教授克莱顿·克里斯坦森(Clayton Christensen)指出,过于听信客户能够导致大公司失败。然而,14% 的创业公司因忽视客户而最终失败。

10. 产品推出时间点不对

时间点至关重要。13% 的失败创业公司的产品没能在正确的时间推出。一位 Calxeda 的员工对 CB Insights 说,公司行动的速度快于客户,产品却不是客户所需要的。

11. 精力不集中

对于创业公司来说,自始至终保持热情和精力集中并不是容易的事。13% 的创业公司因精力不集中而失败。

12. 创始人和投资者意见不合

很多大公司也曾经遭遇过类似的情况。13% 的创业公司出现了这个问题。

13. 发展方向偏离轨道

10% 的创业公司出现了这个问题。

14. 缺乏热情

有想法是一回事,拿出热情付诸实施又是另外一回事。9% 的创业公司因缺乏热情而失败。

15. 地理位置不佳

这包括公司在国家中的地理位置不好,以及员工之间工作起来距离较远。9% 的创业公司遇到了这个问题。

16. 无融资和投资者支持

和资金烧完相比,8% 的创业公司从一开始就没能获得投资者的青睐。

17. 法律风险

8% 的创业公司因进入法律风险较高的领域而失败。Turntable.com 的创始人称:

"我没能吸取很多音乐创业公司的失败教训,从事这个行业实在太难了。"

18. 未有效利用网络和倾听意见

仅仅拥有网络是不够的,还要知道怎么利用网络。Blurtt 的创始人说:"让投资者参与进来,你的投资者会帮助你。从一开始就让投资者参与进来,不要害怕向他们寻求帮助。"

19. 筋疲力尽

8%的创业公司因没能平衡好工作和生活之间的关系而失败。Blurtt 的创始人说:"我开始感到筋疲力尽。我是公司的领导者,但筋疲力尽令我感到无助,失去了创新能力。"

20. 未能及时纠偏

7%的创业公司因执着于一个糟糕的创意而失败。Imercive 公司的人说:"我们中途在两个战略之间举棋不定,明知其中一个战略能够取得成功,却未能大胆执行。"

三、大学生创业风险防范

大学生在创业的过程中,创业风险不可避免。只有熟知在创业过程中可能会遇到的风险并做好充分的防范准备,才能让自身企业获得足够的生存空间,并保持持续的发展活力。有关不同风险防范的专业知识将在后面不同章节中进行详细介绍。在此,将针对大学生群体特征,提出一些创业风险防范的对策建议。

(一) 充分认识到大学生创业的优劣,学会自我分析

1. 大学生创业的优势

大学生接受了良好系统的基础教育,同时拥有某领域的专业知识。当今时代的大学生互联网知识丰富,自主学习能力较强,能够通过网络快速获取和更新信息。思维活跃,具有强烈的挑战和创新精神,敢想敢干,敢为人先。这种特质激发了大学生的创业动机,并且能够敏锐地发现市场商机,设计出创新性的商业模式。

2. 大学生创业的劣势

人生经历和社会经验不足,缺乏人际关系和商业资源。有梦想,敢闯敢做,但是容易盲目乐观,失败后承挫抗压能力不强。这些不足将导致创业者在创业的过程中,缺乏对项目前期客观理性的市场预测和分析;企业成长过程中对企业运营存在的问题估计不足,出现问题后缺乏应对预案,最终导致创业失败。在创业项目选择时,我们建议大学生可以紧密结合自身的专业,在创业前对即将涉足的行业领域进行深入的分析与评估,规避项目风险。

3. 自我分析

自我分析,是指对自我理性、深刻、全面的分析,致力于提升个人自我解决问题的能力,以及求助、获得相关资源的能力。分析内容包括性格特征、创业知识、创业能力、综合素质等方面的优势与不足。自我分析的方法,这里推荐两种:第一,创业者可以分析成功的创业者,和自我进行对比与评价,发现自己的不足;第二,请教周边认识和了解你的朋友、老师、同学,让他们帮助你从他人的视角更客观地认清自我。

以上问题的分析,有助于创业者合理构建优势互补的创业团队。我们建议在成员的选择上,要考虑成员在知识、性格、能力上的互补,可以参考贝尔宾的团队角色理论。而且,成员之间综合素质差异不宜过大。创业初期团队人数相对有限,成员之间的交流和沟通非常频繁,如果成员对项目的理解能力、表达能力、执行能力、思维创新能力差异较大,将会产生严重的沟通障碍。

(二) 健全创业知识结构,培养创业素养

大学生应该提高创业风险的意识,积极学习和了解创业风险相关的专业知识。希望创业的大学生,在学好专业知识的基础上,需要健全产品、企业管理、财务管理、金融、法律等创业知识体系。中国科学院大学管理学院院长成思危说创业者要具有四维知识结构,就是具有专业的深度、学科的广度、哲学的高度以及看问题要有长远的眼光。四维知识结构就是三个空间维再加上一个时间维。

在掌握相关知识的基础上,注重培养和提升自身的创业素养。例如,具有远大的理想和清晰的人生规划,坚忍不拔的意志品格,分享和双赢的思维意识,创新能力,语言表达和沟通能力,信息资料的收集、评价与取舍的能力,分析与解决问题的能力,抗压能力,拓展资源的能力,自我分析和反思的能力,等等。

(三) 通过实践,锻炼和提升创业能力

知识和技能是两码事,懂得某种知识,不一定具备运用这种知识的技能。在课堂里学到的多半是知识,要把知识转化成技能,还需要在实践中去拼搏,去总结经验。很多大学生喜欢纸上谈兵,当进入实际创业阶段,发现遇到问题后,缺乏解决问题的能力。我们建议毕业后准备创业的大学生,不要急于创业。一方面,大学生可以首先进入企业工作3—5年,积累企业运营、管理和市场营销等相关经验;另一方面,可以利用空余时间,积极参与创业培训,学习创业知识,接受创业导师的专业指导。

为给大学生自主创业提供实践和成长平台,很多政府部门和高校都设立了创业孵化园。创业孵化园可以给大学生创业提供系统服务,包括创业导师的专业辅导、技能培训、场地租金减免、创业资金支持等。创业孵化园给大学生创业提供了一个缓冲带,即使创业失败,学生的损失也不会太大;同时,大学生也可以将自己的创业项目在创业孵化园中进行先期试点,利用创业园丰富的资源环境,解决个人创业过程中难以解决的若干问题。

大学生在校期间,可以利用课余时间从事一些投资少、风险小的创业项目,一是锻炼和提升创业能力,二是提前了解创业过程中可能会遇到的各种风险,做好心理和应对的准备。

积极参加各类大学生创业计划竞赛。一是有利于大学生熟悉和了解创业的基本知识和过程,充分认识到创业过程中可能存在若干风险;二是对自己的创业项目进行深入思考和可行性论证,在专家评委的建议和帮助下更好地认识创业项目的发展前景;三是通过组队参赛,锻炼自身的系统思考能力、团队协作能力、沟通能力、组织能力等。

复习思考题

1. 什么是创业机会? 创业机会的特征是什么?

2. 如何寻求创业机会的主要来源?

3. 创业机会评估的原则是什么? 创业机会评估方法有哪些?

4. 大学生创业项目选择应注意哪些问题?

5. 商业模式 6 要素是什么?

6. 大学生创业风险的分类包括哪些,以及如何进行防范?

第四章
整合创业资源

学习目标

通过本章的学习,能够了解创业资源的内涵、特征、类型;掌握创业资源整合方法;理解创业融资的测算方式,掌握创业融资的主要渠道及选择策略。

案例导入

1999年11月,陈天桥自筹50万元资金成立了上海盛大网络发展有限公司。盛大创立初期,陈天桥凭借在证券公司和政府机关工作时的人脉关系,获得了中华网300万美元的股权投资。但没多久,双方因经营观念的分歧终止了合作,陈天桥收回了全部股份,但只获得30万美元的资金。2001年7月,陈天桥以此30万美元买了韩国著名网络游戏《传奇》的中国运营权,但已无资金再支付运营游戏所需的服务器、宽带费、销售渠道等相关软硬件设施的开销。陈天桥拿着与韩国公司签订的代理《传奇》的合同拜访了当时国内两大著名服务器提供商戴尔和浪潮,陈天桥说服对方,得到了免费试用两家公司服务器两个月的权限,硬件问题得以解决。陈天桥又拿着手中的两份免费试用合同找到了中国电信,中国电信也答应为《传奇》提供两个月的免费宽带支持。对于销售渠道,陈天桥没有这方面的经验,但经过多番考察,一家叫育碧的全球连锁网络公司走进了陈天桥的视野。当时,上海育碧分公司刚刚成立,正处在求贤如渴阶段,迫切想找一家运营网络游戏的公司合作。于是,盛大和育碧于2001年8月底签下了合作合同,育碧公司负责《传奇》游戏的市场推广、客户端光盘和充值卡的销售,并从中提成。《传奇》游戏一上市便供不应求。陈天桥后来回忆说:"游戏、设备、销售都不是盛大的,盛大只不过是将各方资源整合到一起,形成一种应用,然后卖给玩家。"

请分析:

(1)陈天桥是如何整合创业资源的?

(2)创业资源有哪些种类?

(3)如何对创业资源进行有效地利用和管理?

第一节　创业资源概述

一、创业资源的概念

资源,指的是一个主体可以开发利用创造价值的各种要素的总和。对于创业者来说,对创业有帮助的所有要素都属于创业资源的范畴。因此,创业资源指的是创业者在创业过程中可获取与开发利用的各种要素的总称。

美国学者霍华德·斯蒂芬森教授认为,创业者在公司成长的各个时期都会努力争取用最少的资源来促进公司的发展,他们需要的是控制这些资源而不是拥有这些资源。创业者不一定要完全拥有这些资源的所有权,他们只要拥有这些资源的使用权就可以了。大量创业成功的案例表明,创业成功,资源的所有权并不是关键的,关键的是创业者对资源的控制和利用。创业是不局限于当前资源条件不足的限制下对机会的追寻,将各种不同的资源加以利用和开发机会并创造价值的过程。大多数创业者都是白手起家,资源非常匮乏,但要想创业,就要克服这一困难,把劣势变成优势,学会"利用资源、整合资源"。

二、创业资源的特征

(一) 创业者自身是最重要的创业资源

新创公司一般资源都极度匮乏,开始阶段往往唯一的资源就是创业者自身,其他资源都要靠创业者去开发整合,而且创造者亲力亲为,其个人能力与行事风格深深影响着新创公司的方方面面,给新创公司打下创业者的个人烙印。正规运营下的企业已拥有很多资源,创业者不再是唯一资源,而且所有权与经营权可分离,原始创业者(所有者)的作用不再凸显。

(二) 创业资源稀缺程度更高

创业资源的稀缺性表现在两个方面。一是从创业者的需求来说,创业资源是稀缺的。换言之,在特定的时间段内,创业资源的供给量远远不能满足创业活动对创业的需求。二是新创企业所拥有的与所需要的资源结构往往是不平衡的。既有企业一般是从新创企业逐步发展起来,伴随着企业的发展,既有企业往往会开发较多的资源,这种开发过程所奠定的基础,使既有企业更容易获得外界的资源。而新创企业没有既有企业那样的资源开发的沉淀,因此,新创企业比既有企业获取外界资源的难度更大。

(三) 创业资源外部依赖性更强

新创企业资源稀缺,企业直接控制的内部资源不足,同时,相对于既有企业的管理者,创业者还缺乏与企业运作相关的知识、经验与能力。因此,新创企业通常存在着资源稀缺与部分资源利用不充分的双重矛盾,所以利用外部资源既能有助于解决创业资源的稀缺问题,又能解决部分资源利用不充分而导致创业资源结构非均衡的问题。创业者通过发挥资源整合能力,使外部资源内化,如采用投资入股、战略联盟等方式。通过整合外部资源,新创企业还能大大减少创业期间的风险与成本。

三、创业资源的类型

创业资源从内容的角度可以分为人力资源、财务资源、物质资源、技术资源、组织资源和环境资源。对于创业者来说,创业的成功往往离不开这 6 种资源。

(一) 人力资源

人力资源是最重要的创业资源。它包括创业者、创业团队和所有员工以及他们的知识、能力、经验和社会网络。一般来说,新创企业的人力资源主要由智力资源、声誉资源和社会资源构成。

1. 智力资源

智力资源不仅包括员工的学历、知识、技能与经验,还包括员工的学习能力、创造力和对变革的适应能力。员工的创造力与对变革的适应能力,往往比其学历更为重要。日本把智力资源叫作"智的资产",日本的经济产业省投放很多资源积极推动知识资产管理,以提升一般新企业的管理水平和透明度。

2. 声誉资源

声誉资源指的是人们对新创企业及其产品与服务的综合评价。对于新创企业来说,声誉资源同样重要。企业的声誉往往是通过企业的产品及服务的质量、从业人员的工作水平及态度、对顾客的服务态度与社会承诺履行责任等方面积累起来的。新创企业的声誉影响投资商的投资决策,良好的声誉不仅能够减少融资成本,还能进一步吸引新的投资商。

3. 社会网络

社会网络是指社会成员之间通过交往互动而形成的相对稳定的关系体系。人与人之间的交往互动将影响到人们的日常社会行为。从本质上来说,社会网络是一种重要的社会资本,它与经济资本一样,都属于重要的创业资源。从世界各国的创业者来看,创业团队的社会网络对其创业活动开展的路径、方式与绩效都有重大的影响。

(二) 财务资源

财务资源指的是创业活动所需要的资金。创业活动离不开资金的支持,新创企业不论产品研发还是生产和销售,都需要一定的资金支持。虽然资金对创业来说是一项重要的资源,但很多创造者白手起家开创了伟大的事业,他们并不是有了丰厚的资金才去创业,而是滚动式发展,哪怕只是很少的资金甚至没有资金。一般来说,新创企业的资金主要来自创业者的个人积蓄、家庭的资金积累或亲戚朋友们的借款或入股,项目技术含量高或综合实力强的创业项目或许还能获得银行贷款、天使基金或政策扶持资金等资金支持。

(三) 物质资源

物质资源是创业所需要的实际资产,也是开展创业活动的首要条件之一,包括新创企业的生产与经营场地、机器设备、原材料和存货等。物质资源是创业的必备条件,但并非关键资源,可以通过其他资源来换取。创业需要物质资源,但并非意味着要拥有物质资源的所有权,而更多的是对物质资源的实际控制和利用。土地、矿山、水源、森林等皆有可能成为新创企业的物质资源,充足的物质资源将有助于新创企业更好地发展。

(四) 技术资源

新创企业的技术主要包括软技术和硬技术两个方面,软技术指的是与解决实际问题有关的软件方面的知识,硬技术指的是为解决这些实际问题而使用的设备、工具等硬件方面的知识。这些软件知识和硬件知识的总和就组成了新创企业的技术资源。技术资源可以通过法律手段进行必要的保护,且成为新创企业的无形资产。在当今竞争激烈的社会,加强开发、保护技术资源的独特性是保证新创企业赢得市场的关键。机器、设备、计算机系统等硬件技术资源并不能成为持久的核心竞争优势,因为这些可以被复制和再造,所以企业必须对研发而产生的知识进行知识产权的保护,以免自身利益被他人侵犯。加强技术资源保护的目的是为了新创企业已有的技术,研究开发并拥有独立知识产权的核心技术,促使新创企业不断地发展壮大。

(五) 组织资源

组织资源是管理活动进行资源配置整合的表现形式,包括新创企业的组织关系和组织结构、组织章程和组织文化等内容。对于新创企业来说,其组织资源还处在萌芽阶段,需要创业者不断培育和积累,并且在培育和积累的过程中,使组织资源发挥充分的作用。实践证明,大多数新创企业的失败都是由于无法有效地培育、积累和运用其组织资源。

(六) 环境资源

环境资源是在创业过程中与创业相关的政策、信息、文化等资源的总和。

1. 政策资源

政策资源主要是指政府鼓励和助推创业者创新创业的各项政策与措施,如在税收、土地、信贷等方面给予创业人员的各项优惠。充分利用创业的政策资源有助于降低创业的限制和阻力,从而提升创业成功的概率。

2. 信息资源

信息资源指的是新创企业生产及管理过程中所涉及的一切资料、文件、数据、图表等信息方面的总称。它涉及新创企业生产和经营活动过程中所产生、处理、存储、传输和使用的一切信息资源。就新创企业而言,面对激烈的竞争,就更加需要丰富的、及时的、准确的信息,以争取更多的要素资源。当创业者比其他竞争者掌握更多的信息时,就能够获得更多的发展机会。

3. 文化资源

文化资源是在人类社会发展历程中所创造出的物质财富和精神财富的总和。创业者在创业过程中充分利用优秀的文化资源,既有助于激发创业的热情,也有助于实现其全面地发展。大学生创业的文化资源既包括传统文化、区域文化也包括校园文化。作为创业者,要特别重视文化资源的整合与应用。

总之,以上 6 种资源互相作用,共同构成新创企业的创业资源基础,并在某种程度上决定新创企业的绩效,进而影响新创企业的成长发展速度。

此外,创业资源也可以从以下角度进行分类。

创业资源按其存在的形态可划分为有形资源与无形资源。有形资源指的是具有物质形态、可用货币衡量的资源,如建筑物、机器设备、原材料、产品、资金等。无形资源指的是具有非物质形态、无法用货币衡量的资源,如信息、关系、权力、信誉、形象等。新创企业在拥有有形资源如厂房、设备、资金等的同时,也会拥有各种不易计算其价值的无形资源,后者往往是新创企业核心竞争力的主要来源。

创业资源按其控制主体可划分为内部资源与外部资源。内部资源是指创业者或创业团队自身所拥有的可用于创业的资源,如创业者自身拥有的资金、技术、信息等。外部资源是指创业者或创业团队从外部获取的各种资源,如从朋友、亲戚、伙伴或其他融资机构获取的资金、设备以及其他原材料等。

创业资源按其参与创业活动过程的方式可划分为直接资源与间接资源。直接资源指的是直接参与新创企业生产活动的资源,如人才、资金、技术等。间接资源是指需要新创企业通过一定的转化才可利用的资源,例如,信息只有通过加工处理才能具有决策参考价值。

第二节　创业资源整合方法

一、寻找资源提供者

对于大多数创业者来说,不是先有资源才去创业,新创企业也不可能拥有创业活动中所需要的全部资源,这些资源往往都需要创业者在创业过程中去发现、去寻找,从而进行有效整合。大量事实证明,是否拥有资源并不是关键,关键在于资源的有效整合,即如何对他人的资源进行控制和影响。有的企业像比亚迪汽车、盛大网络公司就是通过资源整合做大做强,成为现代企业的典范。虽然每个企业所需要的资源不尽相同,但整合资源的途径基本是相同的,那就是合作。在合作中寻找资源,在合作中加快发展。

(一) 通过市场途径获取资源

创业者可以从外部资源所有者中获取资源的使用权,通过购买、并购和联盟等市场的途径来获取所需资源。购买或者租赁的方式要求创业者拥有一定的资金或以所有权性资产作为抵押。对于那些具有共同利益且所掌握的资源存在异质性的创业者或者创业团队,则可以选择联盟的方式来获得所需的相关资源。对于占有一定生产型资源(例如,市场资源和技术资源等)的企业,创业者可以通过披露这些资产的期权价值,利用实物来吸引其他资源提供者。这种途径往往是与资源提供者进行直接交易或签订期权合同,通过出让占有的资源或披露资源的期权价值来获得所需资源。

(二) 通过非市场途径获取资源

资源吸引和资源积累是非市场途径获取资源的主要方式。创业者及其创业团队可以通过个人的社会网络等资源,吸引所需资源并进行资源积累,与资源所有者之间建立联系,从而获得所需要的资源。社会网络是一种非常有价值的资源,新创企业可以通过它来获得其他类型的资源。

二、寻找利益共同点

创业者要更多地整合到外部资源,首先要尽可能多地找到利益相关者,同时这些组织或个体和自己以及想要做的事情有利益关系,利益关系越强,整合到资源的可能性就越大。利益相关者指的是有利益关系的组织和个体,但有利益关系并不意味着能够实现资源整合,还需要有共同的利益或者说利益共同点。

(一) 识别利益相关者及其利益

美国石油大王约翰·洛克菲勒曾说过:"建立在商业基础上的友谊永远比建立在友谊基础上的商业更重要。"资源是创造价值的重要基础,资源交换与整合要建立在利益的基础上。新创企业要明确自身的企业战略,并识别利益相关者及其利益。只有清晰定位企业战略,明白战略的制定和实施需要一定的资源,利益相关者和其利益是什么,才能准确寻找资源,在共同利益的基础上获得更多的支持,减少资源获取阻力,并合理配置资源。

(二) 构建共赢的机制

在识别利益相关者及其利益的基础上,与利益相关者构建共赢机制,有利于形成企业核心竞争力。有效整合创业资源,借助外力为自己所用是创业者成功的秘诀。美国杜邦公司的成功主要得益于该公司长期与其他公司合作,在纤维品染色方面积累了特殊的能力,因此开发的尼龙纤维产品一举成名。

(三) 维持信任长期合作

共赢机制的背后其实是博弈问题,博弈的经典案例是囚徒困境。甲乙两个嫌疑犯被警察抓到,警察把他们分开,分别关在不同的房间里进行审讯。两个人被告知:如果两个人都抵赖,每个人各判 1 年,因为证据不足;如果两个人都坦白,每个人则各判 8 年;如果其中一个人坦白而另外一个人抵赖,坦白的放出去,抵赖的则判 10 年。在这种情况下,甲乙两个人的不同行为带来不同的后果,如表 4-1 所示。

表 4-1 囚徒困境模型

甲嫌疑犯	乙嫌疑犯	
	抵赖(合作)	坦白(背叛)
抵赖(合作)	甲乙双赢	甲输,乙赢
坦白(背叛)	甲赢,乙输	甲乙双输

两个嫌疑犯都面临同样的选择:坦白或抵赖,而哪种选择才是最优的呢? 在没有其他信息的情况下,从理性的角度来分析,不管对方选择什么,坦白是每个囚徒的最优选择。这显然不是双赢而是双输。如果两个嫌疑犯是长期合伙作案,彼此之间建立了牢固的信任关系,情况会怎么样呢? 尽管没有牢固的信任关系,如果不把甲乙单独关在不同的房间,让两个人可以交

流的话,情况又会怎样? 他们的行为结果还一定是双输吗? 资源整合也是这样,资源整合的机制首先要有利益基础,同时还要有沟通和信任来维持。沟通往往是产生信任的前提,信任不仅是一种资源,也是一种重要的社会整合力量。

三、突出创业者价值

(一) 冒险精神

冒险精神是创业者的首要精神,主要表现为在奋斗与安逸、进取与保守之间的选择。创造性的工作,就是要打破陈规,改变现有工作的状态,冒冲破现实的风险。社会需要创业者的冒险精神,因为有太多工作需要改进与突破。冒险不是盲目,而是需要智慧,其目的是成功而不是失败。精明的创业者应该懂得在冒险中控制风险并取得成功。

(二) 激情

拥有激情的人是快乐的、富有的,并能够以积极向上的心态来面对困难。现实世界总是充满矛盾,社会从不存在真正稳定的公平。有的人可能会因为遇到一点挫折而失去热情或者激起抱怨、愤怒的情绪,也有的人会因为克服困难而变得更加成熟和睿智。面对困难和挑战,创业者需要刚毅坚强、不屈不挠,在克服困难的过程中学习成长起来。

(三) 好奇心

创业者始终对未知事物充满兴趣,对未来的发展保持好奇心。他们不局限于自己的专业知识来认识外面的世界,他们不拒绝新生的事物与思想,他们不以自己的经验来作为衡量事物对错的标准,他们是思想领域的先行者,对他人的成功好奇。商业领域的好奇心就是要对市场、环境、客户需求等变化高度敏感,并为这些可能的变化做好准备。任何事物都有其生命周期,商业模式、产品或服务都有兴衰的过程。创业者要对变化的商业模式、变化的产品或服务保持高度的敏感并做好应对的准备。

(四) 合作精神

合作精神是创业中的重要精神。很多创业者的成功并不完全来自个人的能力与努力,而是来自与他人的合作获得的帮助。合作是一种能力,有合作能力的人会得到他人更多的尊重与持续合作;合作是一种分享,当创业者分享的价值越多的时候,合作的机会也就越多;合作更是一种修炼,通过"给予"而"获取"是合作的本质。通过合作将合作伙伴的能力变成创业者的能力,将合作伙伴的商业目标变成创业者的目标。

四、注重主体间沟通

良好的交流与沟通是求得理解、支持和帮助的有效途径,是排除不必要干扰而形成合力的有效办法。创业者要通过口头语言或书面语言等形式与相关人员进行有效沟通,以增加成功的机会。创业者不仅需要与客户沟通、与公众媒体沟通、与外界销售商沟通,还要与企业内部员工沟通,这些沟通一方面可以排除障碍,化解矛盾,另一方面也增加彼此的信任度,有助于创业的成功。

案 例 分 析

　　蒋颖清从小家庭经济条件不好,她一直想有一天能赚钱,帮家人过上好日子。高中开始,她就阅读创业者的故事。上大一后,蒋颖清就开始找机会赚钱。她看到商家在学校搞促销,想过去应聘促销员,但对方说不需要。当时她就想:商家入校,首先要联系学校,我何不做个中间人呢? 于是,她就开始找商家谈,谈好后找学生会沟通。第一次成功后,她获得了 500 元报酬。于是,她开始把业务拓展到珠海甚至珠三角其他高校。短短半年,她就赚了 1 万元。

　　蒋颖清说,她在大二的时候,曾经把校内一家格子店一半的店面租下来,经营服饰等物品,也赚了不少钱。喜欢旅游的她,大二暑假就成为背包族,一个人去了广西。受到网上"穷游"达人的启发,她在旅游时还带了一些挂饰,每到一处就摆地摊,解决了路费。

　　大三第一个学期,听说珠海举行中山百里徒步活动,蒋颖清又嗅到了商机,她发动林有和另一位女同学去出发点摆摊卖旅游头巾,当驴友们出发后,她们又坐车赶去下一个休息站。当时恰逢冬天,太阳很晒,风沙也很大,她们的头巾很抢手,小火了一把,一天赚到了 1 200 元。这次摆摊活动也让林有和蒋颖清成为志同道合的朋友。后来,她们打算去凤凰古城玩,又提前去香洲百货等地摆摊卖长裙,很是畅销。

　　大三暑假,她们决定玩一次大的。"不出去走走,不知道世界有多大,再不疯狂,就老了。"她们从广东省广州市出发,途径浙江、江苏、陕西、青海、甘肃、新疆、西藏等 10 余省(市、自治区),最后由云南回到珠海。她们用 80 天,跨越了大半个中国,看过无数风土人情。

　　除了从广州到杭州是搭乘火车和住旅馆,其他路程她们都搭乘顺风车和做"沙发客"。出发的时候她们身上仅有 2 000 元钱,在旅行中,她网购了一些手机挂件,以及各地的纪念品,摆地摊销售。蒋颖清说,她们在抵达下一个目的地前,就预先让淘宝店家将物品寄到目的地,到达后就开始摆摊。80 天旅行,她们靠摆地摊赚了 3 000 多元。

　　回到学校后,她们得知学校新开设的一条商业街正在店铺招租,她们又看到了商机,立即做出了去租一个店铺的决定。但一打听,报名招标已经截止了。不甘心的她们又去找后勤的老师和学院的领导,把自己的想法和经历都说出来,老师们在感动之余,破例让她们参加了招标,还与学校记者和媒体联系,对她们的穷游壮举进行了报道,她们出名了。

　　原先,蒋颖清只是想把店铺租下来,划分为不同区域租给其他人,自己负责管理,收取租金和分成。不料,对政策研究不透让她们吃了大亏,学校有关规定,不能那样做。她们只好自己开店经营。没钱怎么办? 蒋颖清把她要开店的设想告诉了很多通过出游认识的同学与朋友,一名男生慷慨解囊,借出了 10 万元。

　　蒋颖清也想过向银行贷款,不过听说银行贷款需要毕业证,另外还要等几个月后才能放款,她们等不及了,她们就用借来的 10 万元开始筹备开店事宜,蒋颖清和林有负责经营,那名借钱的男生算是大股东。

　　大四上学期,"师姐的店"开业了。走进"师姐的店",感觉优雅而温馨。店里主要经营美食,包括饭、面条、甜品、饮料等。店内有一个书架,摆着一些杂志,还有她们旅途中的一些照片。

由于店面的位置比较偏僻，人流量少，且宣传力度不足，开店 3 个月，经营收入勉强能维持基本开支，还谈不上盈利。开店遇到的困难远不止这些。比如，刚开始为了省钱，她们装修和购买桌椅用了不到 2 000 元，后来发现质量比较差，不得不重新装修，足足花了 1 万多元。

"现在都有点后悔自己开店了，"蒋颖清说，"没有经验、没有系统培训，所有东西都要自己操作。如果是加盟店，一切都是现成的，甚至可以聘请别人打理。"按照现在的经营情况，她们打算在校外开一个分店，校内打算拓展外卖渠道，同时加大宣传力度，不断创新口味。她自己对盈利还是很有信心的。谈起未来，蒋颖清比较乐观，她觉得多尝试，总会有成功的机会。自己的目标是 30 岁以前开几家店，给家里带来稳定的资金支持，之后自己再考虑做点其他事情。

请分析：

(1) 两位女生的创业经历给大学生什么启示？

(2) 两位女生是如何将创业资源整合起来的？

第三节 创业财务资源整合

一、创业资金需求分析

(一) 创业资金的需求形式

新创企业资金的需求形式主要有固定资金、流动资金和发展资金。

1. 固定资金

固定资金指的是新创企业购置固定资产的资金，例如，办公场所和设备、生产机器和设备、交通工具等。这些固定资产的购置需要大笔的资金，而且所需资金的期限也较长，所以新创企业应尽量避免对固定资产方面的投资，最好以租赁的方式来解决办公、生产所需的场地、设备等。

2. 流动资金

流动资金指的是用来支持企业在短期内运营所需的资金，包括企业办公费、工资、差旅费、广告费等。由于新创企业的生产经营规模较小，所需流动资金并不高，主要通过初期投资和短期借款来解决。

3. 发展资金

发展资金主要用来进行技术创新、产品开发、市场调研等。新创企业在改进技术、扩大生产规模、研发新产品、调整经营方向时需要大量的发展资金，发展资金可以通过增资扩股或银行贷款来解决。

(二) 创业资金的需求期限

创业融资的需求分为短期资金需求和长期资金需求两大类。

1. 短期资金

短期资金主要用于企业的日常性及临时性的资金需要。短期资金可以通过短期借款、商业信用、票据贴现、应付费用、存货抵押贷款等方式来融资。对于新创企业来说,短期融资主要考虑融资成本的大小、资金来源的可靠性及灵活性。

2. 长期资金

长期资金具有筹资风险大、资金占用时间长、资金成本高、筹资影响深远、筹资频率低等特点。长期资金的融资主要以股权融资为主、信贷融资为辅。

二、创业融资资金测算

(一)创业融资类型

1. 债权融资与股权融资

按照产权归属的不同,可以把创业融资分为债权融资与股权融资两种方式。

债权融资指的是通过商业信用、个人借款或银行贷款、发行债券等手段获取资金。与股票融资一样,都属于直接融资,其一般表现形式为贷款。这意味着债权融资要以一部分资产作为担保,在一定期限内归还所借的资金,并支付贷款利息。对于新创企业来说,债权融资可以让创业者获得更大的企业产权比例,并获得更多的权益回报。但是,这种方式也存在风险,采用债权融资要考虑到自身对利息的支付能力,以防资金链断裂而导致不可挽回的后果。

股权融资是指通过给予资金提供者股东地位的方式而获得资金。股权融资不需要担保且融资成本较低。创业者需要向投资者提供特定形式的企业产权,投资者则按一定比例分享企业红利和资产处置的收益。采用股权融资,新创企业可以避免到期未还本付息的压力。

2. 内部融资与外部融资

内部融资是指在企业内部进行资金筹集,把企业在生产经营中形成的资本积累和增值转化为投资的过程。内部融资的优点是融资成本低、资金使用具有自主性、原股东的控制权不受影响。其不足之处在于融资规模有限,有时候很难满足新创企业发展的需求。

外部融资是指企业通过企业外部获取资金的方式。外部融资包括金融机构融资、债权融资、股权融资、担保融资、商业信用、租赁融资等方式。外部融资的优点是融资方式多样化、资金规模大、灵活高效,但缺点是手续烦琐、融资成本高、风险较大。

3. 直接融资与间接融资

直接融资又称资本市场融资,是资金供求双方签订协议,或者金融市场上由资金供给者直接购买资金需求者发行的有价证券,使资金需求者能够获得所需的资金。直接融资主要包括商业信用、消费信用、国家信用和民间个人信用四种。

(1)商业信用。商业信用是指企业之间互相提供的和商品交易直接相联系的资金融通形式。商业信用有两种类型:一种是提供商品实现资金通融的商业信用,如商品赊销、分期付款等;另一种是提供货币实现资金通融的商业信用,如预付定金、预付货款等。

(2)消费信用。消费信用指的是企业、金融机构对于个人以商品或货币形式提供的信用。例如,企业以分期付款的方式向消费者提供高档耐用消费品,或金融机构对消费者提供房屋贷款、汽车贷款等。

(3)国家信用。国家信用是以国家为主体的资金融通活动,主要表现为国家通过发行政府债券来筹措资金,如发行国库券或者公债等。

(4)民间个人信用。民间个人信用指的是民间个人之间的资金融通活动,习惯上称为民间信用或个人信用。

直接融资的优点是筹资范围的广泛性、资金供求双方关系的直接性和双赢性、融资者在融资的对象和数量选择上的较强自主性,但同时也存在着信用风险大、投资者部分资金的不可逆性等缺点。

间接融资是指通过金融中介机构进行的资金融通方式。间接融资的特点是资金的供求双方不直接见面,不发生直接的债权与债务关系,而是由金融中介机构以债权人和债务人的身份介入其中,实现资金余缺的调剂。间接融资包括银行信用和消费信用两种类型。间接融资的优点是融资成本低,能够广泛募集社会各类闲散资金,方式灵活便利,安全性较高;缺点是投资者对筹资者资金使用的约束力低,筹资成本较高。

(二) 融资额度测算

每一个创业者在进行融资之前都会面临这样的问题:融资多少最合适? 企业的融资额度越大,其融资的成本便随之上升,面临的债务风险就越大。因此,创业者往往倾向于通过某种方式来确立一个理想的融资额度。对于新创企业成立的最初几年,要想确切地知道企业到底需要多少资本是非常不现实的。因此,很多创业者往往依托于自己的经验按资本需求量的最低额度来进行估算。这种方式存在着很大的不确定性与风险性。实际上,创业者通过一些基本的财务知识,也是能够粗略地对企业的资金需求量进行切实可行的估算。

1. 销售收入与费用预算

新创企业制订财务计划的第一步就是要预估销售收入与费用。通过市场调研、消费者购买动机调查、推销人员意见等综合来估计销售收入,此外,还要对销售费用和管理费用进行综合估计。对于新创企业来说,市场推广成本是非常大的,销售收入与推动销售收入增长所需的成本不可能对等。因此,对于第一年的全部费用都要按月估计,不可遗漏每一笔交易。经过一年之后,在预估第二年及第三年的经营成本时,主要关注那些长期保持稳定的支出,如果第二、第三年销售量的预估比较明确,可以根据销售百分比法来计算出相关数据。

销售百分比法是根据资产负债表的有关项目与销售额之间的比例关系以及预测期销售额的变动情况,预测资金的需求量的一种方法。销售百分比法有两种:一种是根据销售总额确定融资需求:① 确定销售百分比;② 计算预计销售额下的资产和负债;③ 预计留存收益增加额,留存收益增加=预计销售额×计划销售净利率×(1-股利率);④ 计算外部融资需求,外部融资需求=预计总资产-预计总负债-预计股东权益。另一种是根据销售增加量来确定融资需求:融资需求=资产增加-负债自然增加-留存收益增加=(资产销售百分比×新增销售额)-(负债销售百分比×新增销售额)-[计划销售净利率×计划销售额×(1-股利率)]。

2. 财务报表预编

1) 预计利润表

预计利润表是应用销售百分比法的原理预测留用利润的一种报表。运用销售百分比法制定预计利润表,并据此来获得相关项目的融资需求量,应采取以下三步骤:

(1) 依据基年预计利润表的资料,确定相关项目在销售收入中所占的比例。

(2) 对计划年度的销售收入做出预测,并用基年相关项目在销售收入中所占百分比预测相关项目的融资需求量,并编制计划年度利润表。

（3）利用预计的比率,测算出计划年度的留存利润数额。

2）预计资产负债表

预计资产负债表是根据基年的资产负债表和全面预算中的其他预算所提供的资料而编制的,反映企业预算期末财务状况的总括性预算。通过提供预算资产负债表,可以为企业提供会计期末企业预期财务状况信息,进而预测企业所需要的外部融资额度。编制预计资产负债表一般通过以下流程:

（1）区分敏感项目与非敏感项目。敏感项目是指随销售额变动的资产和负债项目,例如,现金、存货、应付账款、应付费用等项目。非敏感项目是指不随销售额变动的资产和负债项目,例如,固定资产、短期借款、对外投资、长期负债、实收资本、留存收益等。

（2）计算敏感项目的销售百分比。

$$销售百分比＝基期敏感项目/基期销售收入$$

（3）计算预计资产、负债、所有权权益。

预计资产: 非敏感资产——不变

$$敏感资产＝预计销售收入×敏感资产销售百分比$$

预计负债: 非敏感负债——不变

$$敏感负债＝预计销售收入×敏感负债销售百分比$$

预计所有者权益: 实收资本——不变

$$留存收益＝基期数＋增加留存收益$$

（4）预算融资所需额度。

$$融资所需额度＝预计资产－预计负债－预计所有者权益$$

3）预计现金流量表

预计现金流量表是反映企业一定时期内现金流入与流出情况的一种财务预算。它从现金的流入和流出两个方面,揭示企业一定时期内的经营活动、投资活动和筹资活动所产生的现金流量。预计现金流量表的编制可以弥补编制现金预算的不足,有利于了解计划期内企业的资金流转状况和企业经营能力,而且能突出表现一些长期的资金筹集与使用的方案对计划期内企业的影响。同预估利润表一样,如何精确计算出现金流量表中的项目是一个难题。为此,在预计财务报表时需要假设各种情境,如最乐观的估计、最悲观的估计以及现实情况估计。这样的预测既有助于潜在投资者更好地了解创业者如何应对不同的环境,也能使创业者熟悉经营的各种因素,防止企业陷入可能的灾难。

3. 结合新创企业的发展战略规划预测融资需求量

通过以上的财务指标能在一定程度上量化新创企业发展过程中的资金缺口,能为企业管理层作出决策提供相应的依据。需要指出的是,融资需求量的确定并非是一个简单的财务问题,而是一个考虑到未来的决策过程,它需要在财务数据的基础上,全面考虑企业的经营环境、市场状况、创业计划等内外部因素。

三、创业融资渠道及选择策略

(一) 创业融资渠道

创业融资渠道指的是协助新创企业的资金来源。对于创业者来说，所有可以获得资金的途径都会成为创业资金的来源。新创企业在融资之前必须慎重考虑其融资渠道。从新创企业的角度，选择一个较好的融资渠道能够减少其筹资成本及企业以后的经营成本，从某种意义上说，甚至决定了企业以后的竞争实力。目前，新创企业的融资渠道主要有私人投资、风险投资、商业银行贷款、担保机构融资和政府融资等五种。

1. 私人投资

新创企业由于各方面的原因，处于融资的不利地位，较难通过传统的融资渠道获取资金。因此，私人投资无疑成为新创企业融资的主要渠道。国际金融公司(IFC)对北京、顺德、成都、温州四个城市的私营企业调查表明，我国的私营中小企业在初创阶段几乎完全依赖于自筹资金，90%以上的初始资金主要来自创业者、团队成员以及家庭，而银行等金融机构贷款所占的比例不足 10%。私人投资大体上包含自我融资、亲朋好友融资和天使投资三种融资渠道。

1) 自我融资

创业者自我融资主要依赖自己的存款，这是新创企业初创时期的一个重要的资金来源。研究发现，70%的创业者依靠自己的资金为新创企业提供融资。即便是那些具有高成长性的企业，也在很大程度上是依赖创业者的积蓄提供最初的资金，如阿里巴巴最初的资金来源于马云和"十八罗汉"们自己凑的 50 万元，蒙牛的创业资金来源于牛根生等几个创始人卖掉股票的 100 多万元。

2) 亲朋好友融资

在我国，每个人都有自身的人脉资源，这种资源在新创企业创立初期起到了非常关键的作用。家庭成员和亲朋好友由于与创业者的个人关系而愿意给予投资，这有助于克服由于非个人投资者对创业者不了解而造成的不确定性。由于创业初期的信息不对称，因此，从亲朋好友处获得的创业资金支持是常见的融资方法。虽然从亲朋好友处获得的资金相对容易些，但与正规渠道借贷一样，这种获取资金的方式也要遵循一定的"游戏规则"，要以契约或法律的形式来约束，以减少或避免不必要的纠纷。

3) 天使投资

天使投资是指资金富有的个人或愿意投资的自由投资人直接对初创企业所进行的一次性前期投资。这是一种权益资本投资，能让天使投资者在体验创业乐趣的同时获得投资增值。天使投资者通常是以下两类人：一类是成功的创业者，他们主要是基于自己的经验提携后来者；另一类是企业的高管或者科研机构的专业人员，他们拥有丰富的创业知识和洞察力，他们希望通过自己的资金和专业经验帮助那些正在创业的人们，体验创业激情和社会荣誉感、延续他们的创业梦想，期望投资回报。

2. 风险投资

风险投资也称"创业投资"，是指风险投资者寻找有潜力的成长性企业，投资并拥有这些投资企业的股份，在恰当的时候取得高资本收益的一种商业投资行为。风险投资有几个前提条件：一是对投资者来说，要有利益可得；二是对创业者而言，愿意以新创企业股份为永久代价；三是建立一个保证按股份分红的阳光制度。风险投资商所占新创公司股份的多少是双方谈判的结果,谈判时要考虑的权变因素有投资额度、新创企业利润的绝对值、预计投资回报率、创业失败的风险率、投资业的行情、投资人的回报期望等。通常投资人占新创企业股份的上限是49%,因为如果投资人拥有的股份比例高于 49%,创业者将失去对公司的实际控制权。

就目前的实际情况来看,大多数的大学生创业者都是为创业资金所困。然而,一方面创业者的资金不足,另一方面是那些拥有资金的投资者一直都在惋惜可用于投资的好项目太少。目前,我国不缺少有钱的企业家(企业家一有钱就要投资,要么向现有业务投资,以扩大规模或提升水平,要么向其他项目投资,以获取投资回报),但缺少可用于投资的好项目。因此,融资的关键是拿出一个好项目。

3. 商业银行贷款

商业银行贷款是中小企业最努力尝试的融资渠道,但成功率非常低。据统计,中小企业从商业银行获得的贷款量不足银行贷款总量的 10%,主要是因为中小企业经营状况的高风险性与银行业的审慎原则相冲突,银行在贷款过程中过于注重抵押物,所以中小企业从金融机构贷款数量均受到很大限制,但仍有众多中小企业乐此不疲。事实上,企业发展到一定阶段,具有一定的信誉、资产或其他担保时,商业银行贷款也成为创业资金的主要来源。

4. 担保机构融资

新创企业融资难主要在于其信用不足,而担保公司则能够有效解决中小企业融资难的问题。担保公司通过放大尚未成长起来的中小企业的信用,增加了中小企业的信用,从而解决了中小企业的融资难题。新创企业可以在没有固定资产抵押物的前提下,凭借担保公司的信用担保,就能够从银行贷到周转资金。同时,担保公司可以利用注册资本最高 10 倍的杠杆进行融资性担保,可以为缺乏银行抵押物的中小企业分忧解愁,成为新创企业解决筹资难题的一大途径。

5. 政府融资

为了鼓励创业发展,政府会向创业者和创业投资企业提供资金支持。对于高科技产业,我国政府有专项资金支持,例如,通过拨款资助、贷款贴息等方式,扶持和引导科技型中小企业的技术创新活动。根据中小企业的创新项目不同,创业基金的主要支持方式有贷款贴息和无偿资助两种。

对于大学生创业来说,政府设立创业基金,通过创业计划大赛和个人申请等方式,向大学生创业项目提供资金支持。以政府为主导的大学生创业资金是一种公益资金,旨在促进大学生成功创业。政府愿意为那些有影响、有带动性、社会效益显著的创业项目提供创业资金支持,但是政府创业资金更青睐于针对解决某类社会问题而创办的社会企业的创业项目,这一点应该引起大学生创业者的注意。

政府创业资金具有"难要、好花"的特点,即申请较为复杂,但没有很多的附加条件。目前,我国尚未对这类资金形成规范的管理模式与申请程序。因此,大学生要特别关注当地政府的相关政策,积极参与带有资金支持的大学生创业大赛活动,用优秀的创业项目去激活政府的创业资金。

(二) 创业融资的选择策略

1. 不同创业阶段的融资策略

新创企业的成长可以分为种子期、起步期、成长期、成熟期和衰退期五个阶段。在不同的发展阶段对资金的需求有不同策略,因此其资金的使用方式和资金的筹集方式也不同。

1）种子期的融资策略

在这一阶段，创业者可能只有一个好的点子而已，企业可能正在筹建，基本上还没有形成管理队伍。这一阶段企业最需要的是能够长期使用的资金。融资策略是依靠股权融资，以支付少量的流动资金和固定资金支出。这一阶段一般只会得到个人投资者的青睐，几乎难以获得银行的资金支持。因为新创企业在种子期的技术不成熟、管理无经验、产品无市场、生产无规模，因而风险很高，敢于投资的机构和个人非常少。如果不是出于对创业者的极度信任，对此项技术活产品非常了解，几乎很少有人愿意冒此风险。

2）起步时期的融资策略

进入起步阶段的新创企业已开发出新产品的样品，生产方案也比较完善，但仍有需要改进的地方，特别是考虑到新产品的市场接受度。这一阶段的资金主要用于提高生产能力和开拓市场。资金需求量大，且企业还没有经营记录，投资风险比较大，从银行那里获得的贷款可能性比较小，也不可能从资本市场上直接融资，只能依靠风险投资。这一阶段企业既需要能够长期使用的固定资金，也需要短期融资的流动资金。其融资策略应以创业风险投资、中小企业投资公司投资、政府财政投资、担保下的银行贷款等股权融资为主，信贷融资为辅。

3）成长期的融资方式

这一阶段的企业在生产、销售、服务方面基本上有了成功的把握。虽然企业能够进行批量化生产，但市场销售渠道还不完备，企业的品牌形象也待加固。因此，企业在成长期除了要扩大生产规模，还要组建起自己的销售队伍，积极开拓国内外市场，树立起企业的品牌形象，确立企业在业界的主导地位。这一阶段的企业极具投资价值，完全能够通过资本市场进行大规模的融资。企业可以从自身条件与需求出发，确定合理的财务杠杆比例，采取融资组合策略。这一阶段的融资主要考虑以吸引商业银行的信贷资金和投资基金为主，以投资公司、海外投资者的股权融资为辅。

4）成熟期的融资策略

成熟期的企业已具备一定的生产、销售规模，也就具备了一定的融资能力。因此，可以考虑在证券市场上进行股票、债券等形式的大规模融资。

5）衰退期的融资策略

这一阶段的企业组织结构老化，变革动力不足，创新意识减弱，管理成本上升，企业可能出现负增长。企业的应对策略是应尽快稳定人才队伍，寻找新的创新产品。对创业投资者来说，也应迅速撤离，避免资金沉淀。

2. 合理选择股权融资与债务融资

企业在特定的时期既需要债务融资也需要股权融资。大多数创业者一开始都采取股权融资来刺激增长，一旦企业自身的身价提高了，他们便转而寻求债务融资。一般情况下，在投资的早期阶段，负债比出让股权更便宜，但股本投资者愿意承担更大的风险，因此，股权融资在早期起步阶段是最好的选择，尤其是在研发以及产品开发阶段。股权融资也适合后阶段的融资，例如，为了市场营销和加速发展而引进高资历的员工并使销售加速增长，债务融资则较适用于运营资本及基础建设。

债务融资和股权融资到底如何影响企业的盈利能力和现金流呢？债务融资使企业家承担起偿还本金和利息的责任，而股权融资迫使企业家放弃部分所有权和控制权。极端地说，创业者有两种选择：一是不放弃企业的所有权而背负债务；二是放弃部分所有权以避免借贷。在绝大多数情况下,债务融资和股权融资两者结合起来才是最适合的。许多新创企业发现债务融资是必要的,短期借贷(1 年或者更短)通常是营运金所要求的,并由销售收入或其他收入来偿还。长期借贷(1—5 年的贷款或者 5 年以上的长期贷款)主要用于购买产权或设备,并以购买的资产作为抵押品。表 4-2 展示了股权融资和债务融资各自的优点和缺点。

表 4-2　股权融资和债务融资的优缺点

股 权 融 资		债 务 融 资	
优　点	缺　点	优　点	缺　点
能提供大量的资金注入	通常仅可获得较大金额的资金	可根据你的要求借贷不同的金额	构成还债义务
无须支付利息	意味着"卖掉"公司的一部分	只要偿付了,就不会影响你对公司的所有权	收取利息,影响获利能力
无偿还资金的义务	风险资本家期望他们的投资会有高回报(至少增长 25%)		一般要求有抵押品,而且银行会保守地看待你资产的价值
	投资者可能会要求你买下他们的股票		如果你是向亲朋好友借钱的话,你的人际关系会随着公司破产而被破坏

资料来源:霍华德·H.弗雷德里克等.创业学·亚洲版.北京:中国人民大学出版社,2011.

新创企业在融资过程中应考虑融资组合化,因为合理的融资组合不但能够分散风险,还能够降低企业的融资成本和债务负担。此外,对于创业者来说,还要分析宏观经济状况、财政政策、国内外利率、汇率等金融信息,预测影响融资的各种因素,寻找合适的融资机会,做出正确的融资决策。

案 例 分 析

1999 年 4 月,清华大学材料系四年级学术邱虹云发明的"大屏幕投影电视"在校园名牌比赛"清华大学第二届学术创业大赛"学生课外科技作品大赛上夺得一等奖。

1999 年 5 月,邱虹云、王科和徐中三位清华学生靠打工挣的钱和朋友、家人的资助,筹集 50 万元注册了视美乐公司。视美乐核心技术的多媒体超大屏幕投影电视在当时国内应该算是领先产品,结合了计算机、电子、光学、材料学等多方面领域,这些都是清华大学作为国内一流理工大学的强项。视美乐的创业团队也基本上来自上述学科,学以致用正当其时。视美乐很清楚地认识到,技术和创新只有与商业和资本结合,完成研发和商品化,产生盈利,才能获得成功,获得经济利益的回报。他们也知道自己欠缺经营能力,更欠缺资本运作能力,因此很积极地寻找资本合作方。

1999 年 7 月,在清华兴业投资管理公司的帮助下,视美乐与上海第一百货公司达成两期共 5 250 万元的风险投资协议,第一期上海一百投入 250 万元用于产品中试,占 20%股份,创业团队以 50 万元注册资本和技术、创意等无形资产占公司 80%股份。中试成功后上海一百再投入 5 000 万元用于产业化生产。这是我国首例本土化风险投资案例,在资本市场引起巨大轰动。

1999 年底,视美乐多媒体投影机中试成功。几个月下来,一直关注着中试进展的上海一百意识到中试后的产业化不像原来想象的找个生产厂家投入资金生产就行了，产品的技术非常复杂，国内目前还没有能代理加工的工厂。要组织全新的生产能力并且管理生产，商业龙头上海一百并不在行。以把事业做大为目标，视美乐和上海一百协商决定引入有生产管理经验的家电厂家加盟。消息传出，国内外十多家投资公司和家电厂商前来洽谈，希望能够参与二期投资。视美乐最终选择了澳柯玛集团作为二期投资方，是认定了它发展高科技参与的决心、实力与董事长鲁群生的诚恳与果断。

2000 年 4 月，视美乐公司与青岛澳柯玛集团有限责任公司共同组建北京澳柯玛视美乐信息技术有限公司（简称澳视公司），注册资金 3 000 万元，双方各占 50％的股份。原视美乐公司的主要技术人员全部进入澳视公司。上海一百撤销原二期投资计划其原有股份随视美乐进入澳视公司，后期将以其商业龙头优势参与市场销售。新公司主要从事研发、生产、销售视听多媒体产品，是中国第一家具有数字投影机自主研制、生产、销售能力的公司。

而如今，青岛澳柯玛集团控股澳视 70％的股份，三位视美乐创始人只作为小股东存在，相继退出了公司管理层。视美乐的创始人之一徐中对外公开表示："我们几个人当初满怀理想创立了视美乐，希望三五年能够上市，20 年能发展成为中国的索尼、爱普生。现在公司已不是当初所想象的样子了，我们几个都转变了方向，可以说是壮志未酬。"对于过去的创业经历以及后来的退出，这些曾经的创业大学生都不愿意再谈。而随着澳柯玛侵占上市公司资金案发的伤筋动骨，视美乐也从此一蹶不振。

请分析：

（1）视美乐的融资策略。

（2）如果视美乐采取一定比例的债务融资策略，企业发展会怎样？

第四节　其他创业资源的整合

一、技术资源的整合

（一）技术资源的优势

对于以创新为核心的创业项目，技术往往是其核心的重中之重。对于大多数项目来说，技术因素在很大程度上决定了项目的走向、产品的市场、获得投资的多少以及企业的盈利能力等。对于掌握了技术资源的创业项目，在理解技术资源的关键性的基础上，更需要最大限度地利用自身这方面的优势，将优势转化为实际成果。因为相对于技术资源，其他很多资源都是平等的，例如，行业信息、公众消费观念以及政府的扶持政策。如果不能利用技术资源形成差异竞争，那么创业项目为了在与其他项目竞争中存活就需要在这些平等的资源中花费更多精力，挖掘更多资源，不但投入产出比很不划算，而且项目也难免陷入平庸。而一旦有了技术上的优势，获得平均水平的平等资源就可以让项目鹤立鸡群，还可能由于提升了自身竞争水平而能够获得准入门槛更高的资源。技术资源的优势体现在以下三个方面。

1. 竞争优势

技术差异最容易制造壁垒阻止竞争者进入或者造成优势竞争,而其他创新模式,如创新的产品概念或者营销模式,都很容易被人模仿。技术资源一旦形成,或者是有专利保护无法直接模仿,或者需要高额的授权费用,都会对自身形成良好的保护。

2. 融资优势

投资人的投资目的是为了获取回报,因此要获得投资首先需要说服投资人相信这个项目,而让他们相信的最有效的办法就是证明自己拥有独特的创新技术资源。

3. 运营控制优势

以技术为核心的创新项目都是基于潜在的可商业化的技术成果,自身拥有这些技术会使得项目的运营更加便利。一项技术已经被小规模产品化,那么大规模商品化就不会太困难,还可以通过试错更改进行实时调整,而其他创新模式,如创新的产品概念或者营销方式,一旦被证明有缺陷很有可能会使得项目骑虎难下。技术可以随着项目推进不断优化,只要技术可控,项目的运行就会容易控制。

(二) 技术资源的来源

1. 创业者自身

毫无疑问,技术资源首先来自创业者自身,也就是拥有技术的人成了创业者。自主掌握技术资源的优势自不必说,对于企业发展而言,一个懂技术的管理人员也更加有利于企业战略规划和执行。

2. 创业团队

当然更多的时候拥有技术的人本身的知识体系和相关经验可能并不足以带动一个创业项目,这需要创业团队的组成,需要更多能力各异、性格不同的人互补;同时也有很多创业团队是带着想法和概念主动吸纳技术人员加入的。因为技术资源的不可替代性,掌握技术资源的团队成员对创业项目拥有较大的话语权。

3. 外部获取

技术资源同样可以从外部获取。对于特定的技术资源,尤其是对于非核心的技术,可以直接从社会中聘用相关人才,如财务、法律事宜等。支持辅助型的技术也可以通过技术转让或者合资的方式获得,创业团队没有必要自身掌握所有技术,这样在实践和经济成本上都不划算。

尽管技术资源很重要,但是创业者需要注意的是不能盲目偏信技术。一项好的技术能否转化为一个好的产品或者服务,以及这项产品或服务能否占领市场取得利润,乃至最终新创企业能否依靠这项技术存活,除了取决于技术本身之外,还取决于产品和服务所针对的市场、所需的开发和制造成本等。技术资源虽然重要,但也只是创业组成中的一环,不能过于依赖。

二、人力资源的整合

创业的全过程需要人来推动,因而人力资源毫无疑问也是创业项目所必不可少的资源。人力资源既包括创业者和管理团队,也包括创业者的社会人脉网络。

(一) 创业者

创业者包括最初的项目发起人以及团队核心成员。他们的知识、经验和能力都是创业团队的重要财富与资源,很多投资者也正是依据对于创业者特质的认知来决定是否给予企业投资,因为优秀的创业者往往更有潜力成为优秀的企业家。对于创业者来说,投资者更关注的创业特质包括创业激情、教育经历、专业特长、工作经验和社会关系。

对于创业发起人,如何选择最初的合作伙伴,也就是选择哪些人成为核心的创业团队,是一件重要而且需求谨慎考虑的事情。好的人才可以提高成功的概率,而不好的人才则可能降低团队效率乃至最终影响项目的结果。从核心成员的选择来看,主要有相似性和互补性两种。相似性的成员就是创业者在性格、经历、技能和价值观等方面比较一致的人,正所谓"志同道合",对于沟通和协作都比较有利,也利于形成良好的团队氛围。但是,相似也就意味着相近的眼界和类似的缺点,很有可能导致团队的视野狭隘而变得盲目,不利于创新。互补性的成员是指与创业者个性不一致的人。不一致意味着观点的冲突以及沟通的不畅,也就会影响团队的效率与人际关系。但也正是由于不一致,才能使团队能够拥有不一样的视角,产生不一样的想法,考虑到更多的问题,从而获得更大的收益。每个人都有其长处和短处,一个团队的成员应该有所互补,有激进的人也有保守的人,有外向适合交流的人也有内向适合思考的人。因此,考虑团队成员也就是考虑如何在相似和互补中取舍平衡。如果考虑思维的全面性、想法的创新性,以及知识、技术和经验的话,就要考虑互补性,而如果考虑工作效率、人际关系和沟通顺畅程度,就要考虑相似性。

(二) 管理团队

随着新创企业的发展,管理体系逐渐健全,核心团队成员很有可能就不能完全担当公司的全部工作了,这时需要从外部引入一些专业人才,尤其是管理人才,因为创业者往往缺乏公司管理的经验,对于创建后的公司如何运营下去,专业的管理人才会有更多的经验和办法。

但是引进的人才,管理风格和经营理念可能与原来的创业团队并不吻合,这种磨合带来的影响是从公司高层自上而下的。随着企业的发展壮大,团队成员的理念会产生分歧,大的团队内部还会形成小团队,如何应对这些团队扩张带来的矛盾,就有必要应用冲突管理。

典型的冲突: ① 决策权之争,随着成员的增多和股权的稀释,以及管理与决策的分离,自然会有越来越多的人希望能够参与公司决策,而不同策略肯定会产生矛盾;② 认识分歧,不同的人经历不同、理念不同,对于企业的发展方向、产品的改进意见、资金的分配等事项会有不同的观点,而且越是到企业生死存亡的关头,认识的分歧就会越大;③ 信任危机,随着小团体以及人员之间利益纠葛的产生,不但新旧成员之间会有不信任,创业元老之间可能也会产生裂隙,创业伙伴分道扬镳的案例也不胜枚举;④ 分配不均,创业最终还是建立在现实的经济基础上,创业伙伴多数都能共苦,但很难做到同甘,因为每个人的付出不同,付出产生的结果也不同,最后利益的分配自然也很难让每个人都满意。

识别冲突之后,需要做的就是对症下药解决冲突,很难有一种通用的办法可以解决各种冲突,唯一能够通用的只可能是为了共同创业目标的理念以及愿意解决问题的真诚。虽然团队解散或者公司解体也可能算作是创业的失败,但是从另一个意义上说,这也未尝不是在解决冲突,尤其是当冲突已经无法调和的时候。

(三) 人脉网络

人脉是创业所需的人力资源中另一个非常重要的组成部分,它指的是创业者拥有的所有社会关系以及这项社会关系所能带来的潜在收益。

首先,创业者需要构建自己的价值,并把它传递给更多的人,以促成更多的信息和价值的交流。因为每个人都倾向于结交更加优秀的人,如果希望结交更多的朋友,那么为了让别人也愿意结交你,创业者自身的价值就需要不断提升。

其次,人脉的建立与经营有时候也被称为友情投资。这种说法虽然偏于功利,但是却说明人脉资源的特点,就是需要长期并且用心维护。因为任何人对于自己被利用的感受都不会太好,所以人脉资源的利用切忌急功近利。需要明确的顺序是先结交再获得朋友的帮助,而不是为了获得帮助才去结交朋友。同时,人脉资源也是需要积累的,朋友越多,在需要的时候越有可能得到有用的帮助。

最后,人脉资源的构建需要一个合理的结构,这一点是很多创业者所欠缺的,因为他们往往会局限于自己的小圈子里,难以获得更高层次的人脉的帮助。因此,创业者应该有意识地分析自身的人脉资源,除了考虑身边的亲朋好友,还需要思考如何扩大自己的社交圈,获得更广泛的社交资源。这也是另一个层面上的关系投资,考虑自己交友圈中所欠缺的社会角色,以及日后有良好发展潜力的潜在合作伙伴,逐渐培养自己的人脉圈。

案 例 分 析

在没有任何资源时,能否创业? 如何创业? 其实,任何资源都是可以进行整合的。没有工厂,没有品牌,甚至没有原材料,都可通过各种方法实施资源整合。因为在现代市场经济中,任何一家企业均难以做到单打独斗,自身力量是有限的,一定要树立资源整合的思维才能将企业做强做大。蒙牛的创业经历或许能给予我们诸多启示。

牛根生本是伊利集团的一个普通员工,但凭着自己的勤奋与努力,最终成为生产部门的总经理,但后来因种种原因被辞退。由于年龄较大,在重新找工作过程中屡屡碰壁,无奈只能邀请以前伊利的几位同事,共同创业,但面对的问题确是,一无奶源,二无工厂和品牌,如何创业?

牛根生首先利用自己的人际关系找到了哈尔滨一家奶制品厂,这家公司设备齐全,但在奶制品质量方面存在不足,营销方面也相对滞后,产品处于滞销状态,牛根生找到公司负责人说,我们这边有伊利的高层技术人员,可以帮忙解决技术问题,你们帮我们生产,销售由我们负责,这位公司负责人欣然同意,从而解决了公司初创时的生存问题。其次,在品牌方面,牛根生想到了借助伊利的品牌势头,打出了"蒙牛甘居第二,向伊利学习"的口号,这样一个不知名的品牌,迅速挤进了全国奶制品前列。同时,牛根生还将内蒙古的几个知名品牌联系起来,打出了"伊利、鄂尔多斯、宁城老窖、蒙牛为内蒙古喝彩!"的口号,通过借势,让消费者认为蒙牛就是内蒙古第四的品牌。牛根生通过品牌的整合,迅速让蒙牛成为国内知名品牌。最后,奶源的整合,奶源是品牌生存的保障,蒙牛在没有资金的情况下很难去自己建奶牛场,于是蒙牛开始计划整合农户、农村信用社和奶站,具体方法是由蒙牛来担保,通过信用社借钱给奶农,由蒙牛来承包奶农的销路,而奶牛生产的奶则由奶站接收。最终,蒙牛定期给信用社还款,将利润留给奶农从而实现多方共赢的局面。

创业过程中,往往会遇到多种困境,有的自己可以解决,但往往会花费大量人力和物力,此时,就要通过整合别人的优势为自己所用,尽量降低创业成本。

三、信息资源的整合

创业项目往往都是基于商机而创业的,对于商机的发掘和反应能力,往往决定了企业是否能进入并立足于这个市场。创业者从创业之前的项目选择与商业决策,到企业创业之后的运营管理与策略制定,都需要不断地收集大量的信息作为决策的依据。在信息爆炸的时代,创业者面临的问题可能不是信息太少而是信息过多,大量的低价值信息反而淹没了真正高价值的信息,这要求创业者应具备信息筛查的能力。可以获得的信息有很多,根据信息的内容可分为项目信息、市场信息、行业信息、政策法规信息等。

(一) 项目信息

创业者要掌握整个项目的运作,要知道自身项目的信息,这些信息包括自有的技术特点、构思的产品和服务、目标客户群体、产品的推广和营销手段、长期的发展目标等。梳理自身信息的过程实际上也就是对自己创业项目的一次审核,可以随时发现其中不合理或有待改善的方面。充分了解自己项目的创业者才有机会更快地向外推销自己。

(二) 市场信息

市场信息包括产品反馈、客户体验、营销网络以及品牌形象等所有从市场中获得的并反过来作用于市场的信息,这是任何一个企业都需要关注的重要信息。如果说技术决定创业者是否能进入这个行业,那么市场就决定了产品会拥有哪些客户、产品的盈利模式是什么,以及企业的规模扩大到何种程度。获取市场信息最直接的方法是与市场对话,如上游的供应商、下游的消费者等。获得对于产品和服务最有效的反馈途径就是倾听消费者的感受,收集他们的意见。具体的调查方法可以是公司参观、独立访谈、小组讨论或者问卷调查等,还可以通过间接的方式获得市场信息,如查找统计年鉴、阅读相关的研究文章或委托专业的调查公司对特定信息进行搜集。

(三) 行业信息

相对于市场信息侧重消费者而言,行业信息更偏重企业所在的整条产业链。创业者需要了解上游的供应商与下游的经销商。创业者更需要了解的是同行业的从业者,包括先入和后入的竞争者,充分掌握他们的技术特点、产品定位、客户分布与营销策略,才能结合自身优势制定合理的战略。

融资环境也是行业信息的一个重要组成部分。通过了解行业内类似项目的发展以及国家政策与投资机构的态度,就可以了解这一行业是处于扶持阶段还是处于自然发展阶段,获得融资的可能性是高还是低。如果行业内已经有人把类似产品做得非常成熟导致投资者已经不愿意再冒风险与其竞争,或者已经不再支持某个行业甚至开始抑制其发展,那么准备进入这一行业的创业者就需要谨慎思考。

(四) 政策法规信息

政府是创业者不可避免要打交道的一个特殊资源。一方面,政府是管理者,企业必须了解相关的法律规定保障自己不会跨越雷池,违法的事情必须避免,法律不完善的灰色区域也需要特别慎重,因为随时有可能出台一条新的法规直接扼杀整个行业。另一方面,政府也是创业的推动者,它会提供各种奖励和扶植政策,帮助缺乏资源的创业者获得所需的资源,使企业少走很多弯路。政府信息因为缺乏有效宣传往往最不容易被关注,但是对于创业又具有很大的影响。正因如此,很多人忽视或懒得关注的这部分资源的信息一旦获得,创业者就自然领先别人一大步。因此,对于政府的有关信息必须多花心思仔细筛选。

四、社会资源的整合

社会资源包括所有来自社会的支持创业项目的资源,就大学生而言,主要的社会资源多数来自高校、政府、媒体与中介机构。社会资源是来自个体关系网络并浮现于其上的现实或潜在资源的综合,合理利用社会资源可以使个体的行动更加便利,形成其独特的优势。在创业者之中,社会交往更频繁的创业者所获得的相关项目和行业的信息会更加丰富,创业者对于组织自身和市场以及行业的认识和理解会更加深入,从而使创业者能够更容易发现机会或者找到问题的突破口,从而领先于他人而进一步获得更多的其他资源。

(一) 高校

目前,高校成为创业的热门地点,大学生创业的积极性很高,在校创业团队能够以较低成本获得人才、场地、指导等各种资源,而且很多高校还开办相关创业课程、举行创业计划比赛并推出创业扶持政策,这些都是宝贵的创业资源。首先,很多高校都开设创新创业课程,不仅有专职的教师授课还会邀请校外的企业家来传授经验,帮助学生对创业过程及创业可能涉及的问题有全面的了解。大学生通过系统性地学习及实践,可以掌握许多必备的创业知识,还可以召集志同道合的伙伴尝试创业,在学校环境下风险会小很多。其次,高校几乎都有创业者协会等社团组织,还有不定期的创业相关论坛和讲座等。在这些社团组织中,学生可以跟不同思想的人讨论创业构思,可以计划创业步骤,甚至还可以有机会向成功的企业家寻求经验指导。在这个过程中,大学生不但在锤炼创业知识与思维,同时也在培养重要的人脉网络,为以后的创业提供帮助。最后,高校的团委组织等还出台鼓励大学生创业的规章制度或提供服务,搭建在校生与创业成功校友沟通的平台,有效地引导大学生进行创业。

(二) 政府

近年来政府提倡自主创业,为其提供一系列的政策、资金、环境等支持,有些资源是特别针对创新项目和初创企业的,合理利用可以使得创业项目推进得更加顺畅。有效整合政府资源,享受政府的创业扶持政策可以使新创企业少走许多弯路。政府的创业扶持政策主要有财政扶持政策、税收优惠政策、人才引进政策、产业发展政策等。其中对于创业者帮助最大的自然是资金方面的支持,政府的支持政策可以提供给创业者少量的种子基金、低息或者无息的贷款担保、低价或者免费的创业场地以及一定年度的税收减免等。此外,政府的支持还体现在资金以外,如鼓励扶持的朝阳产业可以为创业者带来新的构思,扶持政策给予创业团队相当的安全感,通过政府渠道的宣传也很容易获得关注。

(三) 媒体与中介机构

媒体是一个身份比较特殊的第三方组织,它不直接参与支持企业的运营,却是企业最为重要的市场渠道之一。对于掌握话语权的媒体来说,一篇新闻报道就可能让企业的知名度和销售量大增,同样也可能让某些企业一夜之间破产。对于基于互联网的新媒体,企业采用新形式的推广手段,如植入营销和病毒式营销等,可能只需要很小的投资甚至不花钱,就可以在网络上获得巨大的关注。与此同时,媒体的话语权还需要受到监督与限制,新闻机构不能做出有倾向性的不公报道,企业也不能做出含有欺诈成分的广告。如何活用媒体资源,从而扩大自身知名度、降低负面影响,需要创业者认真思考。

对于创业项目来说,在核心的创业团队之外还需要很多内部和外部的支持性人力资源,例如,法律、财务会计、管理咨询等,而这些人力资源必然是有所依托的,这些被依托的组织就是为创业组织提供服务的中介机构。这些机构具有专业的人才和长期从事行业内工作的经验,能够为新创企业提供宝贵的技术支持,是创业团队应该求助的机构。此外,还有一些创业团队很难快速建立的业务,也需要借助第三方机构来完成,例如,初创企业的营销就可以借用他人已有的营销网络,经销商和物流链条的管理也可以采用成熟的销售网络服务,对于公司日常运营的饮食、保洁等硬性需求则更是需要利用第三方资源。

复习思考题

1. 创业资源的含义是什么？创业资源具有什么特征？
2. 创业资源可以分为哪些类型？
3. 创业融资渠道有哪些？
4. 如何进行创业融资资金测算？
5. 社会资源如何进行整合？

第五章
创业法律基础

学习目标

通过本章的学习，能够了解企业的本质、设立企业的条件及登记流程；通过企业运转合规性的分析，能够掌握个人独资企业、合伙企业和公司的法律责任的差异性，并认识到这些差异性对企业形式的选择的重要性以及新企业管理的特殊性；通过企业交易涉及的合同的理论分析，对合同的效力、合同履行过程中产生的纠纷问题能够做出正确的判断并提出解决方案，能够分析企业运转、交易中的法律风险，并及时提出防控措施，以维护企业的合法权益。

案例导入

黄刚强是湖南某大学自动化专业 2019 级本科生。2019 年，黄刚强组织了同班的四名同学一同参加了学校的创业计划大赛，比赛结果并不是很突出，但激发了他们的创业热情。比赛结束后，黄刚强就和其他四名同学们商议了一番，决定成立一家电脑服务企业，准备进行创业。经过几次协商，决定由黄刚强出资 12 000 元，其他同学每人出资 2 000 元，共计 20 000 元启动资金，于 2020 年 11 月，共同成立了一家名为"久创科技"的电脑服务企业，主要业务包括组装电脑的导购、电脑及配件的代售、电脑故障维修，但对企业的组织形式没有明确规定下来。企业开设运营后，这五名同学根据自身特点和专业特长，分块负责公司的各项业务；店面的营业人员由两名同学轮流充当。由于大家相处关系很好，平常的工作量和业绩并不直接与利益挂钩，对企业的股权比例和利润分享及亏损分摊比例都没有约定。自企业营业一年多来，业绩尚可，企业逐步收回了投资，并于 2020 年 12 月开始盈利。在经营中，黄刚强及同学发现自身存在很多不足，于是有意识地参加了一些管理知识和专业技能的培训，企业承担部分培训费用。后经设立公司的股东商议，决定将公司搬迁至位置较好商业区，但存在资金短缺的问题。虽然企业在经营上还存在很多困难，但对企业今后发展，大家都较为乐观，创业信心坚定。

请分析：

（1）大学生在创业中是否应确定企业的组织形式，为什么？

（2）如果企业经营获利，同学们应如何分配利润？如果企业经营出现亏损应如何分摊？

（3）大学生创业新企业如何注册？进行管理有哪些技巧和策略？

第一节 企业法律制度

一、个人独资企业法律制度

(一) 个人独资企业的概念与特征

个人独资企业,是指依照《中华人民共和国个人独资企业法》(以下简称《个人独资企业法》)在中国境内设立,由一个自然人投资,财产为投资人个人所有,投资人以其个人财产对企业债务承担无限责任的经营实体。

个人独资企业是企业形式中最简单且最古老的一种,个人独资企业的产生与发展往往与投资人的投资或职业相联系,因个人独资企业的投资者对企业的债务承担无限责任,即企业的债务也就是投资人的债务,所以企业的信誉与投资人的信誉紧紧联系在一起。个人独资企业具有以下特征:

(1) 个人独资企业由一个自然人投资。

(2) 个人独资企业的投资人对企业的债务承担无限责任。

(3) 个人独资企业的内部机构设置简单,经营管理方式灵活。

(4) 个人独资企业是非法人企业。

(二) 个人独资企业的设立

1. 个人独资企业的设立条件

根据《个人独资企业法》的规定,设立个人独资企业应当具备下列条件:

(1) 投资人为一个自然人。

(2) 有合法的企业名称。

(3) 有投资人申报的出资。

(4) 有固定的生产经营场所和必要的生产经营条件。生产经营场所包括企业的住所和与生产经营相适应的处所。住所是企业的主要办事机构所在地,是企业的法定地址。

(5) 有必要的从业人员。

2. 个人独资企业的设立程序

(1) 提出申请。申请设立个人独资企业,应当由投资人或者其委托的代理人向个人独资企业所在地的登记机关提出设立申请。投资人申请设立登记,应当向登记机关提交下列文件:① 投资人签署的个人独资企业设立申请书,设立申请书应当载明的事项有企业的名称和住所、投资人的姓名和居所、投资人的出资额和出资方式、经营范围及方式。个人独资企业投资人以个人财产出资或者以其家庭共有财产作为个人出资的,应当在设立申请书中予以明确。② 投资人身份证明,主要是身份证和其他有关证明材料。③ 企业住所证明和生产经营场所使用证明等文件,如土地使用证明、房屋产权证或租赁合同等。④ 委托代理人申请设立登记的,应当提交投资人的委托书和代理人的身份证明或者资格证明。⑤ 国家工商行政管理局规定提交的其他文件。从事法律、行政法规规定须报经有关部门审批的业务的,应当提交有关部门的批准文件。

(2) 工商登记。登记机关应当在收到设立申请文件之日起 15 日内,对符合《个人独资企业法》规定条件的予以登记,发给营业执照;对不符合《个人独资企业法》规定条件的,不予登记,并发给企业登记驳回通知书。个人独资企业营业执照的签发日期,为个人独资企业的成立日期,在领取个人独资企业营业执照前,投资人不得以个人独资企业名义从事经营活动。

(三) 个人独资企业的事务管理

个人独资企业投资人可以自行管理企业事务,也可以委托或者聘用其他具有民事行为能力的人负责企业的事务管理。投资人委托或者聘用他人管理个人独资企业事务,应当与受托人或者被聘用的人签订书面合同。合同应订明委托的具体内容,授予的权利范围,受托人或者被聘用人应履行的义务、所得报酬和应承担的责任,等等。受托人或者被聘用人员应当履行诚信、勤勉义务,以诚实信用的态度对待投资人、对待企业,应尽其所能依法保障企业利益,按照与投资人签订的合同负责个人独资企业的事务管理。投资人委托或者聘用的人员管理个人独资企业事务时违反双方订立的合同,给投资人造成损害的,承担民事赔偿责任。

投资人对受托人或者被聘用人员职权的限制,不得对抗善意第三人。所谓第三人是指除受托人或被聘用人员以外与企业发生经济业务关系的人。所谓善意第三人是指在有关经济业务事项的交往中,没有与受托人或者被聘用的人员串通,从事故意损害投资人利益的第三人。个人独资企业的投资人与受托人或者被聘用人员之间有关权利义务的限制只对受托人或者被聘用人员有效,对第三人并无约束力,受托人或者被聘用人员超出投资人的限制与善意第三人的有关业务交往应当有效。

案 例 分 析

刘某是高校的大三学生,经济上依靠父母支持。2018 年 8 月,刘某在市场监督管理机关注册成立了一家主营信息咨询的个人独资企业,取名为"远大信息咨询工作室",注册资本为人民币一元。一开始企业营业形势看好,收益甚丰。后来,刘某因身体原因不能管理该企业,于是聘请黄某管理该企业,并对黄某做了 3 万元的职权限制。黄某有一次因广告业务上的需要与某公司签订了一份 10 万元的合同,黄某并没有征得刘某的同意。企业在经营过程中先后共聘用工作人员 10 名,对此刘某认为自己开办的是私人企业,并不需要为职工办理社会保险,因此没有给职工缴纳社会保险费,也没有与职工签订劳动合同。后来该独资企业经营不善导致负债 30 万元。刘某决定于2021 年 10 月自行解散企业,但因为企业财产不足清偿而被债权人、企业职工诉诸人民法院。

请分析:

(1) 个人独资企业投资人承担何种法律责任?有何风险?

(2) 管理人黄某订立的 10 万元的合同是否有效?刘某聘请黄某管理企业有何风险?

(3) 刘某认为不需要为职工办理社会保险是否成立?

《个人独资企业法》规定,投资人委托或者聘用的管理个人独资企业事务的人员不得从事下列行为:① 利用职务上的便利,索取或者收受贿赂;② 利用职务或者工作上的便利侵占企业财产;③ 挪用企业的资金归个人使用或者借贷给他人;④ 擅自将企业资金以个人名义或者以他人名义开立储蓄账户;⑤ 擅自以企业财产提供担保;⑥ 未经投资人同意,从事与本企业相竞争的业务;⑦ 未经投资人同意,同本企业订立合同或者进行交易;⑧ 未经投资人同意,擅自将企业商标或者其他知识产权转让给他人使用;⑨ 泄露本企业的商业秘密;⑩ 法律、行政法规禁止的其他行为。投资人委托或者聘用的人员违反上述规定,侵犯个人独资企业财产权益的,责令退还侵占的财产;给企业造成损失的,依法承担赔偿责任;有违法所得的,没收违法所得;构成犯罪的,依法追究刑事责任。

二、合伙企业法律制度

(一) 概述

1. 合伙企业的概念与分类

1) 合伙企业的概念

合伙企业,是指自然人、法人和其他组织依照《合伙企业法》在中国境内设立的普通合伙企业和有限合伙企业。

2) 合伙企业的分类

合伙企业分为普通合伙企业和有限合伙企业。普通合伙企业由普通合伙人组成,合伙人对合伙企业债务承担无限连带责任。《合伙企业法》对普通合伙人承担责任的形式有特别规定的,从其规定。有限合伙企业由普通合伙人和有限合伙人组成,普通合伙人对合伙企业债务承担无限连带责任,有限合伙人以其认缴的出资额为限对合伙企业债务承担责任。

2. 合伙企业法的概念

合伙企业法有狭义和广义之分。狭义的合伙企业法,是指由国家最高立法机关依法制定的规范合伙企业合伙关系的专门法律,即《合伙企业法》。该法于 1997 年 2 月 23 日由第八届全国人民代表大会常务委员会第二十四次会议通过,2006 年 8 月 27 日第十届全国人民代表大会常务委员会第二十三次会议修订。广义的合伙企业法,是指国家立法机关或者其他有权机关依法制定的调整合伙企业合伙关系的各种法律规范的总称。因此,除了《合伙企业法》外,国家有关法律、行政法规和规章中关于合伙企业的法律规范,都属于合伙企业法的范畴。

(二) 普通合伙企业

1. 普通合伙企业的概念与特点

普通合伙企业,是指由普通合伙人组成,合伙人对合伙企业债务依照《合伙企业法》规定承担无限连带责任的一种合伙企业。普通合伙企业具有以下特点:

(1) 由普通合伙人组成。所谓普通合伙人,是指在合伙企业中对合伙企业的债务依法承担无限连带责任的自然人、法人和其他组织。《合伙企业法》规定,国有独资公司、国有企业、上市公司以及公益性事业单位社会团体不得成为普通合伙人。

(2) 合伙人对合伙企业债务依法承担无限连带责任,法律另有规定的除外。所谓无限连带责任,包括两个方面:一是连带责任,即所有的合伙人对合伙企业的债务都有责任向债权人偿还,不管自己在合伙协议中所确定的承担比例如何。一个合伙人不能清偿对外债务的,其他合伙人都有清偿的责任。但是,当某一合伙人偿还合伙企业的债务超过自己所应承担的数额时,有权向其他合伙人追偿。二是无限责任,即所有的合伙人不仅以自己投入合伙企业的资金和合伙企业的其他资金对债权人承担清偿责任,而且在不够清偿时还要以合伙人自己所有的财产对债权人承担清偿责任。

2. 普通合伙企业的设立

1) 普通合伙企业的设立条件

根据《合伙企业法》的规定,设立普通合伙企业,应当具备下列条件: ① 有两个以上合伙人;② 有书面合伙协议;③ 有合伙人认缴或者实际缴付的出资;④ 有合伙企业的名称和生产经营场所;⑤ 法律、行政法规规定的其他条件。

2) 合伙企业的设立登记

根据《合伙企业法》和国务院发布的《合伙企业登记管理办法》的规定,合伙企业的设立登记应当由全体合伙人指定的代表或者共同委托的代理人向企业登记机关提交下列文件: ① 全体合伙人签署的设立登记申请书;② 全体合伙人的身份证明;③ 全体合伙人指定代表或者共同委托代理人的委托书;④ 合伙协议;⑤ 全体合伙人对各合伙人认缴或者实际缴付出资的确认书;⑥ 主要经营场所证明;⑦ 国务院工商行政管理部门规定提交的其他文件。合伙企业设立登记申请书如表5-1所示。

表5-1　合伙企业设立登记申请书

一、申请登记项目

企业名称			
备用名称1			
备用名称2			
主要经营场所		邮政编码	
		联系电话	
执行事务合伙人或委派代表			
经营范围			
合伙企业类型			
合伙期限			
合伙人数		有限合伙人数	
从业人数			
认缴出资金额		实缴出资金额	

全体合伙人签字:　　　　　　　　　　　　　　　申请日期:

二、全体合伙人名录及出资情况

合伙人名称或姓名	住 所	证件名称及号码	出 资方 式	实 缴出资额	认 缴出资额	缴 付期 限	评 估方 式	承担责任方式

全体合伙人签字：　　　　　　　　　　　　　　申请日期：

3. 合伙事务执行的决议办法

《合伙企业法》规定，合伙人对合伙企业有关事项作出决议，按照合伙协议约定的表决办法办理。合伙协议未约定或者约定不明确的，实行合伙人一人一票并经全体合伙人过半数通过的表决办法。《合伙企业法》对合伙企业的表决办法另有规定的，从其规定。这一规定确定了合伙事务执行决议的三种办法：

（1）由合伙协议对决议办法作出约定。这种约定有两个前提：一是不与法律相抵触，即法律有规定的按照法律的规定执行，法律未作规定的可在合伙协议中约定。二是在合伙协议中作出的约定，应当由全体合伙人协商一致共同作出。至于在合伙协议中所约定的决议办法，是采取全体合伙人一致通过，还是采取三分之二以上多数通过，或者采取其他办法，由全体合伙人视所决议的事项而作出约定。

（2）实行合伙人一人一票并经全体合伙人过半数通过的表决办法。这种办法也有一个前提，即合伙协议未约定或者约定不明确的，才实行合伙人一人一票并经全体合伙人过半数通过的表决办法。需要注意的是对各合伙人，无论出资多少和以何物出资，表决权数应以合伙人的人数为准，亦即每一个合伙人对合伙企业有关事项均有同等的表决权，使用经全体合伙人过半数通过的表决办法。

（3）依照《合伙企业法》的规定作出决议。如《合伙企业法》规定，合伙人按照合伙协议的约定或者经全体合伙人决定，可以增加或者减少对合伙企业的出资；又如《合伙企业法》规定，处分合伙企业的不动产、改变合伙企业的名称等，除合伙协议另有约定外，应当经全体合伙人一致同意；等等。

4. 合伙企业的损益分配

1）合伙损益

合伙损益包括两方面的内容：一是合伙利润，是指以合伙企业的名义所取得的经济利益，它反映了合伙企业在一定期间的经营成果；二是合伙亏损，是指以合伙企业的名义从事经营活动所形成的亏损，合伙亏损是全体合伙人所共同面临的风险，或者说是共同承担的经济责任。

2）合伙损益分配原则

合伙损益分配包含合伙企业的利润分配与亏损分担两个方面，对合伙损益分配原则，《合伙企业法》作了原则规定，主要内容为：

（1）合伙企业的利润分配、亏损分担，按照合伙协议的约定办理；合伙协议未约定或者约定不明确的，由合伙人协商决定；协商不成的，由合伙人按照实缴出资比例分配、分担；无法确定出资比例的，由合伙人平均分配、分担。

（2）合伙协议不得约定将全部利润分配给部分合伙人或者由部分合伙人承担全部亏损。

5. 非合伙人参与经营管理

在合伙企业中,往往由于合伙人经营管理能力不足,需要在合伙人之外聘任非合伙人担任合伙企业的经营管理人员,参与合伙企业的经营管理工作。《合伙企业法》规定,除合伙协议另有约定外,经全体合伙人一致同意,可以聘任合伙人以外的人担任合伙企业的经营管理人员。这项法律规定表明了以下三层含义：① 合伙企业可以从合伙人之外聘任经营管理人员；② 聘任非合伙人的经营管理人员,除合伙协议另有约定外,应当经全体合伙人一致同意；③ 被聘任的经营管理人员,仅是合伙企业的经营管理人员,不是合伙企业的合伙人,因而不具有合伙人的资格。

关于被聘任的经营管理人员的职责,《合伙企业法》作了明确规定,主要有：① 被聘任的合伙企业的经营管理人员应当在合伙企业授权范围内履行职务；② 被聘任的合伙企业的经营管理人员,超越合伙企业授权范围履行职务的,或者在履行职务过程中因故意或者重大过失给合伙企业造成损失的,依法承担赔偿责任。

6. 入伙与退伙

1）入伙

入伙,是指在合伙企业存续期间,合伙人以外的第三人加入合伙,从而取得合伙人资格。《合伙企业法》规定,新合伙人入伙,除合伙协议有约定外,应当经全体合伙人一致同意,并依法订立书面入伙协议；订立入伙协议时,原合伙人应当向新合伙人如实告知原合伙企业的经营状况和财务状况。这一规定包括四层含义：一是新合伙人入伙,应当经全体合伙人一致同意,未获一致同意的,不得入伙；二是合伙协议无另外约定,如果合伙协议对新合伙人约定了相应的条件,则必须按照约定执行；三是新合伙人入伙,应当依法订立书面入伙协议,入伙协议应当以原合伙协议为基础,并对原合伙协议事项作相应变更,订立入伙协议不得违反公平原则、诚实信用原则；四是订立入伙协议时,原合伙人应当向新合伙人如实告知原合伙企业的经营状况和财务状况。

新合伙人的权利和责任。一般来讲,入伙的新合伙人与原合伙人享有同等权利,承担同等责任。但是,如果原合伙人愿意以更优越的条件吸引新合伙人入伙,或者新合伙人愿意以较为不利的条件入伙,也可以在入伙协议中另行签订。关于新入伙人对入伙前合伙企业的债务承担问题,《合伙企业法》规定,老合伙人对入伙前合伙企业的债务承担无限连带责任。

2）退伙

退伙,是指合伙人退出合伙企业,从而丧失合伙人资格。

（1）退伙的原因。合伙人退伙一般有两种原因：一是自愿退伙；二是法定退伙。自愿退伙,是指合伙人基于自愿的意思表示而退伙。自愿退伙可以分为协议退伙和通知退伙两种。法定退伙,是指合伙人因出现法律规定的事由而退伙。法定退伙分为当然退伙和除名两类。

（2）退伙的效果。退伙的效果,是指退伙时退伙人在合伙企业中的财产份额和民事责任的归属变动,分为两类情况：一是财产继承,二是退伙结算。合伙人退伙以后,并不能解除对于合伙企业既往债务的连带责任。根据《合伙企业法》的规定,退伙人对基于其退伙前的原因发生的合伙企业债务,承担无限连带责任。支付的价款,向该债权人清偿债务。

案例分析

　　2018年1月,甲、乙、丙共同设立一合伙企业,合伙协议约定:甲以现金5万元出资,乙以房屋作价8万元出资,丙以劳务作价4万元出资,各合伙人按照相同的比例分配利润、分担风险。合伙企业成立后,为了扩大经营,2018年3月,合伙企业向银行贷款100万元用于购买新机器,贷款期限是1年,2018年5月,甲提出退伙,鉴于当时企业盈利,乙、丙表示同意,于是甲办理了退伙手续。2018年8月,丁入伙。丁入伙后,因经营环境恶化,企业严重亏损。2019年1月,乙、丙、丁决定解散合伙企业。并将合伙企业现有财产3万元予以分配,但未对没到期的银行存款予以清偿。2019年3月,银行贷款到期,银行找合伙企业还贷款,发现合伙企业已经解散,于是银行找到甲,甲称自己早已退伙,不负责清偿债务;银行找到乙,乙表示只按照合伙企业的协议清偿;银行找到丙,丙表示自己是以劳务出资,不承担还款的义务;银行找到丁,丁说这笔债务是自己入伙以前发生的,与自己无关。

　　请分析:

　　(1) 如何理解无限连带责任? 合伙人成立合伙企业进行经营有何优势?

　　(2) 案例中,甲、乙、丙、丁的主张是否成立?

　　(3) 银行的贷款清偿后,甲、乙、丙、丁之间如何分担清偿责任?

7. 特殊的普通合伙企业

1) 特殊的普通合伙企业的概念

特殊的普通合伙企业是一种特殊的合伙形式,一般是以专业知识和专门技能为客户提供有偿服务的专业服务机构,此种合伙企业的责任分担形式不同于一般的普通合伙。特殊的普通合伙企业名称中应当标明特殊普通合伙字样。

2) 特殊的普通合伙企业的责任形式

根据《合伙企业法》规定,一个合伙人或者多个合伙人在执业活动中因故意或者重大过失造成合伙企业债务的,应当承担无限责任或者无限连带责任,其他合伙人以其在合伙企业中的财产份额为限承担责任。合伙人在执业活动中非因故意或者重大过失造成的合伙企业债务以及合伙企业的其他债务,由全体合伙人承担无限连带责任。所谓重大过失,是指明知可能造成损失而轻率地作为或者不作为。

3) 特殊的普通合伙企业的执业风险防范

特殊的普通合伙企业应当建立执业风险基金,办理职业保险。执业风险基金,主要是指为了化解经营风险,特殊的普通合伙企业从其经营收益中提取相应比例的资金留存或者根据相关规定上缴至指定机构所形成的资金。执业风险基金用于偿付合伙人执业活动造成的债务。执业风险基金应当单独立户管理。职业保险,又称职业责任保险,是指承保各种专业技术人员因工作上的过失或者疏忽大意所造成的合同一方或者他人的人身伤害或者财产损失的经济赔偿责任的保险。

(三) 有限合伙企业

有限合伙企业,是指由有限合伙人和普通合伙人共同组成,普通合伙人对合伙企业债务承担无限连带责任,有限合伙人以其认缴的出资额为限对合伙企业债务承担责任的合伙组织。有限合伙企业引入有限责任制度,有利于调动各方的投资热情,实现投资者与创业者的最佳结合。

有限合伙企业与普通合伙企业和有限责任公司相比较,具有以下显著特征:

(1) 在经营管理上,普通合伙企业的合伙人,一般均可参与合伙企业的经营管理。有限责任公司的股东有权参与公司的经营管理(含直接参与和间接参与)。而在有限合伙企业中,有限合伙人不执行合伙事务,而由普通合伙人从事具体的经营管理。

(2) 在风险承担上,普通合伙企业的合伙人之间对合伙债务承担无限连带责任。有限责任公司的股东对公司债务以其各自的出资额为限承担有限责任。而在有限合伙企业中,不同类型的合伙人所承担的责任则存在差异,其中有限合伙人以其各自的出资额为限承担有限责任,普通合伙人之间承担无限连带责任。

三、公司法律制度

(一) 公司的特征与分类

1. 公司的概念

根据我国《公司法》的规定,公司是指股东依法以投资方式设立,以营利为目的,以其认缴的出资额或认购的股份为限对公司承担责任,公司以其全部独立法人财产对公司债务承担责任的企业法人。

2. 公司的特征

公司不同于其他企业组织,也不同于其他社会组织。根据我国《公司法》的规定,公司具有以下法律特征:

1) 公司是依法定条件和程序设立的企业法人

我国《公司法》第二条规定:"本法所称公司是指在中国设立的有限责任公司和股份有限公司。"第六条规定:"设立公司,应当依法向公司登记机关申请设立登记。符合本法规定的设立条件的,由公司登记机关分别登记为有限责任公司或者股份有限公司;不符合本法规定的设立条件的,不得登记为有限责任公司或者股份有限公司。"因此,公司的设立必须依法定条件、法定程序进行。如果公司的设立必须符合其他法律规定的,还应当依照其他法律规定,如商业银行法、保险法、证券法等。

2) 公司是以营利为目的的经济组织

股东设立公司的目的是为了通过公司的经营活动获取利润,因此,以营利为目的是公司企业性的重要表现。

3) 公司是以股东投资行为为基础设立的社团法人

一般认为,公司具有社团性,即由2人以上的股东组成,单独1人不能组成公司,1人只能设立独资公司。当然,关于公司的社团性,有关国家立法和相关公司法理论具有不同的认识和看法。我国《公司法》承认了1人有限责任公司,并列专节予以规定,这是对公司社团性理论的重大突破。但是,我们认为,承认1人有限责任公司并不是对公司社团性的完全否定,而只是作为一个例外性规定。公司的社团性仍应当是公司法人的一个重要特征。

4) 公司具有独立法人资格

公司是具有法人地位的企业组织,这是公司与合伙、独资等企业组织形式的重要区别。

3. 公司的分类

依据不同的标准,可以对公司作出不同的分类。

1) 有限责任公司与股份有限公司

依据公司股东责任范围的不同,公司可以分为有限责任公司和股份有限责任公司。有限责任公司也称有限公司,是指由50个以下股东共同出资设立,股东以出资额为限对公司承担责任,公司以其全部资产对其债务承担责任的公司;股份有限公司,也称股份公司,是指全部资本分成等额股份,股东以其认购的股份为限对公司承担责任,公司以其全部资产对公司债务承担责任的公司。有限责任公司与股份有限公司都是以其全部资产对其债务承担责任,除法律另有规定外,二者的股东对公司承担的都是有限责任。但是,有限责任公司与股份有限公司作为两种不同的公司组织形式,根据我国《公司法》的有关规定,二者主要存在以下区别:

(1) 设立方式不同。有限责任公司只能以发起方式设立,公司资本只能由发起人认缴,不得向社会公开募集。股份有限公司既可以发起设立,也可以募集设立,即由发起人认缴公司设立时发行的一部分股份,其余股份向社会公开募集或者向特定对象募集。

(2) 股东人数限制不同。有限责任公司的股东人数为50人以下,并允许设立一人有限责任公司和国有独资公司。股份有限公司设立时,应当有2人以上200人以下为发起人,其中须有半数以上的发起人在中国境内有住所。

(3) 股东出资的表现形式不同。有限责任公司股东的出资表现形式为出资证明书,出资证明书必须采取记名方式,股东以实际出资金额或出资比例行使股权。股份有限公司股东的出资具有股份性,全部资本分成等额股份,表现形式为金额相等的股票,股票可以采用纸面形式,但上市公司的股票通常表现为无纸化形式,股东以持有的股票数额或股票所占总股本的比例行使股权。股票比出资证明书更易于发行和转让。

(4) 股权转让限制不同。有限责任公司的股东之间,除公司章程另有规定外,可以相互转让其全部或者部分股权;股东向股东之外的人转让股权,应当经过其他股东过半数同意;经股东同意转让的股权,在同等条件下,其他股东有优先购买权。股份有限公司的股票以自由转让为原则,以法律限制为例外;股东向股东之外的人转让股票时,其他股东无优先购买权;股票还可以依法在证券交易所上市交易。

(5) 组织机构设置不同。有限责任公司的组织机构设置较股份有限公司更为灵活,如公司的股东人数较少或者规模较小,可以不设董事会,只设一名执行董事,可以不设监事会,而只设一至二名监事;股东会的召集方式、通知时间和决议的形成程序等也较为灵活;一人有限责任公司和国有独资公司不设股东会,机构运作模式也有差异。股份有限公司则必须设置股东大会、董事会、监事会,并依法规范运作。

(6) 信息披露义务不同。有限责任公司的经营事项和财务账目无须向社会公开。股份有限公司,尤其是向社会募集股份的公司,负有法律规定的信息披露义务,其财务状况和经营情况等要依法向社会公开披露。

2) 母公司与子公司

依据公司之间的股权或股份控制或者从属关系进行分类,可以将公司分为母公司和子公司。母公司是指拥有另一个公司一定比例股权或股份,并能够控制另一个公司的公司。母公司也称控股公司。子公司则是指被另一个公司拥有一定比例的股权或股份,并被另一个公司控制的公司。子公司也称为被控股公司。我国《公司法》第二百一十七条第二款对控股股东的定义是:"控股股东,是指其出资额占有限责任公司资本总额 50% 以上或者其持有的股份占股份有限公司股本总额 50% 以上的股东;出资额或者持有股份的比例虽然不足 50%,但依其出资额或者持有的股份所享有的表决权已足以对股东会、股东大会的决议产生重大影响的股东。"依此定义,可以称之为子公司的情形有:一是全资子公司,即母公司持有子公司 100% 的股权。根据我国《公司法》第五十八条的规定,公司可以设立 1 人有限责任公司,但不能设立 1 人股份有限公司。二是绝对控股子公司,即母公司持有子公司超过 50% 但不足 100% 的股权。三是相对控股子公司,即母公司持有子公司的股权虽然低于 50%,但仅仅依赖该股权或者股份的表决权足以控制子公司。如果持有其他公司的股份,但仅凭股权或股份控制机制又不足以控制该公司的,理论上称该公司为"参股公司"。

这种分类的意义主要在于:

(1) 母公司拥有对子公司的重大事项的决策权。例如,母公司可以通过控股股东的地位决定子公司的董事会的组成,决定子公司的重大经营事项等。

(2) 母公司对子公司的控制是以对子公司拥有一定比例的股权或股份决定的。公司之间是否存在母子关系,在全资子公司和绝对控股子公司的情形下,容易进行判断;在相对控股子公司的情形下,则需要根据个案进行审查认定。

(3) 母公司和子公司是具有重要关联关系的独立法人。母子公司之间虽然存在控制与被控制的组织关系,但它们都具有法人资格,在法律上是彼此独立的公司。《公司法》第十四条第二款规定:"公司可以设立子公司,子公司具有法人资格,依法独立承担民事责任。"然而,母公司与子公司之间具有重要关联关系,这种关联关系可能会影响少数股东权益或公司债权人的利益。一般来说,全资子公司的控股公司,可能会损害子公司债权人的利益;绝对控股子公司和相对控股子公司的控股公司,则可能会损害子公司少数股东权益或债权人的利益。为了防止母公司滥用子公司法人人格与控制地位从事损害子公司少数股东及债权人利益的经营决策与交易,法律一般对这种相互关系加以控制和调整,由此也就形成了调整关联企业及关联交易的法律制度。

3) 总公司与分公司

依据公司的内部管辖关系进行分类,可以将公司分为总公司和分公司。分公司是指由公司依法设立,并以总公司名义进行经营活动,其法律后果由总公司承担的分支机构。总公司和分公司的关系不是公司与公司之间的关系,分公司只是本公司的一个分支机构。这与母子公司之间的关系是不同的。分公司没有独立的法人地位或资格,但可以取得营业执照,以分公司的名义进行经营活动,分公司的名称反映的是与总公司的隶属关系,如办事处、分行、分公司等,分公司的名称不具有独立性。分公司没有章程。分公司也没有独立的财产,其占有、使用和经营的财产是作为本公司或总公司的财产而计入本公司的资产负债表之中的,因此,分公司的民事责任由本公司或总公司承担。《公司法》第十四条第一款规定:"公司可以设立分公司……分公司不具有法人资格,其民事责任由公司承担。"分公司的设立也需依法登记,但其设立程序比较简便。从上可见,分公司实质上不能称之为是一个公司,只是公司的一个业务经营机构而已。

案例分析

　　四川海底捞餐饮股份有限公司成立于 1994 年,是一家以经营川味火锅为主,融汇各地火锅特色于一体的大型跨省直营餐饮民营企业。公司始终秉承"服务至上,顾客至上"的理念,以创新为核心,改变传统的标准化、单一化的服务,提倡个性化的特色服务,致力于为顾客提供"贴心、温心、舒心"的服务;在管理上,倡导双手改变命运的价值观,为员工创建公平公正的工作环境,实施人性化和亲情化的管理模式,不断地提升员工价值感。

　　在外部行销方面:在海底捞用餐,消费价格算中上,但是走进餐厅,服务员会为坐在等待区等叫号排队的顾客送上免费的水果、饮料、零食,以及扑克牌、跳棋之类的桌面游戏,供大家打发时间;餐厅还主动提供免费上网、美甲、手部护理、擦皮鞋等服务。用餐时,除了给客人眼镜布、手机袋,给长发女性送橡皮筋,给孕妇送靠垫,给婴儿提供婴儿座椅,还会帮你换毛巾甚至剥虾壳等,连上厕所都有专人替顾客开水龙头,顾客也许还会意外收到餐厅赠送的鲜花、冰激凌、果盘等。同时,海底捞还效仿麦当劳、必胜客等西式速食,推出 24 小时营业、火锅外送服务、网上订餐等服务。

　　在内部行销方面:海底捞将"人情管理"运用到了极致,三分之一员工来自老板张勇的老家四川同乡;店长、老板身先士卒,尊重员工,更重要的是,企业为员工提供各类奖励,内部提供晋升制度、设立学校让员工子女免费就学、给员工父母"发工资"、建立爱心基金扶助员工家属就医等激励,都大幅提高了员工的忠诚度。一线员工也被授予减免两百元人民币以下的许可权,可以为顾客免单、送菜、打折及赠送小礼物等,这些都是其他地方大堂经理才有的授权。

　　海底捞从不考核各分店的营业额、获利额,考核标准只有员工满意度和顾客满意度,以及员工的创意服务点子。海底捞通过这样的差异化竞争策略,在外部行销方面吸引了大量顾客,而在内部行销又激发了员工的积极性,进而通过员工与顾客的互动行销,满足了消费者没有被满足的"隐性需求",为顾客提供"贴心、温心、舒心"的服务,使"小火锅做成大市场",取得了巨大的成功。

　　请分析:

　　(1) 公司治理结构包括哪些内容?

　　(2) 海底捞在公司治理方面有哪些优势和劣势?

　　(3) 在校大学生设立公司有哪些优势和劣势?

(二) 公司的登记管理

　　公司登记是指设立公司、变更、注销时,公司设立人依法向公司登记机关提出申请,公司登记机关依法审查。在确认相关条件后予以核准并记录在案,以供公众查阅的行为。

　　公司登记分为设立登记、变更登记、注销登记。公司设立分公司也应进行必要的登记。此外,公司登记机关每年还对公司进行年度检验。

1. 登记管辖

　　我国的公司登记机关是市场监督管理机关。我国实行国家、省(自治区、直辖市)、市(县)

三级管辖制度。

1) 国家市场监督管理总局负责管辖的公司登记

根据《公司登记管理条例》规定,国家市场监督管理总局负责下列公司的登记:

(1) 国务院国有资产监督管理机构履行出资人职责的公司以及该公司投资设立并持有 50%以上股份的公司;

(2) 外商投资的公司;

(3) 依照法律、行政法规或者国务院决定的规定,应当由国家市场监督管理总局登记的公司;

(4) 国家市场监督管理总局规定应当由其登记的其他公司。

2) 省、自治区、直辖市市场监督管理局负责管辖的公司登记

根据《公司登记管理条例》规定,省、自治区、直辖市市场监督管理局负责本辖区内下列公司的登记:

(1) 省、自治区、直辖市人民政府国有资产监督管理机构履行出资人职责的公司以及该公司投资设立并持有 50%以上股份的公司;

(2) 省、自治区、直辖市市场监督管理局规定由其登记的自然人投资设立的公司;

(3) 依照法律、行政法规或者国务院决定的规定,应当由省、自治区、直辖市市场监督管理局登记的公司;

(4) 国家市场监督管理总局授权登记的其他公司。

3) 省、自治区、直辖市市场监督管理局以下公司登记机关负责管辖的公司登记

根据《公司登记管理条例》的规定,设区的市(地区)市场监督管理局、县市场监督管理局,以及直辖市的市场监督管理分局、设区的市市场监督管理局的区分局,负责本辖区内国家市场监督管理总局及省级市场监督管理局负责登记公司以外的其他公司的登记,但其中的股份有限公司由设区市(地区)市场监督管理局负责登记。

(三) 设立登记

公司设立登记,是公司的设立人依照《公司法》规定的设立条件与程序向公司登记机关提出设立申请,并提交法定登记事项文件,公司登记机关审核后对符合法律规定者准予登记,并发给企业法人营业执照的活动。

我国《公司法》第六条规定:"设立公司,应当依法向公司登记机关申请设立登记。符合本法规定的设立条件的,由公司登记机关分别登记为有限责任公司或者股份有限公司;不符合本法规定的设立条件的,不得登记为有限责任公司或者股份有限公司。法律、行政法规规定设立公司必须报经批准的,应当在公司登记前依法办理批准手续。"未经公司登记机关登记的,不得以公司名义从事经营活动。

1. 公司名称预先核准

设立公司应当申请名称预先核准。如果设立法律、行政法规或者国务院决定规定必须报经批准的公司,或者公司经营范围中有属于法律、行政法规或国务院决定规定在登记前须经批准的项目的,应当在报送批准前办理公司名称预先核准,并以公司登记机关核准的公司名称报送批准。预先核准的公司名称保留期为 6 个月。在保留期内,预先核准的公司名称不得用于从事经营活动,不得转让。

2. 公司设立的申请与登记

1) 有限责任公司的设立申请

设立有限责任公司,应当由全体股东指定的代表或者共同委托的代理人向公司登记机关申请设立登记。设立国有独资公司,应当由国务院或者地方人民政府授权的本级人民政府国有资产监督管理机构作为申请人,申请设立登记。法律、行政法规或者国务院决定规定设立有限责任公司必须报经批准的,应当自批准之日起 90 日内向公司登记机关申请设立登记;逾期申请设立登记的,申请人应当报批准机关确认原批准文件的效力或者另行报批。

申请设立有限责任公司,应当向公司登记机关提交下列文件:

(1) 公司法定代表人签署的设立登记申请书;

(2) 全体股东指定代表或者共同委托代理人的证明;

(3) 公司章程;

(4) 依法设立的验资机构出具的验资证明,法律、行政法规另有规定的除外;

(5) 股东首次出资是非货币财产的,应当在公司设立登记时提交已办理其财产权转移手续的证明文件;

(6) 股东的主体资格证明或者自然人身份证明;

(7) 载明公司董事、监事、经理的姓名、住所的文件以及有关委派、选举或者聘用的证明;

(8) 公司法定代表人任职文件和身份证明;

(9) 企业名称预先核准通知书;

(10) 公司住所证明,即能够证明公司对其住所享有使用权的文件;

(11) 国家市场监督管理总局规定要求提交的其他文件。

法律、行政法规或者国务院决定规定设立有限责任公司必须报经批准的,还应当提交有关批准文件。

2) 股份有限公司的设立申请

设立股份有限公司,应当由董事会向公司登记机关申请设立登记。以募集方式设立股份有限公司的,应当于创立大会结束后 30 日内向公司登记机关申请设立登记。

申请设立股份有限公司,应当向公司登记机关提交下列文件:

(1) 公司法定代表人签署的设立登记申请书;

(2) 董事会指定代表或者共同委托代理人的证明;

(3) 公司章程;

(4) 依法设立的验资机构出具的验资证明;

(5) 发起人首次出资是非货币财产的,应当在公司设立登记时提交已办理其财产权转移手续的证明文件;

(6) 发起人的主体资格证明或者自然人身份证明;

(7) 载明公司董事、监事、经理姓名、住所的文件以及有关委派、选举或者聘用的证明;

(8) 公司法定代表人任职文件和身份证明;

(9) 企业名称预先核准通知书;

(10) 公司住所证明;

(11) 国家市场监督管理总局规定要求提交的其他文件。

以募集方式设立股份有限公司的,应当提交创立大会的会议记录;以募集方式设立股份有限公司公开发行股票的,还应当提交国务院证券监督管理机构的核准文件。

法律、行政法规或者国务院决定规定设立股份有限公司必须报经批准的,应当提交有关批准文件。公司申请登记的经营范围中属于法律、行政法规或者国务院决定规定在登记前须经批准的项目的,应当在申请登记前报经国家有关部门批准,并向公司登记机关提交有关批准文件。

3) 公司设立的申请与登记程序

申请公司(分公司)登记,申请人可以到公司登记机关提交申请以及规定文件,也可以通过信函、电报、电传、传真、电子数据交换和电子邮件等方式提出申请,同时应当提供申请人的联系方式以及通信地址。

公司登记机关对当事人的申请应当根据法律、法规规定的不同情况分别作出是否受理的决定。公司登记机关对通过信函、电报、电传、传真、电子数据交换和电子邮件等方式提出申请的,应当自收到申请文件、材料之日起 5 日内作出是否受理的决定。除当场作出准予登记决定者外,公司登记机关决定予以受理申请的,应当出具《受理通知书》;决定不予受理的,应当出具《不予受理通知书》,说明不予受理的理由,并告知申请人享有依法申请行政复议或者提起行政诉讼的权利。

公司登记机关对决定予以受理的登记申请,应当分情况在规定的期限内作出是否准予登记的决定:

(1) 对申请人到公司登记机关提出的申请予以受理的,应当当场作出准予登记的决定;

(2) 对申请人通过信函方式提交的申请予以受理的,应当自受理之日起 15 日内作出准予登记的决定;

(3) 通过电报、电传、传真、电子数据交换和电子邮件等方式提交申请的,申请人应当自收到《受理通知书》之日起 15 日内,提交与电报、电传、传真、电子数据交换和电子邮件等内容一致并符合法定形式的申请文件、材料原件;申请人到公司登记机关提交申请文件、材料原件的,应当当场作出准予登记的决定;申请人通过信函方式提交申请文件、材料原件的,应当自受理之日起 15 日内作出准予登记的决定;

(4) 公司登记机关自发出《受理通知书》之日起 60 日内,未收到申请文件、材料件,或者申请文件、材料原件与公司登记机关所受理的申请文件、材料不一致的,应当作出不予登记的决定。

公司登记机关需要对申请文件、材料核实的,应当自受理之日起 15 日内作出是否准予登记的决定。申请人提交的公司章程中有违反法律、行政法规的内容的,公司登记机关有权要求作相应修改。

公司登记机关作出准予公司设立登记决定的,应当出具《准予设立登记通知书》,发给公司《企业法人营业执照》。公司登记机关作出不予登记决定的,应当出具《登记驳回通知书》,说明不予登记的理由,并告知申请人享有依法申请行政复议或者提起行政诉讼的权利。

公司营业执照签发日期为公司成立日期。公司凭《企业法人营业执照》刻制印章,开立银行账户,申请纳税登记。公司的《企业法人营业执照》正本或者分公司的《营业执照》正本应当置于公司住所或者分公司营业场所的醒目位置。公司可以根据业务需要向公司登记机关申请核发营业执照若干副本。任何单位和个人不得伪造、涂改、出租、出借、转让营业执照。

（四）变更登记

公司（包括分公司）变更登记事项，应当向原公司登记机关申请变更登记。未经变更登记，公司不得擅自改变登记事项。变更登记事项涉及《企业法人营业执照》载明事项的，公司登记机关应当换发营业执照。

公司申请变更登记，应当向公司登记机关提交公司法定代表人签署的变更登记申请书、依照《公司法》作出的变更决议或者决定、国家市场监督管理总局规定要求提交的其他文件。变更登记事项依照法律、行政法规或者国务院决定规定在登记前须经批准的，还应当向公司登记机关提交有关批准文件。公司发生的有些变更事项，无须办理变更登记的，只是办理备案手续即可。

（五）注销登记

公司解散后，应当办理注销登记。公司解散有两种情况，其一是不需要清算的，如因合并、分立而解散的公司，因其债权债务由合并、分立后继续存续的公司承继；其二是应当清算的，即公司债权债务无人承继的。公司解散应当申请注销登记，经公司登记机关注销登记，公司终止。公司应当清算的，应当依法成立清算组。公司清算组应当自公司清算结束之日起 30 日内向原公司登记机关申请注销登记。

公司申请注销登记，应当提交下列文件：① 公司清算组负责人签署的注销登记申请书；② 人民法院的破产裁定、解散裁判文书，公司依照《公司法》作出的决议或者决定，行政机关责令关闭或者公司被撤销的文件；③ 股东会、股东大会、一人有限责任公司的股东、外商投资的公司董事会或者人民法院、公司批准机关备案、确认的清算报告；④《企业法人营业执照》；⑤ 法律、行政法规规定应当提交的其他文件。国有独资公司申请注销登记，应当提交国有资产监督管理机构的决定，其中，国务院确定的重要的国有独资公司，还应当提交本级人民政府的批准文件。

有分公司的公司申请注销登记，应当提交分公司的注销登记证明。如果仅是分公司被公司撤销、依法责令关闭、吊销营业执照的，公司应当自决定作出之日起 30 日内向该分公司的公司登记机关申请注销登记。

第二节　企业交易合同法律制度

一、合同的概念、特征与分类

（一）合同的概念与特征

《中华人民共和国合同法》（下称《合同法》）所称合同，是指平等主体的自然人、法人、其他组织之间设立、变更、终止民事权利义务关系的协议。根据这条规定，合同具有以下法律特征：

（1）合同是平等主体之间的民事法律关系。合同是平等当事人之间从事的法律行为，任何一方不论其所有制性质及行政地位，都不能将自己的意志强加给对方。非平等主体之间的合同不属于合同法的调整对象。根据《政府采购法》第四十三条的规定，政府采购合同适用《合同法》。

（2）合同是双方或者多方法律行为。首先，合同至少需要两个或两个以上的当事人；其次，合同是法律行为，故当事人的意思表示是合同的核心要素；最后，因为合同是双方法律行为或者多方法律行为，因此合同成立不但需要当事人有意思表示，而且要求当事人之间的意思表示一致。

（3）合同是当事人之间民事权利与义务关系的协议。首先，根据《合同法》的规定，虽然平等主体之间有关民事权利义务关系设立、变更、终止的协议均在合同法的调整范围，但根据《合同法》第二条第二款的规定，婚姻、收养、监护等有关身份关系的协议，不适用《合同法》的调整。其次，合同作为一种法律事实，是当事人自由约定，协商一致的结果。如果当事人之间的约定合法，则在当事人之间产生相当于法律的效力，当事人就必须按照约定履行合同义务。任何一方违反合同，都要依法承担违约责任。

（二）合同的分类

根据不同的标准，可将合同分为不同的种类。合同的分类有助于正确理解法律、订立和履行合同，有助于正确地适用法律处理合同纠纷，还可对合同法律制度的完善起到促进作用。通常，在立法与合同法理论上对合同做以下分类：

1. 有名合同与无名合同

根据合同法或者其他法律是否对合同规定有确定的名称与调整规则为标准，可将合同分为有名合同与无名合同。有名合同是立法上规定有确定名称与规则的合同，又称典型合同，如《合同法》在分则中规定的买卖合同、赠与合同、借款合同、租赁合同等各类合同。无名合同是立法上尚未规定有确定名称与规则的合同，又称非典型合同。区分两者的法律意义在于法律适用的不同。有名合同可直接适用《合同法》分则中关于该种合同的具体规定。对无名合同则只能在适用《合同法》总则中规定的一般规则的同时，参照该法分则或者其他法律中最相类似的规定执行。

2. 单务合同与双务合同

根据合同当事人是否相互负有对价义务为标准，可将合同分为单务合同与双务合同。此处的对价义务并不要求双方的给付价值相等，而只是要求双方的给付具有相互依存、相互牵连的关系即可。单务合同是指仅有一方当事人承担义务的合同，如赠与合同。双务合同是指双方当事人互负对价义务的合同，如买卖合同、承揽合同、租赁合同等。区分两者的法律意义在于，因为双务合同中当事人之间的给付义务具有依存和牵连关系，所以双务合同中存在同时履行抗辩权和风险负担的问题，而这些情形并不存在于单务合同中。

3. 有偿合同与无偿合同

根据合同当事人是否因给付取得对价为标准，可将合同分为有偿合同与无偿合同。有偿合同是指合同当事人为从合同中得到利益要支付相应对价给付（此给付并不局限于财产的给付，也包含劳务、事务等）的合同。买卖、租赁、雇佣、承揽、行纪等都是有偿合同。无偿合同是指只有一方当事人作出给付，或者虽然是双方作出给付但双方的给付间不具有对价意义的合同。赠与合同是典型的无偿合同，另外，委托、保管合同如果没有约定利息和报酬的，也属于无偿合同。

4. 诺成合同与实践合同

根据合同成立除当事人的意思表示以外，是否还要其他现实给付为标准，可以将合同分为诺成合同与实践合同。诺成合同是指当事人意思表示一致即可认定合同成立的合同。实践合同是指在当事人意思表示一致以外,尚须有实际交付标的物或者有其他现实给付行为才能成立的合同。确认某种合同属于实践合同必须法律有规定或者当事人之间有约定。常见的实践合同有保管合同、自然人之间的借贷合同、定金合同等。但赠与合同、质押合同不再是实践合同。

区分两者的法律意义在于,除了两种合同的成立要件不同以外,实践合同中作为合同成立要件的给付义务的违反不产生违约责任,而只是一种缔约过失责任。

5. 要式合同与不要式合同

根据合同的成立是否必须符合一定的形式为标准,可将合同分为要式合同与不要式合同。要式合同是按照法律规定或者当事人约定必须采用特定形式订立方能成立的合同。不要式合同是对合同成立的形式没有特别要求的合同。确认某种合同属于要式合同必须法律有规定或者当事人之间有约定。

6. 主合同与从合同

根据两个或者多个合同相互间的主从关系为标准,可将合同分为主合同与从合同。主合同是无须以其他合同存在为前提即可独立存在的合同。这种合同具有独立性。从合同,又称附属合同,是以其他合同的存在为其存在前提的合同。保证合同、定金合同、质押合同等相对于提供担保的借款合同即为从合同。从合同的存在是以主合同的存在为前提的,故主合同的成立与效力直接影响到从合同的成立与效力。但是从合同的成立与效力不影响主合同的成立与效力。

二、合同的订立、履行、变更与终止

(一) 合同的订立

1. 合同的内容与形式

1) 合同的内容

合同的内容,就是合同当事人的权利与义务,具体体现为合同的各项条款。根据《合同法》规定,在不违反法律强制性规定的情况下,合同条款可以由当事人自由约定,但一般包括以下条款: ① 当事人的名称或者姓名和住所;② 标的,即合同双方当事人权利义务所共同指向的对象;③ 数量;④ 质量;⑤ 价款或者报酬;⑥ 履行期限、地点和方式;⑦ 违约责任;⑧ 解决争议的方法。

2) 合同的形式

合同的形式,是指合同当事人意思表示一致的外在表现形式。当事人订立合同,可以采取书面形式、口头形式和其他形式。合同形式在对于固定证据、警告当事人郑重其事、区分磋商与缔约两个阶段均有重要意义。口头形式的合同虽方便易行,但缺点是发生争议时难以举证确认责任,不够安全。书面形式是指以合同书、信件等各种有形地表现所载内容的合同形式。根据合同法规定,数据电文(包括电报、电传、传真、电子数据交换和电子邮件)也属于书面形式的一种。另外,根据合同法规定,法律、行政法规规定或者当事人约定采用书面形式的合同,当事人应当采用书面形式。

2. 合同订立程序

当事人订立合同应当具备相应的资格,即具有相应的民事权利能力和民事行为能力。除依据合同性质不能代理的以外,当事人可以委托代理人订立合同。

订立合同采取要约、承诺的方式进行。当事人意思表示真实一致时,合同即可成立。

1) 要约

要约的概念。要约是指希望和他人订立合同的意思表示。要约可以向特定人发出,也可以向非特定人发出。根据《合同法》规定。该意思表示应当符合下列规定:① 内容具体确定,此项条件要求该意思表示已经具备了未来合同的必要内容;② 表明经受要约人承诺,要约人即受该意思表示约束。

要约邀请。要约邀请是希望他人向自己发出要约的意思表示。寄送的价目表、拍卖公告、招标公告、招股说明书、商业广告等,性质为要约邀请。但若商业广告的内容符合要约的规定,如悬赏广告,则视为要约。在实践中要注意要约与要约邀请的区分,如根据《最高人民法院关于审理商品房买卖合同纠纷案件适用法律若干问题的解释》规定,商品房的销售广告和宣传资料为要约邀请,但是出卖人就商品房开发规划范围内的房屋及相关设施所作的说明和允诺具体确定,并对商品房买卖合同的订立以及房屋价格的确定有重大影响的,应当视为要约。该说明和允诺即使未载入商品房买卖合同,亦应当视为合同内容,当事人违反的,应当承担违约责任。

要约的生效时间。要约到达受要约人时生效。采用数据电文形式订立合同,收件人指定特定系统接收数据电文的。该数据电文进入该特定系统的时间,视为到达时间;未指定特定系统的,该数据电文进入收件人的任何系统的首次时间,视为到达时间。

要约的撤回。要约可以撤回。撤回要约的通知应当在要约到达受要约人之前或者与要约同时到达受要约人。撤回要约是在要约尚未生效的情形下发生的。如果要约已经生效,则非要约的撤回,而是要约的撤销。

要约的撤销。要约可以撤销。撤销要约的通知应当在受要约人发出承诺通知之前到达受要约人。但下列情形下的要约不得撤销:① 要约人确定了承诺期限的;② 以其他形式明示要约不可撤销的;③ 受要约人有理由认为要约是不可撤销的,并已经为履行合同作了准备工作。

要约的失效。有下列情形之一的,要约失效:① 拒绝要约的通知到达要约人;② 要约人依法撤销要约;③ 承诺期限届满,受要约人未作出承诺;④ 受要约人对要约的内容作出实质性变更。

2) 承诺

承诺的概念。承诺是受要约人同意要约的意思表示。承诺应当由受要约人向要约人作出。

承诺期限。承诺应当在要约确定的期限内到达要约人。要约没有确定承诺期限的,承诺应当依照下列规定到达:① 要约以对话方式作出的,应当即时作出承诺,但当事人另有约定的除外;② 要约以非对话方式作出的,承诺应当在合理期限内到达。所谓合理期限,是指依通常情形可期待承诺到达的期间,一般包括要约到达受要约人的期间、受要约人作出承诺的期间、承诺通知到达要约人的期间。要约以信件或者电报作出的,承诺期限自信件载明的日期或者电报交发之日开始计算。信件未载明日期的,自投寄该信件的邮戳日期开始计算。要约以电话、传真等快速通讯方式作出的,承诺期限自要约到达受要约人时开始计算。

承诺的生效时间。承诺自通知到达要约人时生效。承诺不需要通知的,自根据交易习惯或者要约的要求作出承诺的行为时生效。采用数据电文形式订立合同。收件人指定特定系统接收数据电文的,该数据电文进入该特定系统的时间,视为承诺到达时间;未指定特定系统的,该数据电文进入收件人的任何系统的首次时间,视为承诺到达时间。承诺生效时合同成立。

承诺的撤回。承诺人发出承诺后反悔的,可以撤回承诺,其条件是撤回承诺的通知应当在承诺通知到达要约人之前或者与承诺通知同时到达要约人,即在承诺生效前到达要约人。

承诺的迟延与迟到。受要约人超过承诺期限发出承诺的,为迟延承诺,除要约人及时通知受要约人该承诺有效的以外,迟延的承诺应视为新要约。受要约人在承诺期限内发出承诺,按照通常情形能够及时到达要约人。但因其他原因使承诺到达要约人时超过承诺期限的,为迟到承诺,除要约人及时通知受要约人因承诺超过期限不接受该承诺的以外,迟到的承诺为有效承诺。

承诺的内容。承诺的内容应当与要约的内容一致,这在学理上称为镜像规则。但严格执行镜像规则并不能适应市场发展的需要。在实践中,受要约人可能对要约的文字乃至内容作出某些修改,此时承诺是否具有法律效力需根据具体情况予以确认。《合同法》规定,受要约人对要约的内容作出实质性变更的,为新要约。有关合同标的、数量、质量、价款或者报酬、履行期限、履行地点和方式、违约责任和解决争议方法等内容的变更,是对要约内容的实质性变更。承诺对要约的内容作出非实质性变更的,除要约人及时表示反对或者要约表明承诺不得对要约的内容作出任何变更的以外,该承诺有效,合同的内容以承诺的内容为准。

3. 合同成立的时间与地点

1) 合同成立的时间

由于合同订立方式的不同,合同成立的时间也有不同:① 承诺生效时合同成立。这是大部分合同成立的时间标准。② 当事人采用合同书形式订立合同的,自双方当事人签字或者盖章时合同成立。如双方当事人未同时在合同书上签字或盖章,则以当事人中最后一方签字或盖章的时间为合同的成立时间。③ 当事人采用信件、数据电文等形式订立合同的,可以要求在合同成立之前签订确认书。签订确认书时合同成立。

2) 合同成立的地点

由于合同订立方式的不同,合同成立地点的确定标准也有不同:① 承诺生效的地点为合同成立的地点。这是大部分合同成立的地点标准。② 采用数据电文形式订立合同的,收件人的主营业地为合同成立的地点;没有主营业地的,其经常居住地为合同成立的地点。当事人另有约定的,按照其约定。③ 当事人采用合同书形式订立合同的,双方当事人签字或者盖章的地点为合同成立的地点。如双方当事人未在同一地点签字或盖章,则以当事人中最后一方签字或盖章的地点为合同成立的地点。

4. 缔约过失责任

缔约过失责任,亦称缔约过错责任,是指当事人在订立合同过程中,因故意或者过失致使合同未成立、未生效、被撤销或无效,给他人造成损失而应承担的损害赔偿责任。

《合同法》规定,当事人在订立合同过程中有下列情形之一,给对方造成损失的,应当承担损害赔偿责任:① 假借订立合同,恶意进行磋商;② 故意隐瞒与订立合同有关的重要事实或者提供虚假情况;③ 当事人泄露或者不正当地使用在订立合同过程中知悉的商业秘密;④ 有其他违背诚实信用原则的行为。

缔约过失责任与违约责任存在区别:① 两种责任产生的时间不同。缔约过失责任发生在合同成立之前;而违约责任产生于合同生效之后。② 适用和范围不同。缔约过失责任适用于合同未成立、合同未生效、合同无效等情况;违约责任适用于生效合同。③ 赔偿范围不同。

缔约过失赔偿的是信赖利益的损失;而违约责任赔偿的是可期待利益的损失。原则上,可期待利益的损失要大于信赖利益的损失。

(二) 合同的履行

合同生效后,合同的双方当事人应当正确、适当、全面地完成合同中规定的各项义务。在合同的履行中,当事人应当遵循诚实信用原则,根据合同的性质、目的和交易习惯履行通知、协助、保密等义务。

合同生效后,当事人就质量、价款或者报酬、履行地点等内容没有约定或者约定不明确的,可以协议补充;不能达成补充协议的,按照合同有关条款或者交易习惯确定。依照上述履行原则仍不能确定的,适用《合同法》的下列规定:

(1) 质量要求不明确的,按照国家标准、行业标准履行;没有国家标准、行业标准的,按照通常标准或者符合合同目的的特定标准履行。

(2) 价款或者报酬不明确的,按照订立合同时履行地的市场价格履行;依法应当执行政府定价或者政府指导价的,按照规定履行。

(3) 履行地点不明确,给付货币的,在接受货币一方所在地履行;交付不动产的,在不动产所在地履行;其他标的,在履行义务一方所在地履行。

(4) 履行期限不明确的,债务人可以随时履行,债权人也可以随时要求履行,但应当给对方必要的准备时间。

(5) 履行方式不明确的,按照有利于实现合同目的的方式履行。

(6) 履行费用的负担不明确的,由履行义务一方负担。

合同约定执行政府定价或者政府指导价的,在合同约定的交付期限内政府价格调整时,按照交付时的价格计价。逾期交付标的物的,遇价格上涨时,按照原价格执行;价格下降时,按照新价格执行。逾期提取标的物或者逾期付款的,遇价格上涨时,按照新价格执行;价格下降时,按照原价格执行。

合同生效后,当事人不得因姓名、名称的变更或者法定代表人、负责人、承办人的变动而不履行合同义务。

案 例 分 析

请分析下面的合同存在哪些问题。

年度采购订单

需方(甲方):深圳市新明实业有限公司

供方(乙方):遵义市湄潭县富贵轩茶业有限公司

产品名称	规　格	数量/kg	单价/kg	金　额	备　注
毛峰2号(机)	25 KG/箱	20 000	31	620 000	
毛峰2号(手)	25 KG/箱	20 000	51	1 020 000	
毛峰2号片	25 KG/箱	10 000	12	120 000	

本着平等互利、协商一致的原则,甲、乙双方经过平等友好协商,在真实、充分地表达各自愿意的基础上,达成以下采购计划协议:

1. 价格说明:以上价格不含运费,不含税。

2. 验收标准:按照确认的样板要求,还需要符合甲方出具的验收标准(见附件)。

3. 交货期:分批发货,具体发货时间和数量待甲方通知。

4. 付款方式:先预付款 30%,尾款在每批货验收及格后 30 天付款。

5. 包装要求:须外用纸箱包装,内用食品级塑料袋,密封干燥包装。所有送达货物必须提供产品出厂检测报告、送货单、第三方检测报告、标签(标签需贴附在每一包产品上)。

6. 其他:若乙方货物品质不符合甲方验收标准,理化指标超出规定,农残超标,不能利用时,甲方有权退货及要求乙方退回全部货款,并赔偿甲方因此而造成的相关损失,若甲方同意利用时,则按质论价。

7. 运输要求:来料车辆保持卫生、干燥、无毒、无异味。不得与有毒、有害、有污染、有腐蚀性、有异味、潮湿等容易造成污染损坏的货物一同装运或存放。

8. 送货地址:深圳市龙岗区布澜路 101 号 A 栋,林强 130×××1118。

甲方:深圳市新明实业有限公司　　　乙方:遵义市湄潭县富贵轩茶业有限公司

日期:　　　　　　　　　　　　　　日期:

签章:　　　　　　　　　　　　　　签章:

(三) 合同的变更

《合同法》所称合同的变更是指合同内容的变更,不包括合同主体的变更。合同主体的变更属于合同的转让。

合同是双方当事人合意的体现,因此经当事人协商一致,当然可以变更合同。但法律、行政法规规定变更合同应当办理批准、登记等手续的,应当办理相应手续。《合同法》规定,当事人对合同变更的内容约定不明确的,推定为未变更。

除了双方通过合意变更合同以外,还存在法定变更的情形,即一方当事人单方通知对方变更合同的权利,如《合同法》分则第三百零八条等的规定。

合同的变更,仅对变更后未履行的部分有效,对已履行的部分无溯及力。

(四) 合同的终止与解除

1. 合同的终止

合同的终止,是指因发生法律规定或当事人约定的情况,使当事人之间的权利义务关系消灭,而使合同终止法律效力。

《合同法》规定的终止原因有:① 债务已经按照约定履行;② 合同解除;③ 债务相互抵销;④ 债务人依法将标的物提存;⑤ 债权人免除债务;⑥ 债权债务同归于一人,即混同;⑦ 法律规定或者当事人约定终止的其他情形。

合同的权利义务终止后,有时当事人还负有后合同义务,应当遵循诚实信用原则,根据交易习惯履行通知、协助、保密等义务。

2. 合同的解除

合同的解除,是指合同有效成立以后,没有履行或者没有完全履行之前,双方当事人通过协议或者一方行使解除权的方式,使得合同关系终止的法律制度。合同的解除,分为合意解除与法定解除两种情况。

1) 合意解除

合意解除,是指根据当事人事先约定的情况或经当事人协商一致而解除合同。其中协商解除是以一个新的合同解除旧的合同。而约定解除则是一种单方解除,即双方在订立合同时,约定了合同当事人一方解除合同的条件。一旦该条件成熟,解除权人就可以通过行使解除权而终止合同。法律规定或者当事人约定了解除权行使期限的,期限届满当事人不行使的,该权利消灭。法律没有规定或者当事人没有约定解除权行使期限,经对方催告后在合理期限内不行使的,该权利消灭。合同订立后,经当事人协商一致,也可以解除合同。

2) 法定解除

法定解除,是指根据法律规定而解除合同。《合同法》规定,有下列情形之一的,当事人可以解除合同:① 因不可抗力致使不能实现合同目的;② 在履行期限届满之前,当事人一方明确表示或者以自己的行为表明不履行主要债务;③ 当事人一方迟延履行主要债务,经催告后在合理期限内仍未履行;④ 当事人一方迟延履行债务或者有其他违约行为致使不能实现合同目的;⑤ 法律规定的其他情形。

当事人一方行使解除权,或依照《合同法》规定主张解除合同的,应当通知对方。合同自通知到达对方时解除。对方有异议的,可以请求人民法院或者仲裁机构确认解除合同的效力。当事人解除合同,法律、行政法规规定应当办理批准、登记等手续的,应依照其规定办理。

合同解除后,尚未履行的、终止履行;已经履行的,根据履行情况和合同性质,当事人可以要求恢复原状、采取其他补救措施,并有权要求赔偿损失。

合同的权利义务终止,不影响合同中结算和清理条款的效力。

三、合同的违约责任

(一) 违约责任的概念

违约责任也称为违反合同的民事责任,是指合同当事人因违反合同义务所承担的责任。《合同法》规定,当事人一方不履行合同义务或者履行合同义务不符合约定的,应当承担继续履行、采取补救措施或者赔偿损失等违约责任。

(二) 违约责任的构成要件

合同当事人有违约行为。《合同法》规定的违约责任归责原则为严格责任原则,因此只要合同当事人有违约行为存在,无论导致违约的原因是什么,除了法定或者约定的免责事由以外,均不得主张免责。

不存在法定和约定的免责事由。

(三) 承担违约责任的方式

《合同法》规定的承担违约责任的方式主要有继续履行、补救措施、损害赔偿三种方式。

1. 继续履行

继续履行，又称实际履行，是指债权人在债务人不履行合同义务时，可请求人民法院或者仲裁机构强制债务人实际履行合同义务。

《合同法》规定，当事人一方未支付价款或者报酬的，对方可以要求其支付价款或者报酬。当事人一方不履行非金钱债务或者履行非金钱债务不符合约定的，对方可以要求履行，但有下列情形之一的除外：① 法律上或者事实上不能履行；② 债务的标的不适于强制履行或者履行费用过高；③ 债权人在合理期限内未要求履行。

2. 补救措施

补救措施，是债务人履行合同义务不符合约定，债权人在请求人民法院或者仲裁机构强制债务人实际履行合同义务的同时，可根据合同履行情况要求债务人采取的补救履行措施。《合同法》规定，当事人履行合同义务，质量不符合约定的，应当按照当事人的约定承担违约责任。对违约责任没有约定或者约定不明确，受损害方根据标的的性质以及损失的大小，可以合理选择要求对方承担修理、更换、重作、退货、减少价款或者报酬等违约责任。

3. 损害赔偿

当事人一方不履行合同义务或者履行合同义务不符合约定的，在履行义务或者采取补救措施后，对方还有其他损失的，应当承担损害赔偿责任。损害赔偿的具体方式包括赔偿损失、支付违约金、适用定金罚则等多种情况。

1）赔偿损失

损失赔偿额应当相当于因违约所造成的损失，包括合同履行后可以获得的利益，但不得超过违反合同一方订立合同时预见到或者应当预见到的因违反合同可能造成的损失。当事人可以在合同中约定因违约产生的损失赔偿额的计算方法。

2）支付违约金

违约金，是按照当事人约定或者法律规定，一方当事人违约时应当根据违约情况向对方支付的一定数额的货币。约定的违约金低于造成的损失的，当事人可以请求人民法院或者仲裁机构予以增加；约定的违约金过分高于造成的损失的，当事人可以请求人民法院或者仲裁机构予以适当减少。根据《商品房买卖合同解释》规定，当事人以约定的违约金过高为由请求减少的，应当以违约金超过造成的损失30%为标准适当减少；当事人以约定的违约金低于造成的损失为由请求增加的，应当以违约造成的损失确定违约金数额。当事人就迟延履行约定违约金的，违约方支付违约金后，还应当履行债务。

3）定金罚则

当事人在合同中既约定违约金又约定定金罚则的，一方违约时，对方可以选择适用违约金或者定金罚则条款，但两者不可同时并用。当事人一方违约后，对方应当采取适当措施防止损失的扩大；没有采取适当措施致使损失扩大的，不得就扩大的损失要求赔偿。

四、免责事由

合同法规定的法定的免责事由仅限于不可抗力。《合同法》规定，不可抗力"是指不能预见、不能避免并不能克服的客观情况"。常见的不可抗力有：① 自然灾害，如地震、台风、洪水、海啸等。② 政府行为。政府行为一定是指当事人在订立合同以后发生且不能预见的情形，如运输合同订立后，由于政府颁布禁运的法律，使合同不能履行。③ 社会异常形象。一些偶发的事件阻碍合同的履行,如罢工骚乱等。不可抗力虽为合同的免责事由,但有关不可抗力的具体事由很难由法律作出具体列举式的规定,因此根据合同自由原则,当事人可以在订立不可抗力条款时,具体列举各种不可抗力的事由。

不可抗力发生后对当事人责任的影响,要注意几点:① 不可抗力并非当然免责,要根据不可抗力对合同履行的影响决定。《合同法》规定,因不可抗力不能履行合同的,根据不可抗力的影响,部分或者全部免除责任。② 当事人迟延履行后发生不可抗力的,不能免除责任。③ 不可抗力事件发生后,主张不可抗力一方要履行两个义务:一是及时通报合同不能履行或者需要迟延履行、部分履行的事由;二是取得有关不可抗力的证明。

第三节　企业法律风险防范

一、企业法律风险防范概述

(一) 企业法律风险的分类

根据法律风险所产生的结果是否具有单一性,可以分为纯粹法律风险和投机法律风险。所谓纯粹法律风险,是指只能产生法律意义的不利后果的法律风险。所谓投机法律风险,是指从法律意义上可能产生有利结果和不利结果的法律风险。投机法律风险是一种机会性风险,它从一定意义上鼓励人们的冒险行为。

根据引发法律风险的因素来源,可以分为外部环境法律风险和企业内部法律风险。所谓外部环境法律风险,是指由于企业以外的社会环境、法律环境、政策环境等因素引发的法律风险。由于引发因素不是企业所能够控制的,因而不能从根本上杜绝外部环境法律风险的发生。所谓企业内部法律风险,是指企业内部管理、经营行为、经营决策等因素引发的法律风险。由于引发因素是企业自身能够掌控的,所以企业内部法律风险是防范的重点。

(二) 企业法律风险的表现

1. 企业设立法律风险

在设立企业的过程中,企业的发起人是否对拟设立的企业进行充分的法律设计,是否对企业设立过程有了充分的认识和计划,是否完全履行了设立企业的义务,以及发起人本人是否具有相应的法律资格,这些都直接关系到拟设立企业能否具有一个合法、规范、良好的设立过程。

2. 企业签订合同法律风险

企业签订合同法律风险是指在合同订立、生效、履行、变更和转让、终止及违约责任的确定过程中,合同当事人一方或双方利益损害或损失的可能性。合同作为一种实现合同当事人利益的手段或者工具,具有动态性,双方当事人通过合同确定的权利义务的履行,最终需要确定某种财产关系或者与财产关系相关的状态的变化,得到一种静态财产归属或类似的归属关系。而在实现最终的静态归属过程中,可能有各种因素影响最终归属关系的视线,当合同利益的取得或者实现出现障碍,一种根源于合同利益的损失风险就展现出来。

3. 企业并购法律风险

并购是兼并与收购的总称,从法律风险的角度看,企业收购并没有改变原企业的资产状态,对收购方而言法律风险并没有变化。因此,企业并购的法律风险主要表现在企业兼并中。企业兼并涉及公司法、竞争法、税收法、知识产权法等法律法规,且操作复杂,对社会影响较大,潜在的法律风险较高。

4. 知识产权法律风险

知识产权是蕴涵创造力和智慧结晶的成果,其客体是一种非物质形态的特殊财产,要求相关法律给予特别规定。多数企业没有意识到或没有关注知识产权的深入保护,从法律风险的解决成本看,避免他人制造侵权产品比事后索赔更为经济。

5. 人力资源管理法律风险

在我国,与人力资源有关的主要是《劳动法》和国务院制定的相关行政法规及部门规章。在企业人力资源管理过程各个环节中,从招聘开始,面试、录用、使用、签订劳动合同、员工的待遇问题直至员工离职这一系列流程中,都有相关的劳动法律法规的约束,企业的任何不遵守法律的行为都有可能给企业带来劳动纠纷,都有可能给企业造成不良影响。

6. 企业税收法律风险

企业税收法律风险是指企业的涉税行为因为能正确有效遵守税收法规而导致企业未来利益的可能损失或不利的法律后果,具体表现为企业涉税行为影响纳税准确性的不确定因素,结果就是企业多交了税或少交了税,或者因为涉税行为而承担了相应的法律责任。

(三) 企业法律风险防范的必要性与可行性

1. 企业法律风险防范的必要性

有效防范企业法律风险,是企业参与市场竞争的客观需要。在当今世界,国际国内市场竞争空前激烈,企业面临的法律风险越来越多。企业要在参与市场竞争中取得优势,必须有效防范企业法律风险,以最大限度地减少和控制损失的发生。

有效防范企业法律风险,是企业自身发展壮大的重要保障。企业发展壮大,必须不断积累资产和财富,减少因法律风险造成的损失。

有效防范企业法律风险,是构建和谐社会的重要组成部分。企业作为社会的一个重要组成部分,企业生产经营状况对社会稳定起着重要作用。企业经营状况不佳,下岗失业人员增多,势必影响社会稳定,对构建和谐社会起着一定的阻碍作用。反之,则可以有力地推进构建和谐社会的进程。

2. 企业法律风险防范的可行性

我们知道,根据引发法律风险的因素来源,企业法律风险分为外部环境法律风险和企业内部法律风险。对于外部环境法律风险,由于其引发因素不是企业所能够控制的,因而不可能从根本上予以杜绝。但对于企业内部法律风险,其引发因素是企业自身能够掌控的,因而成为企业法律风险防范的重点。企业内部法律风险的引发因素包括企业的设立行为、决策行为、管理行为、生产行为、经营行为,通过健全制度、理顺流程、完善表单、规范文本,完全可以避免。

有效防范企业法律风险,必须强化企业领导人和员工的法律风险意识。企业领导人的法律风险意识,是有效防范企业法律风险的关键。相当部分企业领导人的法律风险意识仍然滞后,在决策时往往忽视或者轻视了法律风险的存在,更注重于速度和效率,结果是不但达不到决策的预期目标,而且造成不必要的损失,甚至给企业生产经营带来严重危害,导致企业走向衰落、倒闭。企业员工由于工作岗位的不同,发生的法律风险原因和结果也不尽相同,所以对不同工作岗位的员工,必须有针对性地培养不同的法律风险意识。只有企业领导人和全体职工都建立起了法律风险意识,企业在生产经营活动中,才可能减少和避免发生潜在的法律风险。

有效防范企业法律风险,必须建立和完善企业规章制度。建立和完善企业规章制度,是有效防范企业法律风险的重要内容。企业必须根据自身参与市场竞争的内外部环境,对涉及法律风险的重要事项,以企业规章制度的形式对事前预防、事中控制和事后补救作出明确规定。同时,对于企业规章制度,应根据企业的发展和市场竞争环境的变化,适时作出相应的修改,保证企业规章制度合理合法并适应市场竞争的需要。

有效防范企业法律风险,必须根据企业实际抓住工作重点。不同类型的企业,在防范企业法律风险中,有不同的工作重点。例如,生产型企业与销售型企业,在有效防范企业法律风险中,前者更加注重知识产权管理以及技术创新与保护等工作重点,后者更加注重合同管理、客户资料的保密和销售网络的完善等工作重点。在防范企业法律风险过程中,企业必须结合实际抓住工作重点,才不会避重就轻,造成顾此失彼。

有效防范企业法律风险,必须保证企业法律事务工作人员履行相应的工作职责。虽然每个企业都不可能按照或者参照《企业法律顾问管理办法》《国有企业法律顾问管理办法》建立起健全的法律事务工作机构,但是必须要拥有高素质的从事企业法律事务的工作人员,并保证其履行相应的工作职责。保证企业法律事务工作人员履行相应的工作职责是有效防范企业法律风险的重要保证。

有效防范企业法律风险,必须加强企业内部监督与考核。企业内部监督与考核,同企业生产经营密切相关,也是建立企业法律风险防范机制的关键环节。只有加强企业内部监督与考核,切实做到事前预防、事中控制和事后监督,才能有效防范企业法律风险。

有效防范企业法律风险,还需要重视和加强企业间交流与合作。企业在参与市场竞争中,与其他企业不但是竞争对手,也是合作伙伴,相互间应建立起稳定的交流与合作关系,彼此取长补短,有效防范企业法律风险。

(四) 企业法律风险防范体系的建立与完善

1. 企业法律风险防范体系的建立

法律风险防范体系的建立是指企业根据法律风险的特性,建立起行之有效的避免承担经济损失或者其他风险的制度、流程、表格和文本。法律风险防范体系是管理学与法学有机结合的跨学科的研究成果,旨在提高中小企业管理的规范化水平,以人为本,明确责权利,注重效率和创新。

企业法律风险防范体系建立的主要思想有如下三点。① 规范化:建立制度,理顺流程。制度是企业的基本行为规范,企业的一切人和事都要在制度下进行活动;流程是企业实现目标必须遵循的过程方法,要讲时间效率,还要讲投入产出。② 个性化:与企业实际紧密结合,具有本行业、本企业的鲜明特点。不同的行业,不同的企业,除基本制度、基本流程、基本体例以外,可以具有不同的文件组合,不同的文件内容。③ 合同化:将合同引入企业内部管理,上下级之间、上下位部门之间以合同的形式协商、确定相互间的权利义务关系。相对于制度化而言,合同化更明确,更人性化,更易接受和执行。

企业法律风险防范体系的体例和模块:企业法律风险防范体系的体例由制度、流程、表单、文本组成,这四种体例形式有机结合,形成一个相互联系的统一整体。企业法律风险防范体系包含九大模块:一是企业设立模块,内容包括企业设立、企业变更和法人治理;二是投资管理模块,内容包括股权管理、投资收益管理、股份转让和股票上市;三是行政管理模块,内容包括文件档案管理、对外关系协调、办公设备设施和后勤管理;四是人力资源管理模块,内容包括人员、薪资、考核和培训管理;五是财务管理模块,内容包括资产负债、资金往来、账目和报表管理;六是采购与外包管理模块,内容包括合格供方的选择与评价、采购合同的签订与履行、所购货物的验收与入库;七是技术质量管理模块,内容包括技术开发与改造项目的立项、实事、评审,新产品试制与工装改造,原材料、半成品、成品的质量检验,质量管理体系的运行与维护;八是生产管理模块,内容包括生产组织、现场管理、设备维护与保养;九是营销管理模块,内容包括市场、销售和售后服务管理。

企业法律风险防范体系的建立方法:企业法律风险防范体系是基于防范法律风险的经营管理系统,既是跨学科的理论研究成果,又是实践经验的科学总结,具有较强的专业性和复合型,单单拥有管理学或法学一个学科的理论与实践是不够的,必须将二者有机结合起来。因此,建立企业法律风险防范体系,离不开专家的作用,而这个专家既要精通法律,又要精通企业管理。这样的专家,只能到律师中去寻找,因为只有以企业为主要服务对象的律师,才能满足这样的要求。由此可见,建立企业法律风险防范体系的基本方法不外两种:一是专家指导,企业自行建立和运行;二是专家建立,并指导企业运行。

2. 企业法律风险防范体系的完善

企业法律风险防范体系是以防范企业法律风险为基本目标的经营管理系统,无论是起因于违法行为、自甘冒险行为的法律风险,还是起因于法律的不确定性、法律环境的不完善性以及法律监控活动的不规范性的法律风险,无论是属于外部环境的法律风险,还是属于企业内部的法律风险,都会因企业内外资源状况的变化而变化,因此必须不断调整企业的制度、流程、表单和文本,即企业法律风险防范体系,以适应和满足企业所面临的新的形势。企业法律风险防范体系的完善也必须制度化,并实行目标管理,唯有如此,这一体系才能永葆青春、永久存续和发挥作用,企业才能健康、有序、可持续地发展。

二、合同法律风险防范

(一) 合同签订过程中的法律风险防范

1. 签订前对合作对象的审查

了解合作对象的基本情况,有助于在签订合同的时候,在供货及付款条件上采取相应的对策,避免风险的发生。

1) 了解合作方的基本情况,保留其营业执照复印件

如果合作方是个人,应详细记录其身份证号码、家庭住址、电话。了解这些信息有利于已方更好地履行合同,同时,当出现纠纷的时候,有利于已方的诉讼和法院的执行。

2) 审查合作方有无签约资格

我国法律对某些行业的从业资格做了限制性规定,没有从业资格的单位和个人不得从事特定的业务,如果我方与没有资格的主体签订此类合同将给我方带来经济损失。无效合同的处理方法:《合同法》第五十八条规定,合同无效,因该合同取得的财产,应当予以返还;不能返还或者没有必要返还的应当折价补偿。有过错的一方应当赔偿对方因此所受的损失,双方都

有过错的,应当各自承担相应的责任。

3)调查合作方的商业信誉和履约能力

尽可能对合作方进行实地考察,或者委托专业调查机构对其资信情况进行调查。

2. 合同各主要条款的审查

企业签订的合同都应当尽可能地采取书面的形式订立。签订书面合同的重要性体现在以下方面:首先,它是双方存在合同关系的重要证据,有利于保护双方的权益;其次,避免双方履行过程中产生争议;最后,预防合作方对业务员的职务行为不予认可。订立合同时,要力争做到条款完备,用词准确,表达清楚,约定明确,避免产生歧义。完备的合同应当由三方面的内容组成,即合同文本、合同附件、合同背景数据(即有关项目的可行性报告、技术规范、技术参数)。合同附件是指双方当事人必要的证明文件,包括营业执照、委托授权书、有关主管机关的批件、双方在合同履行中的会谈、商洽纪要等。对于重要的合同条款,要仔细斟酌。

1)名称、规格条款

产品的名称要用全称,注明牌号或商标、生产厂家、同时要把品种、型号、规格、等级、花色等写清楚。产品的名称不要用方言、俗语、习惯名称。对于多规格产品尤其要注意,在与客户协商的时候,要对各型号产品的具体规格做出说明,同时详细了解客户的需要,避免供需之间出现差错。

标的物要明确不会侵犯他人的知识产权,对企业而言,如果购买的是有商标的产品,就要注意对方是否是合法持有其提供的产品的商标权;如果是为对方生产、加工产品,就要注意该产品是否会侵犯他人的商标、专利权,同时最好要求对方作出不会侵犯他人知识产权的承诺约定。

2)质量标准条款

根据我方的产品质量情况明确约定质量标准,并约定质量异议提出的期限。实行抽样检验质量的产品,应注明抽样标准或抽检方法和比例,同时应认真审查合同中约定的标准和客户的需求是否一致。

案例一

天虹公司生产Z型钢,Z型钢可以用A、B两种标准制造。某客户明确指出Z型钢的指标必须符合B标准,并将B标准作为合同的附件。可是业务员在合同的产品质量标准一栏,填上了A标准。车间也按照A标准生产了该批货物。客户收货后进行化验,发现各项指标不符,要求天虹公司承担违约责任。

本案例属对合同条款有争议。《合同法》第一百二十五条规定,当事人对合同条款有争议的,应当按照合同所使用的词句,合同的条款,合同的目的,交易习惯以及诚实信用原则,确定该条款的真实意思。由此可见,双方当时的真实意思就是依附件中约定的标准生产,天虹公司的主张不能成立。

3)包装条款

应明确其包装标准,包括外包装的材质、内包装或者填充物保护的说明,以及对防潮、防火、防撞击颠簸的要求等,如果采用国家标准或行业标准的,应该写明该标准的名称、代号或编号。同时还要确定包装费用的承担方式。对于购货方提出的特殊包装方法应当引起足够的重视。

4）交付方式条款(送货条款)

产品的交付一般应由卖方实行运货或代运,实行代运的,由卖方代办运输,并充分考虑买方要求,商定合理的交货地点、运输工具和运输方式,并计入合同遵照执行。实行自提的,应在合同中规定自提的时间和要求。关于交接地点,不能马虎,都必须写得清楚、具体、明确,特别是车站和港口的具体地址,必须细心。

案例二

2020年12月14日,广西某经销公司与北京某贸易公司签订一份加厚毛涤纶买卖合同,约定数量为3×104米,18元/米,计款54万元,交付时间次年2月10日,质量按封存样品验收,交付地点:广西沿途为车站验收,合同签订后,买方付给定金5万元,如有违约,承担货款总额2%的违约金。次年2月10日,卖方逾期未交货,买方去电催问,卖方答复,履行地点不明确,本合同无法履行,双方对此纠缠不清,发生纠纷。这份合同在履行地点出现不应有的漏洞,广西沿途有大小数十个火车站,绵延数千公里,这种约定是极不明确的。《合同法》第62条第3款规定:交货地点不明确的,给付货币的在接受货币一方所在地履行,交付不动产的,在不动产所在地履行,其他标的,在履行义务一方所在地履行。根据上述规定,卖方应在其住所地履行义务,买方应自负费用,到卖方所在地接受给付,不能追究卖方逾期履行责任。

5）付款条款

应明确约定付款的时间。模棱两可的约定会给合作方找到拖延付款的理由。像"季付、甲方收到货物后付款、检验合格后付款、结算期限:月结30天"等用语应避免在合同中出现。

6）违约责任条款

双方往往碍于情面,不愿意提及违约责任,或对此轻描淡写,在订立合同中,不能被对方牵着鼻子走,不但要规定违约责任,还得尽量详尽,使各方违约责任与其义务相一致并落到实处。如果合同由合作方草拟,则应当注意审查有无不平等的违约责任条款和加重我方责任的违约责任条款。

案例三

某集团公司与市粮油公司商定,由集团公司定购大米,双方签订了合同,合同约定:集团公司向粮油公司定购国际二级大米,数量750吨,单价1040元,共计价款78万元,交货时间为2020年4月6日、5月6日、6月16日、7月26日和8月26日分五批交货,每批150吨,交货地点为××火车站,包装标准是麻袋包装,回收订代为半年归还,如有短少损坏,按每条2.60元计付,结算方式为交货付款,对于违约责任,双方协议,如有违约,不论何方,均严惩不贷。合同签订后,粮油公司着手准备,并按约于4月6日将第一批150吨大米交付给集团公司,同时要求企业集团公司偿付第一批货款156 000元,集团公司推说资金周转不开，等第二批交付后一块支付，5 月 6 日，粮油公司交付第一批大米 150 吨，并要求支付两批大米价款，集团公司则说合同明说交货付款，现大米只交一半，拒绝支付，遂起纠纷。

双方争议的主要问题是对合同结算方式理解不一，交货付款是一句含糊不清的用语，它没有说清楚付款的方式和期限，是收到第一批就付款还是收到全部货付款？是当天一次性支付还是收到全部货付款？是当天一次性支付还是分期分批支付？是现金支付还是银行转账结算？这些问题在合同中得不到解决。另外，违约责任中"严惩不贷"用词错误，它作为主要条款应在合同中注明违约金的具体比例，这份合同可谓漏洞百出。

7）争议处理条款

（1）约定诉讼管辖地，争取在我方所在地法院起诉。诉讼管辖地的约定要明确。《中华人民共和国民事诉讼法》第 25 条对此做了明确规定。只有以下五个地方的法院可供当事人协议管辖：被告住所地，合同履行地，合同签订地，原告住所地，标的物所在地。但是不得违反专属管辖和级别管辖的规定。约定管辖常见的错误有：① 表述不清楚，容易产生歧义，例如，"如果发生争议，可由双方各所在地法院管辖"；② 约定由上述五个地方以外的法院管辖；③ 约定违反了级别管辖的规定，如普通案件约定由某地中级人民法院管辖；④ 约定违反了专属管辖的规定。

（2）如果采用仲裁的方式，仲裁条款要明确约定某一个仲裁机构，而且该仲裁机构必须客观存在，否则将导致条款无效。

> **案 例 四**
>
> 合同中关于争议解决方法做了如下约定："……协商不成，由双方共同提交北京市西城区仲裁委员会仲裁。"

《仲裁法》第十条规定：仲裁委员会可以在直辖市和省、自治区人民政府所在地的市设立，也可以根据需要在其他设区的市设立，不按行政区划层层设立。从此可以看出，县一级人民政府所在地不设立仲裁机构。北京市的各区政府相当于县一级人民政府。

3. 合同签订时的注意事项

（1）合作方应加盖其单位的公章，或者合作方的经办人应提供加盖了其单位公章的签约授权委托书。对方的授权委托书应该由我方保存，以便在发生纠纷时作为证据。如果对方是加盖分公司、部门的印章或者是部门经理、业务人员等都需要明确的授权委托书。

（2）加盖的公章应清晰可辨。

（3）合同文本经过修改的，应由双方在修改过的地方盖章确认。

（4）争取取得合作方的营业执照复印件。

（二）合同的履行过程中的法律风险防范

1. 接收支票时的注意事项

支票付款的情况下，有可能是购货方用别的单位的支票支付货款。实践中，只要支票是真实有效的,一般都可以接受。接收支票时应重点审查以下内容,避免银行退票带来的麻烦和损失:① 收款人名称是否正确;② 书写是否清楚,字迹是否潦草;③ 大小写的金额是否一致;④ 大写数字是否正确;⑤ 印鉴(公章和法定代表人印章)是否清晰;⑥ 如果是经过背书的支票,应审查背书是否连续;⑦ 有无伪造变造的痕迹。

2.　出具收据和接收收据时的注意事项

经营过程中如果对方要求先出发票并挂账,应当让对方出具收条,并一定要在收据中注明"以上款项未付"。这样做,该张收据就同时具有欠款确认书的作用。对于其他的收具也应将有利的相关信息都包含进去。

复习思考题

1. 大学生创办企业可以采用哪些形式? 这些企业形式的法律责任有何区别?
2. 影响新企业成长的内外部因素有哪些?
3. 结合实际谈谈企业签订合同风险防范的技巧有哪些?

第六章
创业供应链管理

学习目标

通过本章的学习，了解什么是供应链，从而理解创业供应链的内涵，掌握促进创业与供应链融合的方法，学会利用创业元素提高供应链管理水平，进而促进创业成功。

案例导入

99％的智能硬件创业都死在供应链上

国内外许多明星企业都在不断地追求供应链变革，这其中包括苹果、宝洁等，但对于目前国内的很多初创企业来说，供应链管理水平普遍处于零级。而这样的管理水平，往往会造成一系列不同情境的供应链噩梦。如果不能从噩梦中挣扎醒来，那么这些初创企业就会在噩梦中滑落深渊，走向梦想破灭、创业失败的未来。

这种状况，在智能硬件创业企业中，尤为常见。智能硬件创业在 2013 年集中爆发，得益于信息产业的极速发展。但是到 2016 年，智能硬件就似乎陷入了无人问津的怪圈。有数据显示，从 2013 年智能硬件浪潮兴起至今，目前真正存活下来的企业不到 10％。这意味着 90％的智能硬件厂商已经倒下或者失败。2013 年创立的诸如开源硬件生产商 SeeedStudio、金属乐高 Makeblock、顶峰科技(刷机机器人)、致趣科技(Mixtile 开发板)、EMIE(手机周边)、Pcase(国内最大苹果配件生产商)、inWatch(智能手表)、Bestouch(蓝牙防丢)、Blink(蓝牙音响及定位设备)、极米科技(智能投影仪)、720 科技(环境检测和净化设备)等，到现在硕果仅存的不多。这其中尽管有创业机会利用、团队合作等方面的影响，但主要原因是对供应链管理重要性的认知水平不足，及供应链管理水平低下。可以说有 99％的智能硬件创业都死在供应链上，剩下那 1％，也都是在创业供应链管理方面吃过大亏，不断刷新认识、自我调整而得以存活下来的。

在供应链的重要性这一点上，极米科技联合创始人兼 COO 肖适深有体会。他说："对于一家硬件公司来说，供应链是至关重要的。不过，三年前创业的我们还没有这样的认知和理解，以致走了很多弯路。"

极米是如何走入弯路的？肖适如是说："我刚到极米时，觉得供应链无非就是把东西交给别人，别人做好交给我们，就结束了。而这些都是供应商的事，跟我们没有什么关系。"基于这样的供应链认知误区,极米最初没有太好的供应商资源,都是去淘宝上找的,所以能力参差不齐,质量更无从保证。

但仅仅半年,极米就陷入了一波供应链噩梦:几千台投影仪的散热器出现了问题,大概率地出现散热不良。为了品牌形象,肖适不得不做出决定:"让这五千台的产品全部打回生产线,每一台都返工!"由此造成了严重的市场缺货、巨大的市场压力,也由此促进了极米创业团队的反思。

极米终于发现,供应链没那么简单,作为一家智能硬件创业企业,要想在激烈的市场竞争中生存下来,必须重视供应链管理,并打造和谐稳定的供应商关系。基于这样的经历和认识,肖适作为一名COO亲自负责抓供应链的管理和供应商沟通的工作。

请分析:

(1) 极米科技遭遇了什么样的供应链噩梦?

(2) 为什么智能硬件创业亟须提高供应链管理水平?

(3) 对于所有创业企业,是不是供应链管理都同样重要呢?

第一节　创业供应链管理概述

随着经济全球化和信息技术的不断发展,当前的企业竞争不仅仅日趋白热化,而且已进入一种"超竞争"状态,竞争环境剧烈动荡,变化速度飞快,企业竞争优势的创造与毁灭正在以极快的速度进行着,企业总是处于不断的变化和非均衡的状态之中。在这种状态下,单个企业靠自己的资源与能力已无法持续获取并维持竞争优势,必须依赖合作并对合作关系进行充分管理才是生存与发展之根本。在这种状态下,任何一个竞争者能够保持其原有竞争优势的时间正在急剧缩短,必须依赖不断创造新的竞争优势和在原有竞争优势中不断创新来获得生存与发展。因此,"超竞争"已不再是企业与企业之间在产品质量、性能、价格、品牌方面的竞争,而是企业之间通过合作形成的供应链与供应链之间的竞争。同时,"超竞争"要求企业以创新的精神,设法突破当前的资源束缚,寻求有效机会,通过对创业供应链的管理进行充分的合作,以提高动态环境下的应变能力和竞争能力,从而促进创业成功。

一、供应链与供应链管理

对于个人与企业来说,供应链无处不在。消费者无论是对外购买有形产品还是无形服务,消费者与卖方就形成一对供需关系,而卖方会根据自己的需要,向下一个或几个供应主体采购产品或服务,形成下一对或几对供需关系,这种多级相互关联的供需关系以产品或服务为主线进行多层纵向延伸,就构成一条完整的供应链。

供应链是一种基于合作与竞争的生态链,多条供应链交叉组成供应链网络。供应链网络就像自然界的生态系统一样,具有整体性、结构性、协调性,其中位于网络不同节点的企业,就像生态系统中的各种生物一样,有合作,有竞争,物竞天择,互利共生。供应链中的合作在于供应链是由直接或间接满足顾客产品及服务需求的各方组成的,为了满足同一产品或服务需求,需要供应链中的企业保持合作;同时为了实现对有限资源的获取,就需要以供应链为单位进行竞争。

(一) 供应链发展历史

供应链概念来源于彼得·德鲁克提出的"经济链",而后经由迈克尔·波特发展成为"价值链",最终日渐演变为"供应链"。供应链的定义多种多样,但是大家普遍认可供应链就是生产及流通过程中,围绕核心企业,从采购原材料开始,制成中间产品以及最终产品,最后将产品经由销售网络提供给最终用户所形成的一个链条,是将供应商、制造商、分销商、零售商、最终用户一系列上游与下游企业连成一个整体的功能网链结构。在这个功能网链结构中流动的是实物产品,被称为产品供应链,而物流也因此成为产品供应链运作的一个重要职能。

后来,随着服务业的快速发展,越来越多的企业考虑到资源不可重复获取,为了集中重要资源而提高自身的核心能力,把一些不属于企业核心的内部活动交给企业外部的专业服务供应商,采取"服务外包"或"服务剥离"方式,借用外部服务供应商的能力优势,创造比在企业内部完成活动更高的价值,实现其核心竞争力的提高。相应地,接包的服务提供商又会根据自身需要和效益最大化原则,将部分或全部服务产品需求分别转包给下一个或几个服务实体,这样多层纵向延伸就形成以非实物形态的服务产品作为流动物的服务供应链。由此,供应链的定义在产品供应链基础上又扩充到服务供应链。更多情况下,在供应链内流动的不仅有实物产品,还有服务产品。但当服务成为主导时,被称为服务供应链。服务供应链包括基础服务供应商、集成服务供应商、客户等。

(二) 供应链的内涵

供应链的内涵指产品或服务在流动过程中从最初的供应商到最终的用户之间形成的一种网状关系模型,是一种更加紧密的战略联盟形式,具体如图6-1所示。

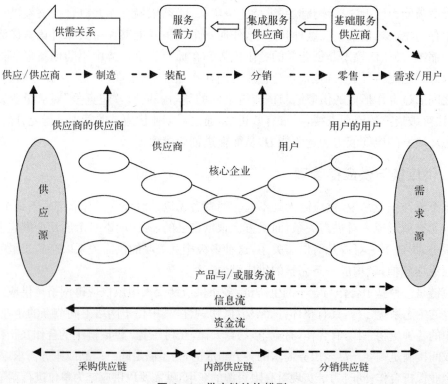

图6-1 供应链结构模型

从图 6-1 可以看到,供应链跨越了企业边界,覆盖了供应链中从最初供应商到最终用户所有企业,拓宽了管理范畴,使其成为一个扩展的整合企业。跨边界的企业整合意味着为了满足最终用户的需要,供应链需要像一个企业那样进行整体运作。根据供应链中流动物的不同、所涉及企业类型的不同,供应链可以区分为采购供应链、内部供应链和分销供应链,其中采购供应链主要由最初供应商到核心企业为止的上游供需关系组成,而内部供应链则主要指企业内部生产过程中原材料的调用及配备所流经的环节,而分销供应链则包括核心企业将其产品及服务经由分销、零售到达最终用户所流经的企业与个人。从需求源开始,分销供应链是整条供应链的前端部分,相应内部供应链和采购供应链则属于供应链的后端部分。

此外,供应链不仅是条连接供应商到用户的物料或服务链、信息链、资金链,同时更为重要的是它也是一条增值链,因为物料在供应链上进行了加工、包装、运输等过程,服务在供应链上生产、交付而增加了其价值,从而给这条链上的相关企业带来了收益。增值,即创造额外的价值,成为维系供应链赖以存在的基础,成为供应链得以持续运转的驱动力。

(三) 供应链管理

显然,供应链管理就是对供应链的管理与运作,是一种集成的管理思想和方法,执行供应链中从最初供应商到最终用户的计划、组织、协调与控制等职能,确保供应链管道中顺畅的、整合的物流、服务流、信息流和资金流,其中所有企业共享信息,在协调实体配送的同时实现信息管理、流程管理、能力管理、服务绩效和资金管理。从单一的企业角度来看,是指企业通过改善上下游供应链关系,整合和优化供应链中的信息流、物流、资金流,实现对信息流、物流、资金流的控制,以获得企业的竞争优势。

供应链管理需要对供应链这种被扩展的企业实现商品或服务、信息、资金的协调。图 6-1 下面画出的三条箭头线对供应链管理的成功非常重要。

(1) 产品与/或服务流。产品与/或服务流一般是单向的,由供应源向前流向需求源。但当今环境中的产品流不仅仅是单向的,也有可能是双向的,由于买方不满意或商品损坏、过时、废旧而造成的逆向商品退货状况越来越凸显,造成逆向的产品流。如前所述,大多数情况下,供应链内同时流动的包括产品及相应的服务,流动的方向是一致的。当以产品供应为主导时,属于产品供应链,但以服务为主导时,则属于服务供应链。不管是哪种供应链,其供需关系的指向与产品和服务流动的方向是一致的,如随产品供应而提供的维修服务。此外,还有可能存在复杂的服务需方、服务供方、服务用户的三方互动,如图 6-1 所示,装配商在通过分销渠道,向零售渠道分销,以及零售渠道向最终用户销售的产品流动中,反向存在销售渠道服务的供需关系,即装配商作为服务需求商通过分销商向零售商采购销售渠道服务,并由零售商向最终用户提供服务。其中分销商和零售商作为服务供方,装配商作为服务需方与服务的最终用户,三方呈现复杂的互动关系。

(2) 信息流。信息流一般是双向的。其中既有从市场或消费者开始向后流动的初始需求或销售数据,也有从供应商开始向前流动的订单响应数据。由于信息是决策的依据、预测的基础和行动的触发器,因此信息流是否通畅准确,已经成为供应链管理能否成功的重要因素。及时、准确的双向信息流能够降低供应链成本,改善消费者服务,提高供应链管理绩效。如果信息流动出现断点,或者信息在流动过程中出现畸变、失真,则供应链成员将面临需求水平和需求模式的极大不确定性,通常会导致较高的物流或缺货成本,以及经营管理风险的扩大,这就是供应链管理上的"牛鞭效应"。

（3）现金流。现金流,在供应链中被认为是单向且向后流动,换句话说,现金流动的原因是为收到的商品或服务,以及发出并已被供方接受的订单付款。

综上所述,供应链管理即对供应链这种扩展的企业在战略和战术上进行整体作业流程的优化,其目标是要将顾客所需的正确的产品能够在正确的时间,按照正确的数量、正确的质量和正确的状态送到正确的地点,并使总成本达到最佳化。

从分销供应链、采购供应链、内部供应链的结构来看,供应链管理分别需要从市场营销管理、采购与供应管理、运输与物流管理、生产与运营管理等不同角度来进行,分别具有不同的管理重点,需要应用不同的管理理论。此外,作为战略联盟的一种形式,供应链对竞争与合作的重视使供应链管理也成为战略管理的重要内容。因此,鉴于供应链前端与后端需要不同的管理方式,本章节主要集中于对供应链后端管理问题的阐述,即内部供应链管理和采购供应链管理,而对供应链前端即分销供应链管理则在第七章"创业营销管理"中具体阐述。

案例分析

海尔的供应链管理

海尔认为,竞争的实质是创造用户需求和创造用户资源。而用户资源属于稀缺资源,企业只有速度够快才能有生存权,而且要真正握住用户的手,还必须有"第一速度"。大家都在比速度,只能以市场的第一速度满足用户需求才能创造用户资源。按照客户经济的原则:摆在企业经营第一位的是客户满意度、第二是速度、第三是差错率。海尔要跟上未来企业发展的方向,真正、准确把握好发展的脉搏,产品开发要有第一速度,销售要有第一速度,纠错不过夜要有第一速度。速度的目标就是要实现"三个零":零库存、与用户零距离、零营运资本。海尔要以"第一速度"满足用户需求,这个速度使其和用户没有距离;零营运资本则像戴尔电脑一样,别人先付它钱,它再来做,所以它没有营运资本。

要实现以上"三个零",得益于海尔供应链设计与供应链管理,使海尔集团通过整合内部的资源获得更优的外部资源。海尔的供应链管理包括三个部分,具体如下:

首先是JIT采购,即采购供应链的即时性优化。海尔将集团所有的事业部的物资集中采购,通过以ERP为后台的B2B网上采购、网上支付、网上招标,实施客户关系管理,实现了集团内部与外部供应商的信息共享与共同计划、共同开发,所有的供应商均在网上接收订单,并通过网上查询计划与库存,及时补货。这最大限度地缩短了采购周期,使采购周期由原来的平均10天降低到3天,实现总供应链成本最优。

其次是JIT送料,即内部供应链的即时性优化。配送整合后,物流部门可根据次日的生产计划利用ERP信息系统进行配料,同时根据看板管理实施4H(即4小时)料到工位制度,实现J1T送料。一方面使工厂现场整洁明亮,另一方面使库存水平大幅度地降低,库存面积减少了三分之二,库存资金较少了一半。

第三是JIT配送,即分销供应链即时性优化。在储运方面,统一运输,建立起全国的配送网络。目前已经建立42个配送中心、1 550个海尔专卖店和9 000多个营销点,在中心城市实现8小时配送到位,区域内24小时配送到位,全国4天以内到位。同时,海尔与邮政强强联手,开辟了 B2C 销售全新的模式。生产部门按照 B2C、B2B 订单的需求完成以后,满足用户个性化需求的订制产品通过海尔全球配送网络送达用户手中。

通过以上三项优化,海尔集团以自己为核心企业,与供应商、分销商用户形成供应链网络。海尔的供应链管理,在缩短提前期、降低库存、加快资金周转、提高响应市场应变能力方面,发挥了巨大的作用。资料显示,通过有效的供应链管理,海尔集团的库存资金降低了 67%,仓库面积减少了 50%,加上成品配送时间,海尔现在完成客户化定制订单只用 10 天时间。从而,海尔集团用 JIT 的流程速度消灭了库存空间。传统意义上的仓库变成了配送中心。海尔集团实现了以非同一般的产品、非同一般的服务、最好的质量和最快的速度满足世界各地消费者的要求。

请分析:

(1) 海尔是如何开展供应链管理的?

(2) 海尔的供应链管理为其带来了什么好处?

二、创业供应管理

所有创业活动都必须根植于一定的经济、政治、社会和技术背景,并整合宏观分析和微观管理,集成战略管理与战术应用。而供应链作为战略联盟的特殊形式和企业的扩展形态,供应链的管理既是一项站在战略高度上的宏观管理活动,也是一项具体在战术应用上的微观管理活动。因此,供应链管理在战略管理、生产管理、采购管理、物流管理和服务管理的具体应用上与创业活动发生着密不可分的联系,并且在多个角度上交叉融合,形成一个独特的管理领域——创业供应管理。

(一) 创业供应链

创业供应链不是对创业与供应链的简单叠加,而是对创业与供应链的有机整合。创业供应链建立在创业的三大关键要素基础上,在竞争激烈的市场环境中,将供应链中的上下游企业联系在一起,形成一个整体的共同面对最终用户的功能网链结构。具体如下:

1. 创业资源的供应链整合

创业供应链是在对创业资源要素共同依赖的基础上建立的企业间关系。创业资源要素是指那些会因误用或滥用而贬值的有价值资产,包括地域资源、产品资源和制造流程资源。基于对这些有价值资产的共同依赖,创业供应链成员之间在相互信任的基础上进行合作,避免价格竞争,因此在与其他团体的竞争中更具优势,从而能够实现共同创新,满足客户多样化、异质的需求,达到市场扩张的目的。

此外,企业创业过程需要利用资源,没有资源,机会就无法被开发和利用。创业企业通常会受到内部资源有限的束缚,而要打破这种束缚,供应链管理有许多潜在优势。通过与其他企业建立联盟,可以帮助创业企业在一个合作的网络中,快速、可靠地获得合作伙伴的互补资源,提高企业升级发展的能力。

2. 通过供应链创新发现和利用创业机会

创业与供应链的有机融合,使创业供应链拥有一种不可模仿的核心能力,这种能力包括创新能力、风险管理能力、预测与先动能力以及组织协调能力等,使企业能够识别并抓住环境中有利于企业成功和增长的市场机会,同时还可以在市场困境中开发机会。依据创业机会的不同,创业供应链可通过以下三种途径建立:在新客户、新市场和新区域中提供现有产品和服务,为现有客户和市场开发新产品和新服务,以及为新客户和新市场开发新产品和新服务。

3. 创业者及创业团队的供应链关系

无论是利用机会,还是整合资源,都需要创业者及其创业团队的努力得以实现。创业供应链由创业者的社会关系网络而产生,反过来,又通过创业供应链的建立,获得供应链成员间进一步的信任,稳固现有社会关系网络,并通过网络新节点的建立,扩大社会关系网络,给创业者带来更多的资源、更好的机会。

(二) 创业供应链的分类

1. 根据所依赖资源的不同,形成三种不同的创业供应链

第一种是地域资源驱动型创业供应链。一些企业由于对地域资源的共同依赖,以某个与众不同的地域为基础建立创业供应链。这类供应链在旅游产业中普遍存在,比如海南的南山风景旅游区餐饮、住宿、旅游等服务供应链,就是以南山独特的风景、山水、动植物资源为基础形成的。供应链成员利用该地域仅有的特点提供给顾客独到的体验。该创业供应链的集体竞争优势主要来源于他们共同拥有的稀有的、有价值的、不可替代的地域资源。供应链成员各自将地域资源的这些不可替代的特点整合到企业战略中,并以此为核心建立合作关系,从而实现供应链整体战略目标。

第二种是地域+产品资源型创业供应链。围绕天然产自某个特殊区域的产品形成创业供应链。这类创业供应链所提供的产品和某个特殊的地区相关联,所以在市场竞争中,来自该创业供应链的产品具有一定天然优势。海南椰子文昌鸡供应链就是一个很好的例子。全国只有海南生产椰子,而生长在海南文昌市得天独厚自然条件下的文昌鸡,加上独特的热带水果椰子,就成了享誉海内外的名品。该类供应链的竞争优势就在于其成员共同拥有的产品资源是稀缺的、有价值的、不可模仿的战略资源,使这些企业能够以供需关系建立联盟,从而满足顾客的异质性需求。

第三种是地域+产品+制造流程资源型创业供应链。该供应链围绕着产自某个特殊地区,采用独特过程、投入独特技术生产的产品进行创业。该类供应链中流动的产品相比前两个类型创业供应链中流动的产品具有更多的标准和限制条件。地域+产品+流程资源型创业供应链有明确的知识产权保护协议以排除不具备条件的产品和厂家参与市场竞争。该知识产权保护协议得到法律的保护。海南零添加无防腐剂的天然椰子汁就是地域+产品+流程资源型创业供应链的典型例子,椰子汁获得了发明专利,其零添加无防腐剂的制造流程获得法律保护从而排除了其他不具备条件的产品参与竞争,依据的也是海南作为中国唯一亚热带生产椰子的地域及该地域特有产品资源的优势。

不管以上哪种类型,创业供应链中企业关系的建立与管理,使创业企业获得强大的战略联盟支持,通过与联盟方的深度合作,从而能够更好地利用外部资源,实现创业资源的整合,最终使得创业供应链参与方获得共同成功。

2. 根据建立途径的不同,分为两种采取不同运作方式的创业供应链

第一种是复制型创业供应链。复制型创业供应链以现有产品和服务为基础,将它们推向新

客户、新市场、新销售地。例如,麦当劳、肯德基、星巴克还有必胜客这类的餐饮服务企业,或者麦德龙、大润发以及家乐福这类超市零售服务企业一直采用复制型创业供应链战略在全世界扩张,它们到机场、医院或其他城市、地区开设新门店,以抓住新客户,同时在新的地点服务老客户。

第二种是创新型创业供应链。创新型创业供应链又可以通过两条具体途径实现创新与成长。其一是针对现有客户和市场开发新产品或新服务。由于供应链管理人员长期与供应商和客户打交道,最容易发现新需求识别新机会,进而可能开发出新产品或新服务。混合动力汽车的出现就是该类创新型创业供应链的一个典型例子。其二是以新产品和新服务满足新客户和新市场的需求。为了抓住这种机会,供应链必须做出相应的变革。页岩气在过去几年的迅速发展给能源公司带来了通过新技术开发新产品满足新客户与新市场的机会。

以上两种供应链相对比,显然后者创新程度更高。但是无论哪种建立途径,创业供应链在其应具备的创业、创新和学习三个要素中都应该极力倡导创新,发现和填补当前供应与市场需求之间的空白,甚至在市场需求不明确时,可以开发市场需求,创造市场机会。

(三) 创业供应管理的内涵

创业供应管理就是对创业供应链的集成管理。创业供应管理是在供应链管理内涵的基础上融合了创业的内涵,也是在创业内涵基础上融合了供应链管理的内涵。如图 6-2 所示,这种融合体现在三个方面:

一是在关注点上,创业供应管理不仅注重供应链成本的节约,更注重企业的变革与成长。供应链成本的节约,在某种意义上只是创业供应管理总体目标中的附属部分,或者说是创业供应管理的阶段性目标。创业供应管理注重挖掘市场需求、识别市场机会,并利用供应链资源对机会做出反应,从而实现供应链的成长。

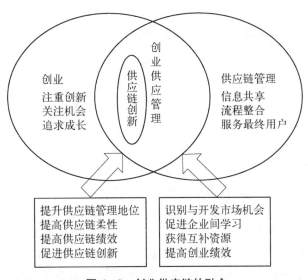

图 6-2 创业供应链的融合

二是供应链管理强调,在动态环境中企业创新的能力才是企业构建核心竞争优势的关键能力,而创业内涵的融入使创业供应管理不断进行业务创新,在响应市场机会方面也使创业供应链更具柔性和敏捷性。

三是创业管理强调,有效整合资源才是创业者在面临资源约束情况下创业成功的关键因素,而供应链管理内涵的融入使创业活动能够掌握盘活更多外部资源,从而能够补充内部资源的不足。而借助供应链管理思想进行创业活动的管理,则可以通过信息共享、资源整合,开发机会,进而创造市场价值。

如图 6-2 所示,一方面创业供应管理需要供应链参与企业在内部以及企业之间进行信息分享和战略协作;另一方面,创业供应管理更强调创业这一战略导向,这种创业导向使得企业注意观察和分析供应链环境的变化,通过与供应商的互动响应新的供应链渠道,即通过供应链管理整合企业资源和能力,识别并抓住市场中的新机会,积极创新并敢于承担风险,进而提升供应链参与企业以及供应链整体的长期绩效,实现供应链成长。

创业供应管理既然是创业活动与供应链管理的有机结合,显然与供应链管理有显著区别。创业供应管理与供应链管理的区别在于:供应链管理注重对供应链运作过程的优化,更好地满足最终用户的现有需求,同时在满足现有需求的基础上降低供应链成本;而创业供应管理强调在满足最终用户现有需求的同时,挖掘最终用户的潜在需求,追求新的市场机会,以实现供应链的成长。此外,供应链管理强调通过供应链成员企业之间的协调与整合,实现供应链运作的最优化,从而把合适的产品以合理的价格及时准确地送到消费者手上,通过供应链成本的节约和满足最终用户现有需求获取竞争优势;但创业供应管理在供应链管理思想的基础上强调创业导向,注重创新、学习与成长。

创业供应管理与供应链创新也有着显著区别。创业供应管理比供应链创新包含了更丰富的内涵。供应链创新的重要思想就是创新,体现为在供应链业务过程、供应链技术、供应链网络结构三方面的创新,而创业供应管理除了要求创新之外,还重视供应链企业之间的学习,行动上具有先动性、冒险性等特点。

案例分析

创业成功——从供应链到共赢链

2021 年 7 月 26 日,甘肃省人民政府召开的"万企兴万村"甘肃行动暨"光彩会宁行"活动启动大会上,兰州陇海绿色产业集团有限公司董事长岳建武神采奕奕地走上主席台,代表公司接受"甘肃省'千企帮千村'精准扶贫行动先进单位"和"'光彩会宁行'突出贡献企业"的荣誉证书。

兰州陇海绿色产业集团有限公司(以下简称陇海集团)以制冷机械与技术起家,逐步转向绿色产业开发与建设,目前主要开展高原夏菜产业开发、市场交易、冷链物流、净菜配送、仓储物流、智慧物流信息平台等供应链服务等业务。

其创始人岳建武基于自己擅长的制冷技术,为了解决乡亲们蔬菜种植、存储、销售的难题,在考察了山东寿光"中国蔬菜之乡"之后,萌生了依托本土资源,借助制冷专业,以工哺农,修建保鲜库,发展特色蔬菜产业的创业思路。当时,政府也正在为"三农"问题头疼,因此他的这一想法也得到了政府的大力支持,包括解决蔬菜仓储用地、提供专项贴息贷款等。

第一步,陇海集团建立起恒温保鲜库,收购仓储当地蔬菜,通过"批发+零售"的方式促进蔬菜在本地和外埠的销售,形成了以农产品仓储市场为核心、农户为供应商、本地和外埠批零销售为主的生鲜农产品冷链物流供应链。

第二步,针对蔬菜种植不成规模、缺乏品牌优势、产销物流缺乏配合等问题,陇海集团乘胜追击,建立供应链体系。首先,陇海集团通过大规模与农民签订包销协议,打消农户后顾之忧,保证蔬菜供应;其次,通过田间指导、入库检测、冷链能力提升等措施,严把质量关,保证蔬菜安全、新鲜;再次,通过构建"北菜南销"网络,积极开发国内外销售市场,凭借高品质、好口碑使产品远销东南沿海以及东南亚、中亚、西亚等国家;最后,加强与合作伙伴沟通交流,共享信息,做好保鲜库规划,并与销售商对接,签订战略合作协议。通过以上举措,供应链架构基本成型,链上企业互相之间能够通过诚信协作和协调共建,做到互惠互利,发展共赢。

第三步,针对"千家万户小生产"和"千变万化大市场"之间的矛盾,陇海集团多管齐下,破解供应链链条上各环节存在的问题,完成供应链的优化升级。

(1)由兰州市农产品产销协会注册"兰州高原夏菜"统一商标,各龙头企业、种植基地和农民合作社可以在此基础上拥有自己的二级商标;采取"统一品牌、统一包装、统一标准、统一监管"的四统一管理模式,保证中心品牌质量。

(2)上马陇海智慧物流与供应链管理项目,为公司量身打造供应链管理系统,方便各方进行管控和信息沟通,提供采购、入库、分拣、包装与流通加工、销售、质量追溯等环节的全方位服务,升级高原夏菜供应链,将产业从线下发展转变为线上线下融合发展。

(3)与中国农业科学院蔬菜花卉研究所、西北农林科技大学、甘肃农业大学、甘肃省农科院等科研院所建立紧密的技术合作关系,重点突破技术难题,帮助农户进行标准化生产。

(4)探索实施"公司+基地+农户"的运作模式,利益共享、风险共担,通过订单农业方式将一家一户的小生产整合成有计划、有管理、有品牌、有规模的共赢团队。

(5)不断尝试改进冷链运输方式,逐渐探索出产地预冷保鲜、途中冷链运输的成熟模式,解决了困扰甘肃蔬菜保鲜的难题。

(6)积极组建大数据服务中心,将物联网感知技术应用到田间地头、运输车辆、存储冷库及园区上,实现了蔬菜种植、流通、存储和销售的全流程可视化展示。

(7)依靠科技、变废为宝,由末端治理向源头控制,农工商结合通过分拣、沤肥、发酵等多渠道、多元化利用方式,使尾菜达到资源化和高值化处理。

(8)陇海集团依托供应链,与商业银行合作,利用仓储资源开展仓单质押和商位质押等物流金融业务,大力扩展公司物流金融增值业务,为合作企业提供存货担保、融资担保等服务,缓解供应链上企业的资金压力。

至此,高原夏菜产业从开发、生产、储藏、运输、销售、信息、供应链金融等各方面形成了完整的供应链。随着供应链的不断优化升级,高原夏菜成为兰州当地的支柱产业,带动农民致富,也带给陇海集团源源不断的财富。

请分析:

(1)陇海集团创业成功之路具体经过了哪几步?

　　（2）陇海集团在创业供应链优化升级过程中都采取了哪些措施？

　　（案例来源：中国管理案例共享中心，从供应链到共赢链——陇海集团生鲜农产品供应链的构建和优化）

第二节　促进创业供应链的融合

　　创业是不拘泥于当前的资源约束、寻求机会、进行价值创造的行为过程。创业包括独立创业和公司创业。其中独立创业是指由创业者个人或团队以有限资源投入进行价值创造的行为，而公司创业则包括组织冒险和战略更新，是现存组织以其成熟的经营成果为后盾开展的创新行为。因此，创业行为存在两种不同的表现形式：一种是新创企业的行为表现，另一种是在成熟企业中的创新行为表现。两者都是抓住市场机会、突破资源约束、创造市场价值行为的外在表现。基于此，在促进创业供应链的融合机制上，我们可以从两个不同的视角进行分析，以加强创业供应管理，提高企业总体绩效，加快企业成长速度。

一、独立创业供应管理（新创企业视角）

　　在初创期，企业为了开展某一领域的市场活动，谋求发展，需要凭借现有的资源特点，结合自身发展需要，在上下游企业中寻找有合作发展意愿并且资源相互匹配的企业，与之形成创业供应链，共同开拓市场。但对于新创企业来说，由于发展时间短，一般规模比较小，资源相对有限，所推出的产品或服务缺乏品牌效应，同时企业的管理也不完善。因此，在当前竞争日益激烈的全球化市场中，更需要借助供应链构建核心战略能力，以进行资源的组合及应用，才能获取竞争优势。而要借力供应链，必须依赖自己所拥有的稀有的、有价值的、难以模仿的资源以克服本身规模小和资源有限等方面的不利情况，才能吸引那些拥有可匹配资源的企业与之合作形成供应链，或者得到现有供应链的接纳，融入其中，并通过创业与供应链的融合，提升创业供应管理能力，从而把供应链上的企业紧紧捆绑在一起，共同应对市场环境中的不确定性风险。

　　通过供应链管理，供应链中的成员可以相互学习、相互协作、共同管理风险和成本，新创企业由此可以借助供应链克服其规模小、资源受约束的不利局面，给最终客户提供增值价值，并获得更多利润。

　　检验新创企业创业供应管理水平的主要标准就是创业绩效。创业绩效是创业活动在组织水平上的绩效产出，是衡量创业是否成功的标杆，是一个多维度指标。对于新创企业来说，生存性和成长性这两个维度都非常重要。供应链能在增加创新、降低成本和减少不确定性等方面，给中小企业带来更高的生存概率，获得更高的成长绩效。但是由于新创企业会面临很多不确定性的挑战，新创企业本身又极其不稳定，同时又缺乏企业所需的资源，因此新创企业首要的是能够生存下来，其次才能谈到发展与壮大。可以说生存是创业成功的首要评测维度。而生存的基础主要在于两点：其一是提供的产品或服务能够满足市场需求；其二就是供应链流程畅通。不管是在错误的地点、错误的时间，还是提供了错误数量、错误品种的不符合用户质量要求的产品与服务,显然都不能满足市场需求,也不能获得用户满意,企业就无法在这种持续性的错误中生存下来。同样,供应链中任何一个节点发生问题,出现断流,都会导致产品或服务无法传递,从而不能提供相应产品或服务,更谈不上是否能够满足用户需求。基于此,新创企业要想在激烈的市场竞争中生存下来,就需要把供应链管理思想融入自身的创业活动中,提高对供应链管理重要性的认识,提高创业供应管理水平。

(一) 提升创业供应链战略管理地位

早期在许多企业中,作为供应链管理中最为重要的一个环节,供应管理被当成企业的一个辅助职能,相比交易效率提高以及通过谈判实现成本降低等,供应管理具有很低的战略价值。但是伴随着信息技术的进步和外包的发展,以及全球市场一体化的进程加速,供应管理的战略地位日益提升。当前供应管理在供应情报、战略采购、供应商关系管理方面已经成为企业形成竞争优势的一个重要推动因素。因此,作为一个初创企业,要想在激烈的市场竞争中立稳脚跟,需要在获取市场供应情报、寻找全球化采购机会、识别供应链管理新技术等方面更积极主动一些,提升供应链管理战略地位,刷新对供应链管理重要性的认识。

1. 建立供应链管理的战略意识

要树立对供应链管理战略的正确认知,就需要摒弃对供应链管理的片面和错误认识。既不要把物流管理、电子商务、供应管理与供应链管理混为一谈,也不要把供应链管理仅仅作为一种管理方法、一个操作层上的问题、一种对企业的生产和供应进行优化的方法来看待。

首先,物流管理只是供应链管理中的一个组成部分,而电子商务则是供应链管理过程中部分环节的电子化实现形式。供应管理仅仅是供应链管理中一个环节,而真正的供应链管理则涵盖的范围很广。

其次,供应链管理虽然可以有效降低一般占企业收入一半或更多的供应链成本,但成本控制仍然是最低水平的供应链运作。在最高层面上,要求一家企业的供应链必须能够最大限度地实现战略性的价值增值。

综上,真正的供应链管理战略既是从企业战略的高度来对供应链进行全局性规划,又是应用企业内部各业务部门间以及企业之间的职能对整个供应链进行系统的、战略性的协调。供应链管理战略突破了一般战略规划仅仅关注企业本身的局限,所关注的重点不是企业向顾客提供的产品或服务本身给企业增加的竞争优势,而是产品或服务在企业内部和整个供应链中流动的过程所创造的市场价值给企业增加的竞争优势。

2. 规划设计反应型供应链战略

供应链战略有两种类型:有效性供应链战略和反应性供应链战略。有效性供应链战略是指能够以最低成本将原材料或基础服务转化成成品或集成服务并满足最终用户需求的供应链战略。有效性供应链战略只适合于那些满足基本需求,需求稳定且可以预测,并且生命周期长的功能性产品,而对于满足特定需求而生产的创新性产品则不适合。

创业供应链主要为最终用户提供创新性产品。这些创新性产品在产品样式、技术、服务等方面进行创新以满足顾客的特殊需求,能使企业获得更高的利润,但却使需求不可预测,而且产品的寿命周期一般较短。因此,企业面临的重要问题是快速把握需求的变化并能够及时对变化做出有效反应以适应需求的变化,而反应性供应链战略正是强调快速对需求做出反应的供应链战略,所以需要在创业供应管理过程中规划并实施反应型供应链战略。

3. 建立创业供应管理的战略支撑体系

针对创业供应链的反应型供应链战略,需要建立起一定的支撑体系,才能保证供应链战略的成功实施。供应链管理的战略支撑体系指的是培育企业的核心竞争力、实施业务外包以及建立战略合作伙伴关系。

首先,核心竞争力是新创企业供应链战略规划、实施的基础和前提。企业在进行供应链管理时,必须了解自己的核心竞争力,并以此为基础来规划和构建供应链,而且在实施过程中集中有限资源不断培育核心竞争力。

其次,业务外包是供应链战略实现的有效途径。供应链管理的目的在于建立竞争优势,为了实现这一目的,必然要求在集中资源于核心业务的同时,开展业务外包。通过业务外包减少长期资本投资、合理利用资源以及有效平衡企业的关键能力,最终实现提高竞争优势的战略目的。

最后,战略合作伙伴关系是供应链战略成功的保证。供应链战略突破传统战略规划仅仅关注企业内部的局限,实现整个供应链价值最大化,这必然要求供应链各节点企业之间的联结与合作,以及相互之间在设计、生产、竞争策略等方面良好的协调,也就是建立战略合作伙伴关系。战略合作伙伴关系强调稳定、有效信息资源共享、共同制定相关决策、利益共享,而非旧模式下的不稳定的、以价格作为唯一标准的买卖关系。因此,建立战略性合作伙伴关系是供应链战略管理的重点,也是供应链管理战略的核心。只有建立并不断培育战略合作伙伴关系,才能实现供应链战略的目标。

(二) 主动介入供应链管理的原因与方式

1. 主动介入供应链管理的原因

创业因机会而存在,机会是创业的核心要素。借助供应链管理中网络关系的建立,创业企业可以更好地识别和开发机会。

首先,创业企业未来的机会绝大多数源于网络关系。网络关系中充满了新创企业所需的各种信息,甚至部分企业的创业资金都可以通过网络关系来获得。

其次,从创业网络的角度看,机会与已建立的垂直联系中的大企业密切相关。根据从供应链中搜集到的证据表明,初创企业一方面可以直接从供应链中大的供应商那里获得一些有用的信息及技术,诸如供应情报、技术革新方向;另一方面可以间接地从大的供应商那里学会如何应对新的挑战和新的需求,而这些都有利于创业企业识别和开发新的市场机会。

再次,创业机会不能在与其他企业毫无联系的情况下开发出来,许多创业的个体或企业与上下游企业建立了联盟,以共同开发市场机会。实践也证明利用供应链开发创业机会比不利用供应链开发创业机会的企业在绩效上表现更优异。

最后,社会关系作为一种关系资本,是网络中的一种资源。而供应链管理能力能够通过整合供应链成员的资源与协调供应链成员的合作实现竞争优势,本身也是一种特殊资源。主动介入供应链管理,建立相应的社会网络关系,培育提高供应链管理能力,从而能够获得更多有利于创业活动开展的必要资源。同时,供应链管理本身就是一个整合资源的过程,而整合资源也是创业成功的基础。在任何企业中,未能得到利用和整合的资源是无效的资源,因此利用与整合资源比拥有资源更重要。资源需要通过有效的识别、吸引、整合以及转化才能得以综合开发,才能有助于新创企业突破外部环境的制约,最终成为企业的竞争优势,提高新创企业的生存与成长绩效。

2. 主动介入供应链管理的方式

首先以带动需求为目标介入供应链。主动介入供应链不是简单地加入供应链,成为供应链中被动的一员,或虽然主动,但却仅仅是将供应链成员组织起来,共同满足现有需求,而不是带动新的需求。主动介入供应链需要创业企业投入更多的精力处理和谁建立关系以及怎么建立关系,借助所构建供应链更快接触目标市场,克服企业创业信息、资源短缺等问题约束,获得更多目标市场的资源,快速实现创业目标;需要通过供应链整合,不仅满足最终用户需求,而且还要带动需求产生,从而使创业机会得以显露,进而集聚并吸引更多的资源。

其次建立双向的、即时的数据连接。主动介入供应链要实现双向的、即时的数据连接,因此需要把技术的重点放在信息系统的发展方面。无论是直接建立,或者是由第三方提供,信息系统是创业企业和顾客、供应商、结盟伙伴得以实现即时信息通讯的渠道。只有建立了运作良好的信息系统,真正的"拉动式"需求信息才能在组织间无缝地双向传递,使预测的准确度更高,使计划更切合实际,产品或服务的生产与传递上更具有弹性,甚至可以共同进行新产品设计和分享技术知识,让供应合作伙伴达成一个共同的利润目标。

最后从成本向价值的思想与行动转变。对于创业企业来说,供应链价值能够通过供应链中产品或服务流动过程中的价值增值来实现最大化。尽管供应链管理的主要目标是成本节约,但创业供应管理则不限于此,其最主要的目标是成长。新创企业的成长正是靠供应链价值的最大化来实现的。然而,仅仅是思想观念的转变是不够的,只有采取行动才能实现真正的供应链管理。组织结构、基础设施、作业流程和管理系统的设计与运行都不能仅仅局限于企业内部的供应链,而必须与客户、供应商和结盟伙伴进行整合。

总之,主动介入供应链管理表明新创企业首先应建立供应链,打通产业链中的上下级供应企业,构建和谐运行的供应链生态系统;其次应融入并适应现有供应链,将企业融入其所属的供应链生态系统之中,建立与供应链内企业的强联结;最后,新创企业还应改变供应链,使供应链生态能够根据企业成长的需要进行调整、创新、改变,并带动供应链共同成长。最终,无论是构建新供应链,还是融入并改变原供应链,供应链管理给创业企业的绩效带来深远的影响,使创业企业在生存的基础上获得成长。

(三) 全面开展供应链管理实践

创业供应链管理战略先行,供应链管理实践应紧紧跟上,才能保证战略的成功实施。供应链管理实践中最关键的就是构建创业供应链管理能力。只有具备了相应的能力,才能开展相应的活动。否则空有创业机会,或者能够发现却无法抓住创业机会。

成功实施供应链管理的初创企业需要具备一定的创业供应链管理能力。由于创业供应链管理能力是随着时间的推移,在供应链成员中产生的、镶嵌于供应链运作过程的能力,很难被外界所观察,很难在组织之间转移,也很难被竞争对手所复制,所以创业供应链管理能力是创业供应链所具有的稀有的、有价值的、难以模仿的能力,是创业供应链获得持续竞争优势的一个重要来源,能够提高创业绩效。

新创企业可依赖的能力有创新性、冒险性、先动性等方面的能力,这些能力能够吸引其他相关联企业或者得到相关联企业的接纳从而构建或融入供应链。而关系资本、协调、响应性、业务网络化、降低市场风险、信息获取情况、警觉性、技术规模效益、合法性、效率等方面的能力则需要充分的供应链管理实践得以培育和发展。充分的供应链管理实践,可以促进企业创业供应管理能力的提高,保证企业的可持续性运作,促使企业所在的供应链顺畅运转。

案例分析

供应链管理支撑生鲜电商创业成功

日本神户市某品牌生鲜电商成立于2014年,基于基础硬件设施和品牌平台架构的有效搭建,其成立伊始就从事于社区共享化生鲜电商的销售配送服务,依据商品的平台化数据管理,从生产到销售的数据化分析平台搭建,不仅在不足两年的发展周期内迅速地垄断了本市的生鲜电商市场,其盈利能力也呈现出几何级数的增长。在市场空间扩大和盈利能力增强的背后可以看到的是其运营效率的提升,这主要得益于其标准化供应链的数据分析和基于大数据云计算基础之上的集中式仓储建设和标准化配送体系的建设。

数据化的仓储建设,可以通过对供应链的相应数据模拟和数据分析,提升商品的周转效率,节约流转成本。数据化的配送体系可以增强商品的区域覆盖率,通过数据化的客户商品需求分析来进行统一的仓储货物调运,及时送达用户。

另外,由于生鲜电商在采购渠道和商品进货渠道的差异,导致商品同质化较严重,商品质量差异较大难以满足消费者的需要,神户生鲜电商品牌为此引进 OTB 标准化体系进行统一的商品采购管理。基于平台数据计算优势,采用云计算数据处理器根据采购标准和企业内部成本控制标准来进行集中化的分析,得出优化的数据需求结果来进行多角度的衡量,确保运营服务体系标准化的运营。

基于数据平台处理,神户生鲜电商实现全方位的全系统自动调拨,根据分布式的仓储范围得出最优结果进行正向调拨或者是逆向调拨,既可以快速安全地将商品送到顾客手中,也实现了配送网络的标准化,根据系统数据支持来全面地提升商品配送效率,满足消费者的需要。

构建有效的配送服务模式首先需要建立稳定可靠的产品供应体系。需要以城市周边农村为产品基地作为产品物流配送的依托平台来建立完整的产品供应链。而其中最重要的就是依旧现代大数据平台化管理模式建立产品供应体系数据链和数据模型,保障有效的数据交互。从现代电商发展的趋势来看维持电商平台运转的首要因素就是建立行之有效的数据化管理体系实现高效率精准化的物流配送服务,其数据化电商管理模式的主要思路是基于公司电商平台优势与产品农村合作社进行数据化对接,在保障数据化信息共享的前提下将农村合作社中的农户生产模式进行数据化模型分析,及时地了解农户的生产种植状态,以此来保障农副产品的质量。

另外要以大数据运算平台为有效载体,根据数据化的平台预测结果来确定农副产品的产出规模,从而实现对商品的有效管理,进行数据化的统筹安排。与此同时,基于电商平台的云计算优势来建立社区生鲜服务网点,不仅是在相应的社区建立货源仓储,而且要进行线上线下的有效结合来配备基本的服务销售网点,配备专业的管理人员进行销售配送服务。另外针对日常大宗生鲜商品的销售,在进行数据分析的基础上进行统一的供应链采购,针对特定的商品属性、商品的销售状态来进行统一的采购销售配送,为每个商品设定特制的二维码标识进行数据录入、物流跟踪、服务终端匹配,保障商品销售配送的有效及时。

　　请分析:

　　(1) 案例中的新创企业是如何规划供应链管理战略的?

　　(2) 该企业是如何全面开展供应链管理实践的?

二、公司创业供应管理(成熟企业视角)

　　我们可以很容易地观察到,在相同的细分市场中,供应链中的企业会有着迥异的绩效水平。那些具有创业导向的企业通常比传统企业拥有更强劲的增长力,并且其盈利能力持续增强。此外,即使在同一条运作成功的供应链中,不同节点的企业也有不同的绩效表现,其中绩效更加优异的企业体现出了显著的创业精神。因此,融入创业的供应链管理可以给企业带来很强的竞争优势。

　　据此,我们认识到公司创业也是企业获取竞争优势和提升组织绩效的重要手段。公司创业指的正是成熟企业有效地突破原有经营模式,改变业务方向,进行以创新为核心的创业活动过程。公司创业包含创新、风险承担和超前行动三个维度。这种创业活动,源于超竞争。同时也正因为这种激烈的竞争状态,企业需要利用其所嵌入的供应链网络获取生产、技术、市场等方面知识并加以整合,才能使资源为我所用,在动荡、复杂的外部环境中使企业保持原有竞争优势,或不断创造新的竞争优势。在此过程中,企业可将供应链网络作为外部知识的重要转移渠道,通过组织学习快速获取组织外的异质性知识,从而促进企业创新及发掘市场中的新机会,获得持续的竞争优势。

　　比起新创企业,成熟企业进行创业多了许多可依赖的资源基础,少了许多资金来源方面的不确定性,生存不成问题。因此,检验成熟企业创业供应管理水平的主要指标集中在创业绩效中的成长性以及供应链绩效上的供应链柔性和供应链创新。其中供应链柔性指的是对变化的顾客需求做出及时反应的能力。每一条供应链都要满足顾客不断变化的需求,当需求发生变化时,供应链必须不断地重组。因此,供应链是动态的、特殊的组织,必须保持柔性,才能更好地应对日益复杂的环境不确定性,适应变化速度越来越快的市场,更好地对客户的需求做出反应,同时持有更少的库存。较高的供应链柔性水平,代表了供应链能够对所处的环境以及未来的变化趋势有所认识,并对环境中不确定事件具有充分的分析和应变能力。在变化迅速且竞争高度激烈的环境中,来源于供应商、制造商和顾客三方面的不确定性更强调了供应链柔性的重要性,这已经成为判断供应链运作绩效的重要指标。

(一) 以创业为导向开展供应链更新

　　创业供应链首先是一种供应链,同样需要供应链参与企业在内部以及企业之间进行信息分享和战略协作。但是与传统的供应链不同,创业供应链更强调创业导向,这种创业导向使得企业注意观察和分析供应链环境的变化,通过与客户和供应商的互动响应新的供应链渠道。具有创业导向的企业,更容易从与供应链上下游企业的合作关系中获取知识,同时也更能有建设性地处理关系中的冲突。具备创业导向的供应管理者也能帮助供应链实现更高的柔性,即创业精神能够给供应管理带来更多的适应性决策,允许供应链能够柔性地、敏捷地、高效地应对市场机会。

　　创业正是因为没有前例,本身就是一种冒险,成功的创业,要求创业者具备冒险家的精神。如果没有这种精神,创业就不能付诸行动,而机会更可能是空中楼阁、水中月亮,看能看得到,摸却摸不到。具有创业导向的供应管理者,更能发挥冒险精神,积极响应机会的召唤,构建新的供应链渠道,或在原有的供应链渠道内进行创新。

　　外界环境的变化以及消费者需求的多样化,要求供应链必须具备战略更新的能力,才能持续保持竞争优势。而已有的创业研究表明,公司创业是实施战略更新的关键,供需双方在对外部环境变化达成共识的基础上,采取创业导向,建立战略更新的能力,进而使供应链在变化的外部环境中保持竞争力。

　　因此,面对全球市场的不确定性,需要有冒险的精神和创新的积极主动性,以保持所在供应链的顺畅运转,最终获得利润。

(二) 加强企业内部整合与供应商整合

　　成功的创业离不开创新。在复杂的信息技术时代,创新逐渐被认为是涉及多个部门、跨越多个组织的活动,可以说,企业几乎不能在隔离的环境中创新;为了追求创新,企业与其他组织相互作用以交换多样化的知识、信息和其他资源。供应链中买卖双方相互作用能够产生渐进的或激进的创新,更直接地,创新源于买卖双方的相互作用,尤其是组织学习。加强企业内部整合和供应商整合,可以提高企业开发外部资源的能力,而这种能力则是创新的重要元素,因此能够有效促进创新。

　　变化迅速的客户要求和无法预测的市场环境,使得企业单纯依靠组织内部的信息资源已无法适应当前的市场竞争。这体现在:一方面,由于产品生命周期的缩短,使产品创新的成本日益增加,企业必须整合内外部资源才能走出创新困境;另一方面,知识共享加强了产品创新的外部性,技术溢出效应使单个企业创新的可收益性大打折扣。因此,越来越多的企业在产品或服务创新过程中开始寻求外部创新源,利用信息管理系统加强外部沟通交流,其主要目标是为了寻找产品创新概念、获得外部资源支持以及降低研发成本和风险。只有价值链中上下游相互配合,才能实现产品创新的价值增值。

1. 供应商参与创新

　　当前的创新不是发生于企业内部封闭的实验室里,而是产生于供应链中。供应链中的供应商参与新产品的开发直接有利于产品的创新,而且能够有效降低研发成本和风险。因此,新产品开发过程中整合供应商是非常有利的,可以充分利用到双方的优势,进行优势互补,还可以从供应商获取新的技术知识、优化开发和生产流程、提高产品质量。良好的供应链管理,则能通过战略合作关系的建立,促进供应商整合,有助于产品、服务和过程的创新。

　　当然,在新产品开发过程中,也有客户由于其需求不能得到满足而参与到新产品开发等创新创业活动中,但是客户参与,往往只能提供开发的方向或新产品创意,而对于开发过程中要用到的新技术、新知识,客户则无能为力,因此也有研究证明在技术复杂性、创新性水平较高时,有无客户参与对供应链创新绩效没有显著影响。由此说明,供应商是创新的重要外部资源,甚至比客户还要重要。

2. 业务流程重组

作为供应链中的一环,内部供应链管理也在促进整体供应链顺畅运作方面起着至关重要的作用。而融入创业的内部供应链管理主要体现在通过对企业内部生产流程的审视进行流程重组。流程重组包括培育企业关键的核心流程、非关键流程外包、流程合并、流程执行顺序调整、业务出售等,同时配合相应组织结构、人力资源配置方式、业务规范、沟通渠道甚至企业文化调整作为实施的保证。流程重组是一个系统再造的过程,能够有效加强企业内部各部门的协作,提高工作效率,创造企业新活力。例如,海尔集团根据国际化发展思路,对原来的事业部制的组织机构进行战略性调整,形成以订单信息流为中心的业务流程:把原来各事业部的财务、采购、销售业务全部分离出来,整合成商流推进本部、物流推进本部、资金流推进本部,实行全集团统一营销、采购、结算,从而形成横向网络化的同步业务流程。

(三) 开发管理者的柔性技能体系

企业面临的商业环境变化特别快,管理人员应具备一套具有创业精神的柔性技能体系,包括风险管理、决策制定、计划、内部沟通、自我激励以及创新等方面的技能。该技能体系和创业能力很相似,因此管理者应该像真正的创业者一样开展供应链管理工作,在工作中发现机会、利用机会。而要发现机会并利用机会,要求管理者具备一系列能力。成熟的供应管理组织需要具备四个方面的能力:供应市场情报能力、供应管理影响力、供应商整合能力以及跨企业整合能力。这四个能力正是柔性技能体系中的一部分。

一般来说,具备柔性技能体系的管理者比不具备该技能体系的管理者使供应链运作体现出更高的柔性,可以提高供应链柔性水平。这一方面充分体现了随着采购与供应管理战略地位的提升,将创业技能融入采购与供应管理工作中的必要性;另一方面也为创业与供应链的融合指明了一个方向,即积极推进创业与供应链管理在能力方面的融合。具备以上技能的供应管理者能够利用现有供应链发现和开发机会,将促使传统供应链向创业供应链转变,因此也能获得比一般企业更高的绩效水平。

1. 提高企业的供应链文化竞争力

具备柔性技能体系的供应管理者能够有效提高企业的供应链文化竞争力。供应链文化竞争力包含创业、创新与学习三个要素,其内涵和创业供应管理非常相近,集中体现在以市场研究与情报分析能力和供应管理影响力为核心的创业供应管理能力,该供应管理能力也和创业能力存在很多相似之处,能够对绩效产生积极影响,尤其是有助于缩短订单履行周期。作为一项绩效指标,订单履行周期的缩短最不受组织其他功能特征影响,却直接受到供应链功能的影响,由此成为创业与供应链融合的最佳例证。组织文化也是由于学习导向和创业创新能力,才对供应链绩效产生更为卓越的影响。

在供应链文化竞争力中,学习是其中的核心要素。供应链是个复杂的体系,它涉及垂直的、基础的以及双边的企业之间的关系。供应链成员关系的发展已经超出了交易关系,产生了合作与学习关系。而创业学习则有利于创业企业较快地成长。从学习导向的建设来说,供应链中的成员在相互的接触过程中,会发现相互之间存在的差距,而通过供应链成员间的经验分享、相互学习则有利于缩小差距。同时供应商可以从供应链中大客户、大供应商那里直接地学到一些知识,从而实现改进。同时,在竞争激烈的国际市场中,跨国企业会传播技术和管理经验给当地合作伙伴和供应商,以便使这些企业的生产和运作能满足跨国企业的要求。在这个过程中,当地的企业学到了很多知识,包括如何改善生产过程、如何实现产品质量的稳定、如何提高产品质量、如何加快对客户订单的反应等。

2. 提高供应链动态能力

柔性技能体系也包括供应链动态能力,即整合、协调、适应性、敏捷性、重组、合作、学习导向、创业创新能力等。汇总起来,动态能力主要指整合资源的动态能力、重新配置资源的动态能力,以及获取和转让资源有关的动态能力。动态能力是一种综合能力,企业改变和整合资源的过程其实就是企业追寻新知识的一个过程,是企业想要保持或者改变其形成竞争优势的创新举动。供应链战略伙伴关系正是由于供应链动态能力的具备,才有效促进了供应链创新。

动态能力也是一种独特的、难以仿制的资源,能为企业带来核心竞争力。在以大企业为核心的供应链体系中,往往存在这样的一些小企业,体现出了一定的动态能力。这些动态能力作为一种核心竞争力,有助于小企业进入大企业所构建的供应链,并使小企业能够在这样的供应链中获得发展,实现成长。

案例分析

宝洁的创业供应链

在 2017 中国 ECR 大会(高效消费者响应大会)上,宝洁大中华区供应链副总裁马文娜(Mary Wagner)在演讲中用简洁的三个关键词,揭示了宝洁以消费者为中心,打造新零售—智慧供应链的核心所在。这三个关键词就是用得好、买得到、到得快。

用得好——助力“全球尖货”进入中国

用得好,当然就是为消费者提供优质的产品,以满足消费者多样的异质化的需求。在当前网购浪潮下,宝洁将跨境电商平台作为潜在品牌和潜在市场的测试平台,大大缩短了新产品的引入时间和成本,旨在快速把全球优质的宝洁产品带给中国消费者。其中,销售渠道服务供应链起到了重要作用,通过与电商平台建立战略合作关系,提高新产品的投放速度,带给消费者更好的消费体验。从最初的策划到宝洁海外旗舰店登录仅仅用了短短 80 天,上线第一天就有 5 个爆款卖到断货,并在当年天猫跨境电商店铺排名中一跃进入前三。

买得到——线上线下全渠道保证“有货率”

有了好的产品,当然还得让消费者随时随地买得到。在新零售时代,也意味着需要线上线下全渠道地保证产品的“有货率”。作为产品制造商,宝洁积极携手战略零售客户合作努力,针对不同客户的特点,通过与客户协同沟通、协同计划、协同预测、协同补货,梳理供应链,减少库存和供求的偏差,形成良性的供应链通路。同时,宝洁与其战略客户本着联合创造价值的理念,从组织架构、数据系统、运作管理流程方面进行合作创新,仅一个战略合作客户在短短 6 个月时间内,就实现订单满足率提升 9%,货架缺货率降低 2%,库存减少 9%。

到得快——“大数据”整合　让你“加速”收货

在新零售时代,人们不仅要随时随地买,更希望下完单转身就能立马收到货。送货的速度,很大程度上影响着人们的购买体验,当然也会影响人们的购买决策。因此,想要让消费者拥有完美的购物体验,"到得快"当然不容忽视。究竟如何才能"到得快"?在铺开线上渠道的同时,宝洁也一直探索着线上供应链的优化建设。这其中,运用大数据分析,将库存、生产、包装、运输业务进行流程重组,促进其敏捷性、灵活性,则成为让智慧供应链"加速"的关键,提高了供应链水平。

灵活库存:通过大数据的分析,从需求端出发,使需求可视,库存计划反映客户需求,库存具备柔性。

灵动制造:对比以前传统的大批量供货,进化成小批量多批次,让生产更具柔性,满足实际需求。

灵活包装:传统的模式在生产、分销、包装、发货过程中,经过多次包装产生了资源的浪费,而宝洁通过压缩供应链环节,运用商家、电商直供装策略,使供应链扁平化,从而让产品从生产线出来就已经满足快递发货标准,直接到达消费者手里,不需要再进行二次包装,大大提升了速度。

灵活运输:传统发货使用的是纸质发货单,现在进化成为带板运输＋ASN(提前发货通知)。由此,宝洁通过网上数据传送,能够促使供应链客户提前做好运输、上架计划,并通过带板运输来提高运输效率。

在宝洁看来,一件产品从工厂生产线到最终到达消费者,整个过程的每一个节点都可能会成为影响消费者体验的一环。而打造"用得好、买得到、到得快"的智慧供应链,说到底,一切都是为了营造更好的消费者体验,提高消费者满意度。

请分析:

(1)宝洁公司是如何以创业为导向开展供应链更新的?

(2)宝洁公司是如何开展内部整合以加强创业供应链管理?

三、创业供应管理外包

对于独立创业,不管是个人创业还是团队创业,创业机会来源于未被满足的需求和未被利用的资源,因此创业者大多着重于提供新产品或新服务以抓住商机,而对供应链管理技能或供应链管理人才不太重视,同时作为一个新生企业,对于竞争与合作状态都不是很了解。因此,如果创业团队搜罗不到相应的供应链管理人才,或者创业企业对于其即将融入或构建的供应链生态不太了解,也可以采取服务外包的形式,将创业供应管理这项原本属于企业内部的管理工作交给外部专门的服务供应商开展,利用外部专业服务商的能力优势,从而加速融入或构建创业供应链,实现资源的组合应用。

此外,在传统产业或企业转型、升级中,传统的供应链管理因存在不少痛点,例如,自身结构和运作方式致使"牛鞭效应"的出现,缺乏规范和标准化程度低阻碍共享信息平台的建立,节点企业信任机制缺失造成战略同盟形成困难,条块分割和行业壁垒延缓绩效评估体系的形成等,这些痛点已经成为发展进程中的绊脚石。因此,企业要想提高核心竞争力,就必须优化、升级供应链管理。在此过程中,如果企业需要集中资源培育其核心竞争力,同时在供应链管理方面缺乏专业人才,也可以通过外包方式把供应链管理工作交给第三方供应链管理服务供应商提供。

基于此,第三方供应链管理服务提供商如雨后春笋般遍地开花并蓬勃发展。当前在供应链管理服务市场上,比较著名的有香港利丰集团、春宇供应链集团等,新晋的第三方供应链管理服务提供商有 JD+供应链、纵横兄弟、阿里供应链中心等。

第三方供应链管理服务供应商的引入,可以通过专业化的服务,有的放矢地解决传统供应链管理的种种痛点,帮助传统企业更加精准、高效地管理仓储,以及原材料、半成品、产品的流通,有效降低物流成本,缩短生产周期,在激烈的竞争中保持领先地位。更为关键的是第三方供应链管理服务供应商直接连接供应商、生产者和消费者,进行市场情报搜集、反馈,企业不仅可以腾出精力专注优势资源以提高核心竞争力,而且还可以根据专业化的数据分析动态地调整采购战略、生产运营战略。

案例分析

JD+供应链的诞生与发展

供应链作为每个创业者常被忽视的痛点,成为令初创者们焦头烂额的"掉链子"部分,设计、创意都因此无法进行下去。这成了制约创业团队发展的"拦路虎"。

如何消灭这个"拦路虎"? 对此,刘子豪详细阐述了 JD+供应链的"出生"。他说,作为一个初始的智能硬件团队,他们很少会配一个很有经验的供应链专员,一般都是做产品的,有产品经理,有研发工程师,但是配一个非常成熟的供应链部门,则少之又少。他们觉得做好产品就行了,供应链是后面的事。但实际上,包括很多资金很丰富的企业,都曾经在供应链上栽过跟头,我们是看到了这个问题,有这个需求,才切入进去做供应链的服务。

但同时,供应链本身是一个很长的链条,京东 JD+又在供应链里做"减法",缩减到其中的两点。

一是帮创业者寻找提供供应链的厂家。凭借京东集团的强大实力和平台效应,京东与国内知名的 OEM 工厂有着长期的战略合作,可以帮助初创者们找到适合的供应链厂家。

其中,富士康、伟创力等知名的 OEM 企业,是京东 JD+的合作伙伴。初创者在设计、创意智能硬件环节之后,需要下工厂生产,这时,JD+的帮助不可或缺。刘子豪指出,我们去找伟创力或者富士康等企业,相当于他们的 VIP 客户,他们赚不赚钱都是次要的,他们可以用一些战略投资的方式跟我们合作,但是初创者与小企业去找富士康,小量的订单根本无法引起这些企业的注意,这是实际情况。而通过京东 JD+供应链的服务,可以整合众多初创者或小企业的订单,与代工厂谈合作,有这个战略基础,就容易多了。

二是帮助初创者议价、签合同。这是利用京东 JD+平台固有的优势和专业优势,进行价格方面的谈判。京东 JD+有专门的供应链专家,熟知智能硬件行业生产代工价格,帮他们把价格谈下来,节省初创者的资金,更好地为他们服务。

JD+供应链的业务 2015 年 11 月 16 日公布,一周内就已接到了很多项目的申请,到目前为止,已正式与十多家企业和项目谈成了合作,帮助他们进行供应链方面的服务,充分说明了 JD+供应链有着非常大的市场需求。

请分析：
(1) JD+供应链提供什么服务？
(2) JD+供应链的服务对象是哪些企业？

第三节　创业供应链风险

供应链是由众多企业组成的复杂网络，与单个企业相比，供应链管理具有内在脆弱性。这种脆弱性主要来源于以下两个方面。

第一，供应链并不是一个自上而下链接上下游企业的简单的线性链条，而是由众多管理活动和各种关系组成的复杂网络。同时就单个企业而言，绝大多数的企业都不可能只处于某一个供应链网络中，而是置身于由多个供应链网络交叉形成的错综复杂的网络关系之中。由于供应链网络上的企业之间是相互关联的，网络中的任何一个企业出现问题都有可能会直接或间接地影响这一网络关系中的其他企业，并最终影响整个供应链的绩效，甚至导致供应链的断裂和失败。这就是供应链的传导性，它导致供应链管理方式下的企业经营风险被加大。

第二，供应链是由众多相互关联的企业突破传统企业边界组成的网络联盟体，企业彼此之间是相互依赖的。这种依赖体现在没有供应商及时的有质量保证的供货，就没有下游生产商的生产连续性和产品质量的保证，也没有销售活动的顺利开展，更不可能满足最终客户的需求。显然，在整合利用内外部资源的基础上形成的供应链，使供应链中的企业依赖于所利用资源的拥有者，即依赖于外部环境与供应链中的其他企业，从而使供应链变得更加脆弱。供应链对企业活动在时间和关系上的依赖导致供应链管理方式下特有风险的产生。

更甚的是，随着全球化趋势的不断加快、产品生命周期缩短以及技术创新的加速，企业面临着更加动态和竞争的经营环境。为了应对环境的不确定性，供应链中的企业越来越多地采用外包、全球采购、JIT生产、存货持续改善等管理方式，通过公司创业活动与供应链其他企业更加紧密地合作使企业内部流程和供应链有效响应不断升级变化的需求，这些创业供应管理活动在给供应链及其成员企业带来效率和效益的同时，也由于创业活动的冒险性和供应链战略更新导致合作关系的变化、供应链生态的调整，使供应链的稳定性面临不同程度的挑战。此外，对于新创企业来说，不管是融入供应链还是新建供应链，自身资源的缺乏、对供应链生态缺乏了解都使其依赖性加大、不确定性决策增加，从而面临着更为严峻的供应链风险。因此创业供应链风险的管理非常重要，直接决定了创业是否成功。

一、创业供应链风险的定义

要明确什么是创业供应链风险，需要先明确什么是供应链风险。供应链风险的定义，基于其管理范畴，在很大程度上借鉴了管理领域中对于"风险"的不确定性和负面影响的认识。不确定性是指由于信息的不完全性不能预知合作企业的行为或外部环境的变化，而负面影响是指那些只带来威胁,却没有蕴含机会的事件或活动所造成的损失、危害、危险等不利影响。基于此,管理领域中的供应链风险包含两个维度,其中一个维度是可能性,即风险发生的可能性与概率,另一个维度是损失程度,即风险发生后所产生负面结果的严重程度。这两个维度交叉起来可以评价风险程度和风险等级,当一项风险发生的可能性比较高,风险发生后所造成的损失也比较大,则该项风险程度较大,风险等级较高,需要严格控制。

供应链风险也称为供应链脆弱、供应链干扰,指的是供应链中产品/服务、信息、资金流动过程中由于供应链内外部不确定因素导致的供应链绩效水平与预期目标的负向偏差,给供应链企业带来破坏性、干扰性甚至供应链中断也就是供应链合作失败等不良后果的可能性,其中就强调了风险由于供应链内外部环境的不确定性而产生以及风险会对供应链及其企业成员的绩效产生不利影响。

供应链管理的有效实施要求供应链企业之间能够共担风险与共享收益,从而形成单个企业管理方式下所不具有的竞争优势,所以风险共担与收益共享是供应链成员合作需要长期关注的问题。其中,供应链风险独立于供应链收益而存在,且成反比,即降低风险可以提高收益,这为供应链风险管理提供了目标驱动力。供应链风险管理就是分析潜在的供应链风险驱动因素,识别各种供应链风险,并加以评估,采取相应的风险规避措施控制风险,并有效进行监测,从而降低不利影响、获取供应链绩效的过程。因此,为了消除风险的负面影响,获得较高的供应链绩效,对风险进行识别、评估、控制、监测等一系列风险管理活动至关重要。有效的风险管理可以提高财务绩效和竞争优势,还可以实现成本节约和盈利提升的目标,不仅能给企业带来直接好处,还能带来许多间接的其他好处,例如,提高企业的快速应对能力,降低企业总的物流采购成本,促进伙伴间对利益分享和风险共担的理解等。

创业与供应链的融合,一方面由于冒险活动带来的更多不确定性加大了供应链风险,另一方面由于创业元素的加入促进供应链创新和提高供应链柔性,加大了对供应链风险的管理力度,有力地规避了部分供应链风险的发生。有研究证明,通过合作关系的建立、有效的业务流程管理、高质量的信息共享等一系列供应链创业活动,可以降低供应链合作失败现象发生的可能性。因此,有必要根据供应链风险的特征及来源,结合创业风险,分门别类、有重点、有次序地对创业供应链中存在的特有风险进行分析,并提出相应的控制办法。

二、风险的识别

风险识别主要解决两大问题,一是风险来源,二是风险归类。风险来源指的是企业在创业供应链中可能遇到的各种潜在威胁、带来风险的各种潜在因素及其对企业运营的影响。通过对风险来源的分析,从而识别风险,并输出风险识别结果,即风险归类。显然,站在不同角度的分析,依据不同的风险来源则会形成多种不同的归类。

首先,从企业内部职能延伸出去,基于企业内部人、财、物的管理,将供应链风险区分为财务风险、不确定性风险、决策风险、市场风险。这种风险分类非常重视关键性的企业内部运营风险因素,结合供应链构成要素和管理要素,认为风险来源于物流、信息流、资金流的不确定性和企业间信息系统安全性四个方面。前三种风险来源可能会造成供应链中断、延迟、库存过多、成本过高等问题,后一种风险来源可能会导致信息泄露、知识产权等一系列问题。

其次,基于供需匹配从企业上游供应商、下游客户角度分析供应链风险来源,并分类为供应风险、需求风险、环境风险。这种分类方式突出了企业与供应链其他企业间特别是供应商与客户之间的联系,认为供应链风险来源在于对上下游的依赖性及环境不确定性,其中最主要原因就是供需不匹配,环境风险只是对供应风险和需求风险都有影响的外部因素,并非主要风险来源。

再次,基于供应链网络层次从组织层面、组织间层面和供应链外部层面分析供应链风险驱动因素并分类为供应链整合风险、供需风险和环境风险。这种分类方式抓住了供应链管理的网络性特点,采用剥洋葱的方法对供应链网络层次进行条分缕析,认为供应链风险来源分别为组织内部环境的不确定性、组织间环境的不确定性、供应链外部环境的不确定性。

最后,基于伙伴关系从战略联盟的内外两个角度把供应链风险分类为关系外不确定性风险,包含环境和产业风险;关系内不确定性风险,包含组织内风险、组织间风险和关系风险。这种分类方法抓住供应链中战略关系特点,把供应链风险一分为二,从关系内和关系外进行大类分析,认为供应链风险来源分别为环境不确定因素、组织间不确定因素以及合作方行为不确定因素。其中关系风险正是来源于合作方行为不确定性,即当合作双方目标不一致时,合作一方采取机会主义行为追寻自己的目标而背离合作目标的可能性和后果。

综合以上四种分类方式,其中内外部环境风险,如财务风险、自然灾害风险、行业风险等,这些风险局限在单一企业同样需要面对。因此,我们可以忽略内外部环境风险,提炼出供应链特有风险,主要体现在供应与需求风险、关系风险、信息风险、道德风险、合作风险等方面。

三、创业供应链特有风险的控制

供应链风险控制是指在识别供应链风险的基础上,通过整合供应链成员从减少风险发生的概率、改变风险后果的性质和降低风险后果的影响三个方面实施相应的风险缓冲和削减策略来降低供应链整体的脆弱性,提高供应链整体绩效。

其中风险削减战略指针对风险来源采取相应的预防措施来降低风险发生的概率,是一种事前控制,例如,通过多轮计划调整开展的供需协调工作、建立企业信息管理系统以促进信息共享、通过市场调查加强需求管理工作等;而风险缓冲战略则是根据风险评估采取相应的保护措施降低风险发生后的不利影响或改变风险结果的性质,是事前、事中和事后都可以开展的控制措施。第一种保护措施,即降低风险发生后的不利影响,就是减少风险发生后的损失,例如,多供应商关系的建立、合理水平的安全库存、生产能力的柔性设置等;另一种保护措施,即改变风险结果的性质,则是指改变风险发生后的影响范围或对象或者将负面影响转移,比较典型的有保险、保证性采购合同、收货支付等。

无论是预防措施还是保护措施,强调的都是上下游供应商与客户的配合。只有通过供应链成员的精诚合作,有效的资源整合,才能对供应链风险起到控制作用。而整合供应链,正是创业供应管理的核心所在。因此,供应链风险控制包括三层要义,分别是整合上下游供应商与客户、风险缓冲与风险削减战略的综合应用、降低供应链风险程度或等级。其中风险缓冲与风险削减战略的综合应用强调的是风险控制的差异性和系统性,即针对不同的风险来源以及不同的风险情境需要有不同的控制管理战略,以及需要综合应用多种措施才能有效地防范和规避供应链风险,或者在防范无效时有效降低供应链风险的影响,从而降低供应链风险程度或等级。

下面我们就针对一些特定供应链风险的控制进行分析。

(一) 供应与需求风险的驱动因素与控制战略

1. 驱动因素

由于供应链是由向最终客户提供服务和产品的企业所组成的网络,供应链管理的焦点是供应链核心企业与其供应商及客户之间的关系,因此供应链风险最直接的表现形式是企业与供应链上下游企业之间的供需关系所带来的网络风险,即供应与需求风险。

供应风险与需求风险是指供应链内部企业间的供需协调风险,二者均会对供应链上企业的绩效产生影响。需求风险尽管有很大一部分是因客户需求波动而产生的,但也有相当一部分来自企业自身物流与供应链管理能力不足,如因运输管理不当或分销网络中配送中心的延迟导致无法及时将产品送达客户带来的现实或潜在的损失。即便是来源于需求不确定性的风险,也会因供应链的传导效应,影响到企业的供应与内部生产,导致整个供应链存货的"牛鞭效应"。导致"牛鞭效应"的需求风险可能来自信息失真、销售促销、合并订单、价格波动等,这种需求风险的控制主要需要通过需求管理开展,将在第七章"创业营销管理"中具体阐述。此外,企业对需求波动的过度反应、存货过多、间接预测和企业间的不信任也会导致"牛鞭效应"。这种需求风险就需要企业通过加强创业供应管理能力提高供应链柔性和创新,建立完善企业信息管理系统以促进信息共享,加强供应链战略管理以构建信任关系来进行预防和保护。

供应风险一般来自采购过程、供应商、供应商关系和供应网络,包括因上游供应商出现财务问题或破产带来的供应链风险,供应商自身的生产运营问题给企业带来的风险,以及因供应商无法快速适应企业产品设计与技术开发的变化给企业所带来的风险等,甚至一些环境风险,如自然灾害也会导致供应风险的发生,供应风险发生可能会由于原材料的供应不及时、原材料质量不达标而导致企业大范围停产停工,甚至是大规模的产品召回。例如,2000 年一场雷电引起的大火导致美国新墨西哥州的飞利浦芯片厂数百万只手机芯片报废,这严重影响了当时两家最大的手机生产商诺基亚与爱立信的芯片供应,但由于两家采取了极不相同的处理方式,诺基亚火线突围寻找各种替代方式,进行了有效的风险管理,而爱立信却行动迟缓,错失良机,最终诺基亚挺过来了,更加确立了市场老大的地位,而爱立信倒下了,最终以被兼并收场。此外,丰田汽车发生过多次大规模的汽车召回事件,其中大部分是由于供应商供应的汽车零部件出现缺陷导致了操作不便及安全隐患,影响比较大的有 2009 年由于油门踏板缺陷召回,2012年由于电动车窗开关缺陷召回等。

2. 控制战略

首先,供应与需求风险需要采取供需协调来降低风险发生的概率。供需协调工作可以沿着供应链向上游供应商和下游客户延伸进行单个供需关系间的计划、协商、调整小循环或多个供需关系间的大循环协调,最终形成最优原材料计划、生产运营计划和销售计划。这种循环协调计划,尤其是跨几个供需关系的大循环,往往需要有运行良好的信息管理系统与供需关系为支撑。

其次,供应与需求风险还需要采取建立或完善企业信息管理系统以促进信息共享来降低风险发生的概率。供应链中"牛鞭效应"指的正是在信息流动过程中无法有效地实现信息共享,使得信息扭曲而逐级放大,造成需求变异的现象,可见信息共享,能够有效避免信息在传递过程中失真、扭曲。企业往往通过建立或完善信息管理系统实现信息的有效流动,其中 ERP(企业资源计划)系统正是基于供应链管理思想在众多大型企业中得到广泛采纳与青睐的一种信息管理系统。ERP系统建立在信息技术基础上,以系统化的管理思想,提供跨地区、跨部门甚至跨公司实时整合信息,进行物流、人流、资金流和信息流集成一体化管理的企业信息管理系统,能够有效规避供应与需求风险,降低牛鞭效应产生的可能性。

再次,供应与需求风险也可以采用安全库存、生产能力的柔性设置、多供应商、降低对供应商的依赖、提高供应链的环境适应性来设立缓冲机制降低风险发生的不利影响。通过设立合理水平的安全库存,可以保证在市场需求超出预测时及时补货;通过生产能力的柔性设置,可以保证满足市场多样化的需求,并根据需求量的变化调整生产能力;通过多供应商关系的建立以及加强技术创新,可以降低对某一供应商的依赖,从而在该供应商发生供应问题时,能够有替代供应商保证供应或有技术能力培养其他备用供应;通过提高供应链的环境适应性,例如,在雨季增加安全库存量,在多种运输方式比较集中、原材料比较丰富、需求量比较大的地方建立中转仓库或生产加工基地,从而能够有效降低环境风险对供应与物流的影响。

最后,供应与需求风险也可以采用保险、保证性采购合同、收货支付等方式来以转移风险,从而改变风险结果的性质。通过保险,可以把供应与需求风险发生后的损失货币化,并获得补偿;通过保证性采购合同,可以在某一原材料市场需求激增、市场价格上涨时保证平价足量的原材料供应;通过收货支付方式,可以控制资金的流转效率。

总结以上供应与需求风险的驱动因素与控制战略,基本上集中于产品供应链,而对于当前越来越常见的服务供应链则很少涉及。在服务供应链中,由于服务生产与消费在时间和空间的不可分割性及不可储存性,供应风险逐渐淡化,而需求风险则更加显化,并主要通过需求管理进行控制。

案例分析

VUCA时代下的华晨宝马

2020年,突如其来的新冠疫情给华晨宝马的全球供应链体系带来了前所未有的挑战。2020年1月,武汉封城,华晨宝马供应商——盖瑞特武汉工厂负责生产的骨架成品和半成品库存,都因封城被积压在仓库,这让远在沈阳工厂翘首期盼物流卡车的华晨宝马采购人员,即便是在除夕当夜,也难以入眠。然而,就在华晨宝马牵手全国供应商逐步稳定复工复产的时刻,国外疫情却紧接着全面暴发。华晨宝马一级供应商本特勒的印度供应商货物所在的货物船上发生了疫情感染病例,在新加坡停留21天。2021年3月苏伊士运河货轮搁浅事故中,华晨宝马多家供应商的货物滞留海上,无法按时送到工厂。2022年3月,吉林长春由于疫情管控,华晨宝马多家供应商停产。华晨宝马的物流部王经理认为,在VUCA时代(Volatility,易变性;Uncertainty,不确定性;Complexity,复杂性;Ambiguity,模糊性),"黑天鹅"事件频发,供应链条上各利益相关方一损俱损,没有谁可以独善其身。毫无疑问,从整车厂到零部件供应商,再到经销商和服务商,汽车全产业链都将面临新冠疫情带来的巨大冲击。

基于此,华晨宝马及其供应伙伴都意识到,供应链数字化转型迫在眉睫,亟须通过打造数字化供应链赋能供应链管理,提升供应链的敏捷性、精准性和弹性,以有效应对突发的供应链挑战,从而为未来可能出现的全球价值链风险和新常态做好准备。具体如下:

一方面,物流部门必须借助于各种先进的信息技术手段,采集物流过程各种信息,并结合具体业务场景,实现物流各个业务主体、不同物流网络的互联互通,以及物流业务场景的数字化。

另一方面,华晨宝马各个部门需要根据上游供应商的变化情况,进行快速响应,并通过客观的数据分析,预测出供应商的潜在供应风险,迅速启动应急风险管理,评估库存和物流环节存在的弱点,并及时、高效、智能地弥补并调整生产管理、库存管理、人员配置等各方面的运营管理计划,帮助各部门之间实现协同合作,共同应对外部风险。

为此,华晨宝马启动了一系列数字化转型工作。在公司数字化早期阶段,华晨宝马建立了一系列独立的信息系统,对供应链各环节分别进行管理,同时,非常重视物联网等终端设备的建设;随着云平台技术浪潮的发展,华晨宝马提出了"数据+技术+应用"三位一体的供应链数字化转型战略,重点打造数字化供应链数据底座和技术平台,并针对生产部门开发了数字化供应链应用工具;随着数字化在公司内部的宣传,越来越多的部门积极参与到数字化的建设中,华晨宝马进一步基于数据底座和技术平台,面向公司内部多个部门定制化开发了20多个集成工具,以实现供应链的实时在线监控和智能协同决策。

此外,华晨宝马强调只有充分的协作和信任,才能保证高品质的产品顺利生产,因此他们一直秉承着共赢之道,始终致力于打造协作共赢的全球供应链体系。华晨宝马与供应商伙伴们携手共进、协作共赢的背后,离不开华晨宝马在企业整体数字化转型成果的基础上,搭建起来的助力供应链协同管理的三大功能模块,即端到端可视化、全链路风险预警和动态模拟工厂计划模块。其中,端到端可视化模块可以帮助决策者们及时、准确地获得供应链的关键数据和全域信息,洞察供应链上存在的潜在问题;全链路风险预警模块对供应链上各方、各环节可能发生的风险和危机进行事先预测和防范,其目的是尽早识别风险,提早发出警报;动态模拟工厂计划模块就不同危机情境下的供应链应急方案进行模拟仿真,做好预先计划,并在危机事件实际发生后,通过跨功能的部门组织协同来调整产能,以备不测之需。这三大模块并非孤立存在,而是环环相扣、相辅相成的,从可视化到风险预警,再到动态模拟,支持供应链全业务场景覆盖、全流程监控、全价值链互动。此外,平台提供开放的API,即连接供应商、经销商、物流服务商等供应链各方的应用系统,实现供应链上各方、各环节的互联互通、信息共享、协同运作,进而与合作伙伴建立长期互信的合作关系。

请分析:

(1) 华晨宝马在VUCA时代都面临着哪些供应链风险?

(2) 华晨宝马是如何以数字化转型赋能供应链管理的?

(案例来源:中国管理案例共享中心,和衷共济:数字化转型赋能华晨宝马全球供应链管理)

(二) 关系风险的驱动因素与控制战略

1. 驱动因素

关系风险是一种特定的供应链风险,源于合作方未来行为的不确定性,指那些供需两方不能完全合作、致力于共同努力的可能性和后果。如果合作方隐藏信息或隐藏行动,也就是合作方在合作中不努力,采取机会主义行为,为了获取自身最大利益而伤害合作利益,则道德风险发生。

道德风险最早出现在保险业中,指的是在人们购买保险后,虽然降低了风险发生所造成的损失,但也正因为不必承担风险发生的全部后果,会产生一种依赖心理或麻痹思想,反而降低了其防范风险发生的努力行为。随后,在委托代理关系中,道德风险的含义扩大,指由于委托方难以查证代理方执行所指派的工作是否适合而出现的代理问题,其中除了因依赖所导致的不努力行为,还有因获取私利而采取的不努力行为,即机会主义行为。机会主义行为被定义为带有欺诈含义的自利。机会主义行为偏离了对合作的显性或隐性承诺,而且是一种欺骗性偏离。因此,当双方目标不一致时,企业会采取机会主义行为,以获取自己的目标而背离合作目标。

关系风险又可以细分为与合作有关的风险和与伙伴行为有关的风险两类。与合作有关的风险由企业关系间的混乱导致的,而与伙伴行为有关的风险即合作伙伴采取机会主义行为的可能性。关系风险是缺乏合作所导致的风险,也称为合作风险。关系风险不仅具有供应链风险的传递性特征,同时还具有短视性、违约性、负面结果的不可逆性。

综上所述,关系风险滋生的原因就是在自利和机会主义的假设下,当合作各方的目标相对冲突,合作者更倾向于追求自身的利益,而不是合作的共同利益,在另一合作方对合作任务缺乏相关信息时,合作者就有动机以牺牲其合作伙伴的利益或整个合作利益为代价来实现自己的利益,从而对合作伙伴或供需关系造成负面影响,即目标冲突和信息不对称是道德风险发生的两个核心来源。

2. 控制战略

由于关系风险的不可逆性,其控制战略主要集中在削减战略方面。基于关系风险的驱动因素分析,其风险削减战略主要体现在以下两个方面:

(1)提高目标一致性,使合作方通过实现合作目标促进自身利益最大化。

首先,可以通过利益分配机制的建立,促使合作方致力于合作目标的实现。利益分配风险是关系风险的一种具体表现,指的是如果各节点企业做出决策的出发点都是自身的企业目标,而不是整个供应链系统,使得供应链系统内的资源不能达到最优配置,就会导致不可避免的利益冲突。例如,当前大多数在线旅游代理商的主要收入来源就是酒店和机票的预定佣金,这些网站凭借自身的平台优势无视酒店和航空公司的利益压低价格抽取高额佣金,但是现在很多酒店和航空公司都开始独立建设网站,开展直销,这就导致了许多供应链运营问题,关系风险发生。因此,在供应链运营中,必须处理好供应链中业务交叉部分,制订统一的合作目标及一套科学、合理、公平的利益分配方式,并把供应链成员各自的目标与合作目标统一起来。

其次,可以通过设计和构建相应的关系结构,增进合作伙伴间的信任。信任的存在,其行为模式和意图都是支持互惠互利、公平公正、密切合作的,因此可以有效降低关系风险。通过经常性的互动、会议、争议协商、参与等活动影响、开发和形成组织成员间的共享价值、共同的信仰和目标,从而强化合适的行为,建立合作双方的信任机制。选择有良好信誉的供应商或经销商,合作双方就会把合作目标统一到维持并提高商誉上,从而避免在合作中采取机会主义行为,以致损害自身的商誉和诚信。

最后,可以通过专用资产投入,将合作目标与合作方的合作行为捆绑起来,将合作双方的利益捆绑起来,使彼此更换合作方的能力都受到制约。专用性资产就是用作支持某些特定交易的资产,一旦终止该资产所指向的交易,该资产无法全部或部分地挪作他用,就成为沉没成本。例如,设立专用押金,投入专用人员、设施、场地。由于合作方为双方的合作投入了大量成本,如果采取了机会主义行为,一旦被发现导致合作停止,则投入的专用资产都转变为企业的沉没成本,丧失其价值。

(2)提高信息掌控度,使合作方没有机会采取机会主义行为。

首先,利用专业审计手段,通过市场抽查以及设立专门的监督部门加强监管加强对合作企业信息的了解,促进合作双方的信息对称性,保证合作方按照契约规定或者道德规范要求的行为开展合作。

其次,详化合同约定,对于合作方采取合作行为进行奖励,对于在合作中发现有不合作行为则给予处罚甚至中止合作。通过合同的法律性来约束合作一方的行为或通过约束合作应取得的结果而促使合作方采取适当的行为以交付正确的结果。

最后,通过流程控制、流程重组促使供应链各环节环环相扣,每一环都联结在一起,从而能够有效地通过与合作方有共同联结的其他企业加强信息的掌控。

当然,除了以上供应链风险,还有一些单一企业也要面对的风险,但在供应链管理模式下,风险程度加大,或风险性质改变,如信息泄露风险。供应链形成的基础之一就是信息共享,但在信息共享的同时很难避免本企业的关键信息外泄的情况,一方面是信息的掌握者增加,很难保证信息不会通过其中某一掌握者为途径泄露到供应链以外的企业,另一方面,在信息传递过程中,信息系统的安全性经常受到挑战,信息由于黑客的突破或内置的漏洞而被故意或无意地泄露出去。因此,需要不断加强和完善企业信息管理系统的建设,解决系统漏洞,加强系统安全性,同时还可以将供应链共享信息分级分层管理,根据信息管理规定哪些层级的信息可以共享到哪些企业,以及信息的密级设定,从而加强关键信息的保密处理。

复习思考题

1. 新创企业如何主动融入供应链,并开展创业供应链管理?
2. 结合实际谈谈供应链风险的管理方法有哪些。
3. 浅析创业供应链管理的重要性。
4. 浅析创业供应链的不同类型及运用。
5. 成熟企业如何以创业为导向进行供应链更新?
6. 如何实现创业元素与供应链管理元素的最佳融合?

第七章
创业营销管理

学习目标

通过本章的学习,能够了解创业企业对分销渠道的职能与类型、分销渠道的设计与管理等基础知识,特别是对于分销渠道设计与管理内涵的理解,并且关注其在现代企业中的运用。

案例导入

产业为什么会失败? Anastasia Mudrova 是 Clever.do 的联合创始人,在阅读了上百个初创公司破产的故事之后,她总结出初创企业失败的十大原因,并得出了七条经验。

初创企业失败的十大原因:缺乏市场(49%),营销不给力(23%),资金不足(17%),没能扩大规模(13%),缺乏商业模式(12%),产品难以实现(9%),产品不给力(8%),团队/投资者有问题(8%),缺乏重点(8%),依赖第三方(4%)。

Anastasia Mudrova 总结出的七条经验如下(仅列出与市场营销有关的两条):

1. 产品没有市场

绝大多数初创公司失败都有一个基本原因:缺乏市场。"我坚信,市场是决定一个初创公司成功还是失败的最重要的因素。"Marc Andreessen 如是说道。

B2B(44%)和 B2C(50%)初创公司失败的一个主要原因是缺乏市场。如果市场不存在,即使是拥有最棒的产品的最棒的团队,也会失败。

为什么会发生这种情况? 为什么创业者一次又一次地犯错? John O'Nolan 分享了一些见解:"我们不知道吸引力在哪里,并且从这方面来讲,我们不知道其实我们是没有吸引力的。我们的第一个媒体包在发布的 48 小时内'浏览量就达到 10 000',月流量是我们所知道的任何旅游博客的 3—4 倍。我们知道自己是条大鱼……只是不知道我们在的池塘有多小。"

经验一:如果你要花时间制作产品,请确保你所建造的产品有很大的市场。

2. 市场营销不力会让你死无葬身之地

B2C 初创公司失败的第二个原因是营销不给力。在我们的研究中,它影响了 29% 的 B2C 公司(相比之下,只有 7% 的 B2B 公司受此原因影响)。

营销是为了增加销售额、赚更多的钱。产品不管多么完美,这都无关紧要,因为即使是最伟大的产品也不能自己把自己推销出去。

Mark Goldenson 在《失败的创业公司教给我的 10 件事》中写道:"营销会不断需要专业知识。PlayCafe 的失败主要是因为营销。我和 Dev 都在 PayPal 工作过,这是一款强力扩散的产品,该公司对营销几乎是抱有敌意。我们在 SEO、SEM、产品扩散、平台、公关和伙伴关系方面也做了不少努力,但是吸引用户活动还是需要各种技巧。像创建内容一样,我不再认为营销是聪明的新手在闲暇时间就可以搞明白的问题。随着网络的超饱和,市场营销做得好,才能缔造神话,而这一深奥的技能可不能留给余爱好者去研究。"

经验二:如果想要生存下去,你需要花很多时间研究分销渠道,需要确定能够接触到目标受众的最佳方法,需要聘请有独特的初创公司营销经验的人才,最重要的是让你的产品到达客户手中。你需要在最小化可行产品(MVP)的研发和销售上花费同样多的时间。

资料来源:冯七七. 分析了 100 家破产的创业公司,想告诉你:创业为什么会失败[N/OL]. (2017-05-31)[2023-05-26]http://36kr.com/p/5077671.html.

第一节　市场营销

一、市场营销与销售

现代管理学之父彼得·德鲁克认为,市场营销作为企业的自觉实践最早起源于 17 世纪的日本。最早的营销实践者是日本三井家族的一位成员。17 世纪 50 年代,他在东京创建了世界上第一家百货商店,并为之制定了一些经营原则。250 年之后,美国的西尔斯·罗巴克公司才提出类似的经营原则。而市场营销学始于 20 世纪初,迄今已有百年历史。

(一) 市场营销(Marketing)的定义

美国市场营销协会(American Marketing Association,简称 AMA)对市场营销的定义为:"市场营销既是一种组织职能,也是为了组织自身及利益相关者的利益而创造、沟通、传递客户价值,管理客户关系的全过程。"

美国营销专家菲利浦·科特勒(Philip Kotler)对市场营销的定义为:"市场营销是个人或群体通过创造,提供并同他人交换有价值的产品,以满足各自的需要和欲望的一种社会活动和管理过程。"

(二) 销售(Sales)的定义

销售是指利用各种手段、关系及渠道设法将产品售卖出去。国内外不少企业将销售等同于市场营销。

(三) 市场营销与销售的关系

首先,市场营销与销售的涵盖的范围不同。销售顾名思义就是把企业生产的产品售卖出去,而现代企业市场营销活动包括市场营销研究、市场需求预测、新产品开发、定价、分销、物流、广告、公共关系、人员推销、销售促进、售后服务等。其次,市场营销的目的就是使推销成为不必要,而销售的主要内容就是推销。最后,市场营销与销售的最大区别在于,销售是一种手段,是一种职能,是站在企业的角度考虑问题,而市场营销是一种策略,站在用户的角度考虑企业应该设计生产什么产品使双方利益最大化。

二、市场营销的重要性

中国有句古话叫"酒香不怕巷子深"。但在现代经济生活中,"酒香"如果营销跟不上,一切都枉然。"酒香"加上现代市场营销就可以使"酒香"插上飞翔的翅膀,如近几年比较成功的市场营销案例"江小白"系列白酒的营销。

一般认为,现代企业中的市场营销部门是创造公司营业收入及利润的重要部门。但有些企业仍然不太重视市场营销。另外,对市场营销的重视程度与一国的传统文化有关。

三、市场营销的目标

现代企业市场营销有五大目标:

(一)营收目标

营收目标也就是企业的年度营业收入总额的预算目标。只有完成了营业收入目标,企业才可能有现金流入,这样企业才有持续经营的可能。

(二)盈利目标

企业的营业收入并不能保证能够获利,因此企业还要保证有盈利。如果企业长期没有盈利,势必造成企业处于失血状态,企业将不得不面临清盘。只有企业持续处于盈利状态,才有能力加大研发投资投入,开发出满足市场需求的新产品,才有资金投入做好产品宣传推广活动,提高职工福利,增加设备投资,提高劳动生产率,这样才能提高企业市场竞争力。同时,持续盈利还有助于企业对外融资活动的顺利进行。

(三)市场占有率目标

该数据表示企业该产品或品牌在整体市场中所处的地位。从长期看,市场占有率越高的企业,市场地位越高,盈利能力越强。据统计,市场占有率高于40%的企业平均投资收益率相当于市场占有率低于10%者的3倍。日本企业传统上均以提高市场占有率作为最重要的营销目标。另外,互联网企业具有"赢家通吃"的特点,因此,如何提高市场占有率是创业企业的至高经营目标,关系着企业存活的关键因素。例如,嘀嘀打车、美团等企业为抢占市场占有率而不惜给予大量补贴——烧钱大战,以打败对手为目标,以图最终赚取更大利益。

(四)创造品牌目标

品牌是企业重要的无形资产,也是企业最主要的竞争力之一。因此,企业不惜重金聘请明星代言、打电视广告等以吸引消费者关注。例如,我国著名酒类品牌茅台酒,售价远远高于成本及其他白酒品牌,但还是供不应求,除了一些炒作因素之外,其独有的品牌效应该是主要原因因为同样是茅台镇出产的酱香型白酒的售价远低于茅台,但销售情况远远没有达到茅台酒的地步。

(五) 顾客忠诚度目标

美国营销专家吉尔·格里芬(Jill Griffin)认为,顾客忠诚度是指顾客出于对企业或品牌的偏好而经常性重复购买的程度。据统计,当企业挽留顾客的比率增加5%时,获利便可提升25%到100%。许多学者更是直接表示,忠诚的顾客将是企业竞争优势的主要来源。

四、市场营销组合及其进化

市场营销组合是指企业根据目标市场的需要,全面考虑企业的任务、目标、资源以及外部环境,对企业可控制因素加以最佳组合和应用,以满足目标市场的需要,实现企业的任务和目标。这一概念是由美国哈佛大学教授尼尔·鲍顿(Neil Borden)于1964年最早采用的。其作用是制定企业营销战略的基础,做好市场营销组合工作可以保证企业从整体上满足消费者的需求。此外,它也是企业对付竞争者强有力的手段,是合理分配企业营销预算费用的依据。

(一) 4P 组合

1960年,美国营销专家E. J.麦卡锡(E. J. McCarthy)在《基础营销》一书中提出了4P组合概念,是市场营销组合的基本框架。

1. 4P 组合的定义

4P组合是指企业在市场营销过程中可以通过控制四个可控要素来完成营销任务。这四个可控要素就是指产品(Product)要素、渠道(Place)要素、价格(Price)要素、促销(Promotion)要素。

产品是指企业为目标市场开发适销的产品,含产品线、品牌、质量、售后服务等。渠道是指把产品采用什么方式送达目标市场的活动过程,包括经销商的选择、渠道管理、物流管理等方面的内容。价格就是制定具有市场竞争力的价格、支付条件及折扣等。促销是指企业通过宣传、推广等方式将产品卖给消费者的活动过程。

2. 4P 组合的特点

首先,4P对企业而言是可控的。其次,组合的多样性。因为每个要素包含许多个更小的要素,因此4P组合种类较多。再次,4P组合不是静态的,而是动态的,企业会根据内外部环境变化而适时进行调整。最后,4P组合的具体内容由企业的企业经营目标而限定。

(二) 6P 组合

在企业经营过程中,学者们发现许多要素不是企业可以控制的。在世界经济出现滞胀、贸易保护主义抬头以及国际市场营销环境恶化的经营环境下,需要新的理论框架来分析及指导企业市场营销活动。

1. 6P 组合的定义

6P组合是在原来4P组合的基础框架下再加上权力(Power)要素和公共关系(Public Relations)要素。

2. 6P 组合的特点

首先,6P组合的目的是为了打开海外市场。其次,营销成本也较高。由于国际市场营销环境复杂多变,因此组合更加多样化,涉及面广,费时费力。最后,营销风险更高。由于政治力量的介入,企业在运行过程中面临的风险种类更多,风险更大,如中美贸易摩擦中发生的"中兴事件""华为事件"等。

(三) 10P组合

美国营销专家菲利普·科特勒在 6P(4P+2P)的基础上又提出了 10P 组合。在做好战术上的 6P 之前,必须先做好另一个 P 战略上的 4P。

第一个"P"是"探查"(Probing),也就是要探查市场,其内容包括市场组成、市场细分、竞争对手以及使竞争更有效的方法。因此,市场营销人员的第一个步骤就是市场营销调研(Marketing Research)。

第二个"P"是"细分"(Partitioning),即把市场分成若干部分。每一个市场上都有各种不同的顾客群体及生活方式,分割的含义就是要区分不同顾客群体——市场细分。

第三个"P"是"优先"(Prioritizing)。因为任何企业均不可能满足所有买主的需求,所以企业必须选择那些你能在最大限度上满足其需要的顾客群体——主要客户,这些顾客应成为推销产品的目标。

第四个"P"是定位(Positioning),是指在市场中的定位。公司必须做出在顾客心目中为自己的产品树立什么样的形象的决定。

(四) 服务市场营销组合: 7P

服务行业与制造业相比具有以下特点:人(People)、过程(Process)、有形展示(Physical Evidence)。因此,上述主要针对制造业的市场营销理论不能直接运用到服务业。鉴于这种情况,美国营销专家布姆斯(Booms)和比特纳(Bitner)根据传统市场营销理论及综合服务业的特点,于 1981 年提出了 7P 营销理论(The Marketing Theory of 7Ps)。

首先是人员。在服务行业中所有的人(服务人员及顾客)均直接或间接地被卷入某种服务的消费过程中,这是 7P 营销组合重要观点。

其次是过程。服务是通过一定的程序、机制以及活动得以实现的过程,因此"过程"是该市场营销战略的关键要素。

最后是有形展示或物质环境,包括环境、便利工具和有效引导。有形展示的重要性在于顾客能通过从中得到可感知的线索、体验等来体会企业所提供服务的质量。

五、互联网时代营销概念

(一) 长尾效应(The Long Tail)

长尾效应的概念由美国《连线》杂志前任主编克里斯·安德森(Chris Anderson)于 2004 年提出,用来描述诸如亚马逊公司之类的电商的经济模式。长尾效应具体是指一些原来由于销量小而被忽视,且种类繁多的产品或服务,通过在亚马逊上架陈列,由于最终销售的总量巨大,其总收益超过主流产品的现象。

(二) 病毒式营销(Viral Marketing)

病毒性营销又称基因营销或核爆式营销,是利用公众的积极性和人际网络,让营销信息像病毒一样传播和扩散到数以万计、数以百万计的受众,就像病毒那样深入人脑。其特点就是信息能够得到快速复制,迅速传播,将信息短时间内传向更多的受众。病毒营销是一种常见的网络营销方法,常用于进行网站推广、品牌推广等。

美国著名的电子商务顾问拉尔夫·F. 威尔逊(Ralph F. Wilson)博士将一个有效的病毒性营销战略归纳为 6 项基本要素,一个病毒性营销战略不一定要包含所有要素,但是包含的要素越多,营销效果可能越好。这 6 项基本要素是:

1. 提供有价值的产品或服务

在市场营销人员的词汇中,"免费"一直是最有效的词语,大多数病毒性营销计划通过提供有价值的免费产品或服务来引起注意,如滴滴打车、58 同城、360 杀毒软件、WPS 软件等。

2. 提供无须努力向他人传递信息的方式

病毒只在易于传染的环境中才会迅速传播,因此携带营销信息的载体必须在互联网上易于传递和复制。从市场营销视角看,营销信息简单化及具有吸引力才易于传输,如一些有趣的视频、笑话等。

3. 解决信息传递范围扩大过程中的关键问题

为使信息传递范围很容易从小范围向很大规模扩散,必须解决扩散时出现的瓶颈。例如,免费 e-mail 服务公司模式的瓶颈需要拥有自己的邮件服务器来传送信息。因为如果免费模式战略非常成功,就必须迅速增加邮件服务器,否则将抑制需求的快速增加,所以只要你提前对增加邮件服务器做好计划,就可以突破瓶颈。

4. 巧妙利用公共的积极性和行为

巧妙的病毒性营销计划要利用公众的积极性。例如,通信需求的驱动产生了数以百万计的网站和数以十亿计的 e-mail 信息。建立在公众积极性和行为基础之上的营销战略将会取得成功。

5. 利用现有的通信网络

人具有社会性,每个人都生活在 8—12 人的社会网络中。这个社会网络由朋友、家庭成员和同事组成。根据在社会所处位置,一个人的社会网络可能包括几十个、上百之多。人们会收集电子邮件或有用的网站,因此企业开发出浏览器的收藏栏或以及邮件列表等功能,便于使用者在互联网上发展关系网络,有助于把自己的信息置于人们现有通信网络中,迅速扩散信息。

6. 利用别人的资源

最具创造性的病毒性营销计划利用、消耗别人的资源达到自己的目的。例如,博客作者试图将他们的文章链接放在别人博客网页上,希望得到阅读其他人的博客时能够顺手点击该链接。

(三) 智慧营销(MarTech)

美国技术营销领域大师级人物斯科特·布林克尔(Scott Brinker)认为,智慧营销就是营销、技术和管理这三个领域交集的部分。

斯科特·布林克尔认为,在数字领域营销所做的一切都和技术是有关系的。作为广告主必须要去适应并且要很好地使用这些技术,这些技术和人类生活息息相关,因此在数字化信息时代的技术和营销关系比以往更加紧密关联。据此,他觉得管理、营销、技术是连接在一起的,它们之间都有关联,会涉及各个领域。

(四) App 营销

App 营销指的是应用程序营销,这里的 App 就是应用程序 Application Program 的简称,指的是手机应用程序客户端,是第三方应用程序。App 营销是通过特制手机、社区、SNS 等平台上运行的应用程序来开展营销活动。

"创新难、质量提高难、提高流量难、战略设定难"被称为 App 的"四大难"。

其一是创新难,一款爆款 App,必然会引来无数的模仿者,这势必造成大量类似 App 昙花一现现象的出现。这就要求 App 开发者要回归市场营销基本原理,进行市场调查,找出目标市场,开发出具有创新性的 App,才能立于不败之地。其二,质量提高难。一款 App 要有匠心精神,不断打磨,提高顾客的操作体验感受。当然,提高质量并不意味着把 App 要做得很大。另外,为了提高用户体验感受,还要注意在使用时不要加设各种门槛,如注册烦琐等,当然也不是意味着越简单越好,关键是把握"度"。其三,提高流量难。流量的增加就意味着关注该款 App 的消费者增加。也就是要进行必要的推广,而推广就需要成本。其四是战略设定难。因为如何高效推广是决定一款 App 成活的关键要素,因此需要事先设定合理正确的推广战略。据调查,一个手机用户最多下载 20 款 App,一款 App 获取一个用户的推广费用平均为 100—120 元。如果要达到 1 亿用户,其推广费用就高达 100—120 亿元。

(五) 大数据营销

大数据营销是基于多平台的大量数据,依托大数据技术的基础上,应用于互联网广告行业的营销方式。大数据营销的核心在于让网络广告在合适的时间,通过合适的载体,以合适的方式,投给合适的人。例如,淘宝网的最具有价值的核心资产就是客户的海量交易数据。

(六) 电商时代渠道系统: O2O 模式

电商平台正在冲击传统分销渠道系统,也带来了新的分销渠道系统 O2O(Online to Offline)。O2O 是指线上(电商)促销和线上购买的简称。现在国内比较有名的电商平台包括淘宝网、京东商城、苏宁易购、拼多多等。现在传统产品生产厂家纷纷在电商平台开设专卖店,如茅台等。O2O 业务主要有以下四种形式:

1. Online to Offline 模式

线上交易到线下消费体验产品或服务。

2. Online to Online 模式

线下营销到线上完成商品交易。例如,用二维码扫描消费。

3. Online to Online to Offline 模式

线下营销到线上完成商品交易,然后再到线下消费体验产品或服务。例如,预存话费的促销活动。

4. Online to Offline to Online 模式

线上交易或促销到线下消费体验产品或服务再到线上交易或促销。例如,在京东商城购买海尔的一款电脑产品,使用后需要维修或咨询时,加厂家售后微信群后由厂家提供售后服务,在过保修期后也可以继续在线上购买或享受厂家的售后服务。

(七) 直播带货

直播电商作为以直播为渠道来达成营销目的的电商形式,是数字化时代背景下直播与电商双向融合的产物。尽管直播电商的本质仍是电商,但其以直播为手段重构"人、货、场"三要素,与传统电商相比,拥有强互动性、高转化率等优势。

当然,直播电商离不开数字技术的发展、各电商平台的推动、商家对营收渠道扩展的探索、关键意见领袖(Key Opinion Leader, KOL)网红文化形成以及各类政策扶持。

2021年3月15日,市场监管总局制定出台《网络交易监督管理办法》,规定了直播服务提供者将网络交易活动的直播视频自直播结束之日起至少保存3年。该管理方法第二十条规定,通过网络社交、网络直播等网络服务开展网络交易活动的网络交易经营者,应当以显著方式展示商品或者服务及其实际经营主体、售后服务等信息,或者上述信息的链接标识。

案例

吸引抖音用户的开头3—5秒

近几年市场更偏向于垂直品类的账号。这些账号成为某一个领域代表,其粉丝的黏性和影响力就会远超那些泛娱乐化的账号。拥有这类账号的达人特别重视内容方面的"短小精悍"。

抖音主打的是"短视频",因此制作在抖音中播放的视频时,一定要关注它的核心——"短"字。如何在极短的时间内,把短视频从内容到画面美感制作到极致? 时间成本如何考量? 音色及语速如何设计? 这些问题是想在抖音发展的每个用户必须思考的问题。

现代心理学实验证明,一般日常交往时最能够吸引对方注意的时间是见面后的头7秒钟。但由于"短视频"过于"短"小,观众不会给你7秒钟的时间进行充分表现,所以要想一下子抓住用户的眼球就必须将"开头7秒"大幅缩短,将其限定在最初的3—5秒内,才能吸引观众看完十几秒的短视频。

俗话说,万事开头难。在短视频中,一个极具吸引力的开头是无比重要的。CHEIL前中国区执行创意总监龙杰琦表示,如果前三秒不吸引人的话用户可能就会滑过去,起不到营销的效果。例如,拍摄一则宣传产品的短视频,极具亮眼的开头就意味着它要第一时间展现出品牌名称、品类名称及受众能得到的利益点,否则用户很可能就会滑过去了。

视频想要传达的信息要越简单越好,你的诉求点、卖点最好能够聚焦在一个焦点。如果不是这样的话就很难利用短视频加以推广。在利用短视频推广产品时,首先要找出产品中最能迎合年轻人需求的最重要的一个卖点,然后进行创意创作。

总之,短视频制作要求内容创意非常独特,卖点单一,时长短小,语言独特,直奔主题,这样才能够迅速抓住用户的眼球,使其欲罢不能。

物以类聚,人以群分。当抖音成了"急性子""宅男宅女"等的聚集地时,很少有人会耐着性子听你花费大量铺垫后得出一个结果的老套故事情节。想要做出极具吸引力的短视频,就必须既要"快"又要"精"。只有这样,你才能在短视频的抖音中站稳脚跟。

第二节 市场调查

案例导入

日本食品厂商正在大力开拓"一人份"商品的市场需求。由于双职工家庭增加等,一个人吃饭逐渐成为日本的一个社会现象。各厂商都将一人份食品作为开发重点,积极宣传新商品。随着人口减少,日本内需型产业的收益环境出现恶化。为此,日本食品厂商也开始通过细致应对人们生活方式的多样化,以谋求出路。

日本厚生劳动省实施的《国民生活基础调查》显示,2015 年日本单亲家庭的比例达到26.8%,较 2004 年的 23.4%提高了 3 个百分点以上。即使与家人同住,由于吃饭时间和口味不同等,一个人吃饭的情况也越来越多。

各食品厂商重点推出的是售价为每袋 300—400 日元(约合人民币 19.5—26 元)的火锅底料。荏原食品工业投资约 9 亿日元在栃木县的工厂新设了一人份火锅用底料"Petit 火锅"(Petit 意思是小份)专用生产线。计划使 2016 财年(截至 2017 年 3 月)Petit 系列整体的销售额同比增长 30%。龟甲万公司则推出了"Plus 火锅"底料系列,以能摄入丰富的食物纤维和乳酸菌等为卖点,面向职业女性进行推广。

味滋康(Mizkan)也推出了一人份的独立包装火锅汤底"小锅(Konabecchi)"系列。据称该公司 2015 年的火锅汤底销售中,占整体近 60%的一次性袋装产品的销量同比减少,而独立小包装的产品占到 13.1%,较 2014 年有所增加。

食品厂商间还出现了一人份商品的创意竞争。永谷园在长期畅销商品"麻婆粉丝"中,增加了微波炉加热后即可食用的一人份商品。

丘比则推出"捣碎后就是美味的鸡蛋土豆沙拉"。该商品将一整个煮鸡蛋和土豆沙拉装入同一个包装袋中。食用前不用开袋,只需将内容物捣碎并揉搓均匀,就能轻松制作美味可口的土豆沙拉。这款沙拉大受欢迎,销量比当初预计高出 30%。

双职工家庭的增加等可以说是一个商机,但各大食品企业也必须面对人口减少这一重大转折点。在日本国内要通过细致的战略给予应对,从长远来看海外也将可能成为收益来源。

资料来源:日本开始流行"一人份"食品[N/OL].日本经济新闻,(2016-10-17)[2023-05-26]http://cn.nikkei.com/trend/beautyahealth/21834-20161017.html.

一、市场调查的定义、目的与过程

各个学科对市场的定义是有区别的。市场营销学中的市场是指为了买和卖某些商品而与其他厂商和个人相联系一群厂商和个人。美国市场营销协会(AMA)对市场调查的定义：通过信息来联结消费者、顾客、大众与市场营销人员的功能。

市场调查的目的：其一，发现并认识组织的市场营销问题，其二，为解决组织的问题提供有效的信息。

为达到上述目的，市场调查需要经过以下过程：第一，具体明确所需的信息；第二，设计收集信息的方法；第三，具体实施并管理；第四，对收集到的数据进行科学的分析；第五，共享分析结果。

二、市场调查的相关概念与方法

(一) 信息资料的种类

根据信息来源的不同，信息资料可分为一手数据与二手数据。一手数据是指符合调查目的的原始资料，二手数据是指经过整理加工过的数据。

(二) 一手数据

与二手数据相比较，一手数据的优点：可靠、实用、垄断；缺点：费时、费力及高成本。一手数据的收集方法主要有定性调查法、观察法、实验与测试法、问卷调查法(定量调查的最具代表性的调查方法)、专家估计法。

1. 定性调查

定性调查包括小组座谈会、倾听调查、深度调查、深度访谈、街头访问、案例研究。最具代表性的定性调查法是小组座谈会(小组研究)，在座谈会中主持人就特定的话题让调查对象就此话题进行讨论。

2. 观察法

观察法是通过观察获得信息的调查方法，包括定量与定性两种观察调查方法。

3. 实验与测试

在市场调查中，为测定特定市场营销手段与产生效果之间关系，采取实验与测试手段进行调查的方法。一般在企业的准备将新的营销措施导入市场之前，用试验性的方法对其效果进行调查的方法，如广告效果的市场测试、新产品的市场测试、新产品的试用测试等。

4. 定量调查

定量调查法中最具代表性的调查方法。这种方法是企业为了把握调查对象的消费意识、行为等状况，按照一定规则抽取调查对象，采用设定模式化问题的问卷，征求答卷，并对这些答卷进行统计处理的方法。

5. 专家估计法

没有时间进行严谨的科学抽样调查，或使用科学抽样调查方法也不能收集到适当的数据时，采用专家主观估计数据也不失为一种好办法。但要注意，专家估计法并不是完全正确的，专家的估计有时准确而有时又不准确。那么，什么时候专家估计的数值具有参考意义呢？根据哈佛大学商学院教授克莱顿·克里斯坦森的总结，在既有技术的延续应用产品——延续性技术产品情况下，专家的估计相当准确，而专家对采用一种破坏性技术生产出来的新产品的市场估计就完全没有参考价值(见图 7 - 1)。

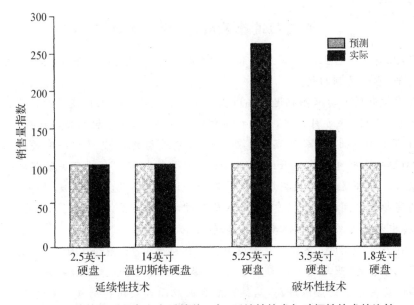

图 7-1　首款新型硬盘上市后的前 4 年，延续性技术与破坏性技术的比较

资料来源：《磁盘趋势报告》各期公布的数据

资料来源：克莱顿·克里斯坦森.创新者的窘境[M].北京：中信出版社,2010.

(三) 二手数据

1. 二手数据的来源

其一,企业内部的信息系统；其二,经销商、广告代理商、行业协会等的信息系统；其三,国内外政府部门发布或出版资料；其四,国际组织发布或出版的资料；其五,提供营销信息的企业。

2. 二手数据的优缺点

与一手数据相比,二手数据的主要优点：① 易得性。通常情况下,它较容易获得。② 查找时间短。③ 成本低。二手数据由于比较容易在短时间内获得,与收集一手数据相比,它的收集成本相对较低,也就是省时、省力。

二手数据的缺点也很明显,主要是相关性差、时效性差和可靠性低。

3. 二手数据的评估标准

创业企业管理人员在获得二手数据后,首先要对数据进行验证。验证时采用的标准如下：

(1) 公正性。公正性是指提供数据的组织、结构及人员在收集数据时不能怀有偏见,甚至是恶意。

(2) 有效性。有效性是指数据是否利用了某一特定的相关测定方法,或一系列相关测定方法。有些二手数据是为特定目的进行收集整理而来的,因此往往不能直接使用。

(3) 可靠性。可靠性是指数据是否准确反映整个目标群体的实际情况。例如,有些数据是采编人员故意捏造出来的。

4. 二手数据的收集

资料检索(检索调查)、资料分析调查、二手数据分析调查。

> **案例**
>
> ## 营销的道德风险之"虚假刷评"
>
> 近期,亚马逊平台上的多家大卖家店铺账号接连被封或产品异常,使得跨境电商领域并不太平,各种猜测四起。
>
> 前有跨境电商大卖家帕拓逊主品牌 Mpow 被关,后有傲基科技的亚马逊店铺商品被大量下架。2021 年 5 月 8 日,傲基科技曾回复媒体称,具体原因公司正在调查中。
>
> 2021 年 5 月 7 日,多家外媒报道亚马逊封号或与违规虚假刷评有关。据外媒报道,国外网络安全研究机构 Safety Detectives 前不久发布了一项有关刷评数据库泄露的调查报告。报告显示,该数据库中保存着亚马逊卖家和愿意提供虚假评论以换取免费产品的消费者之间的往来信息,涉及信息超过 1 300 万条(数据包达 7 GB)。据不完全统计,其中牵扯的买卖双方人数或将超过 20 万人。
>
> "1 300 万""20 万"这些数字在跨境电商圈内炸开了锅,惹得大小卖家人心惶惶,有圈内人将此形容为"亚马逊卖家圈大地震"。根据业内人士反馈,如果亚马逊店铺被发现其产品评论为购买的虚假评论,店铺可能会因此面临处罚和制裁。据介绍,亚马逊卖家刷评违反了亚马逊的服务条款,亚马逊可以对不合规的卖家店铺进行永久关停,或是取消其品类销售的许可。
>
> 前述的傲基科技,其店铺内的多个相关类目,点击进去无法找到对应商品,能够显示的商品也显示无法购买。
>
> 在跨境电商圈,包括傲基科技在内,还有有棵树、通拓、赛维,这四家规模靠前的跨境卖家被坊间称为深圳的"华南城四少"。资料显示,傲基科技创立于 2010 年,主营 3C 数码、电动工具、智能家电、家居、大健康等品类的产品,旗下拥有多个知名品牌,包括数码 3C 类产品品牌 Aukey、电动工具品牌 Tacklife、家庭健康电器品牌 Naipo、小家电品牌 Aicok 等。
>
> 资料来源:叶心冉.亚马逊卖家圈"地震",多个大卖家账号被封或产品下架,上市辅导中的傲基科技也"中招"[N/OL].经济观察报,(2021 - 05 - 10)[2023 - 05 - 26] https://baijiahao.baidu.com/s? id=16993309232221913563&wfr=spider&for=pc.

第三节　消费者市场

案例导入

天猫"618"和"双 11"哪个优惠力度大?

对于天猫来说,"618"和"双 11"是两个大型的电商促销活动,都是不可错过,"618"处于年中,"双 11"处于近年末。天猫"618"和"双 11"的优惠力度可以从这几个方面来查看,如时间、产品、优惠力度等,具体如下:

1. 时间

对于天猫"618"的年中大促,持续的时间一般是 10 多天,商品会有折扣优惠,像 6、7、8、9 折等。

而在"双 11"期间,天猫持续的时间会长达 1 个月左右,且因为"双 11"的会场政策,售前和售后在相应的时间都有价格的最低标准要求。

所以总的从活动的持续时间上来看,天猫的"双 11"是要比"618"长。

2. 产品

在产品上,比较天猫"618"和"双 11"这两个时间段哪个更优惠,其实是不能够直接下结论的,毕竟商家每个时间段主销的商品不一样,也许在年中时主推某件商品,然后价格会有所便宜,但是在年终的时候就会换主销品,所以因根据商家当时的主销品来看。

3. 折扣力度

虽然今年的天猫"618"优惠力度从去年的"满 300 减 30"变成了"满 300 减 40",但是由于今年的"双 11"还没有到来,所以折扣还是不得而知的,但根据往年的情况来看的话,天猫"双 11"的折扣力度是要大些的,毕竟"618"是刚起来没多久的电商节,噱头没"双 11"大,商家下的成本力度也偏下。

所以总的来说,天猫"618"的折扣力度会没有"双 11"大,但是在产品上还是得看具体情况的,看完后你觉得呢?

资料来源:刘佳慧. 天猫 618 和双 11 哪个优惠力度大? 对比下就知道了! [N/OL]. 希财网,(2020 - 06 - 01)[2023 - 07 - 21]https://www.csai.cn/shengqian/1310593.html.

一、消费者市场的定义

消费者市场又称最终消费者市场、消费品市场或生活资料市场,是指个人或家庭为满足个人消费购买商品及服务的市场。消费者市场是市场体系的基础,是现代市场营销理论研究的主要对象。发达资本主义国家,如美国、日本等国的个人消费占社会总支出的 70% 以上,因此研究影响消费者购买行为的主要因素及其购买决策过程,对于有效开展市场营销活动具有举足轻重的作用。

二、消费者市场的特点

(一) 差异性大

从交易的商品看,它更多地受到消费者个人人为因素的影响,这些因素包括民族、文化修养、年龄及收入水平等。

(二) 分散性广

从交易的规模和方式看,消费品市场消费者众多,市场分散,交易次数频繁,但每次购买金额较小。为方便消费者购买,绝大部分商品是通过中间商销售,所以要特别注意选择及管理中间商。

(三) 替代性强

消费产品的品种多样、复杂。消费品中除了少数商品不可替代以外,大多数商品都可找到可替代的商品。

(四) 忠诚度差

由于消费品替代性强,消费者可以随意选择,因此需求多变,消费者对产品的忠诚度(专一性)差。另外,消费品具有一定的流行性。

(五) 专业性差

俗话说:"买的没有卖的精。"这句话说的是卖方是受过专业培训的专业人士,而买方是非专业者。从购买行为看,消费者的购买行为具有很大程度的可诱导性,具有自发性、感情冲动的消费特征,加上消费品市场的购买者一般缺乏相应的商品知识和市场知识,受广告、宣传的影响较大,为生产者及中间商提供了市场营销机会。生产者及中间商要想在竞争激烈的消费者市场生存下去,必须竭尽全力做好商品的宣传推广工作。

三、消费品分类

消费品一般按照消费者购买习惯可分为便利品、选购品和特殊品。

(一) 便利品

便利品又称日用品,是指消费者日常生活所需的、需要经常购买的商品,如粮食、牙膏、毛巾、洗衣粉等。消费者在购买这类商品时,不太愿意花费时间挑选。因此,这类产品的生产商应注意分销渠道设计,使之既具有广泛性,还要注意经销网点布局的合理性,便于消费者能及时就近消费。但是,近年来人们受食品安全等因素的影响,消费者对日用品的挑选也越来越愿意花费一定的时间和精力。

(二) 选购品

选购品指价格比便利品要比便利品昂贵的商品,因此消费者购买时愿意花费时间对各厂家商品进行比较,再由家庭成员之间进行必要的协商后才决定购买的商品,如家电产品等。一般情况下,消费者对这类商品了解不多,因而在决定购买前总要进行比较,比如性价比的高低、款式的中意程度、保修期的长短及便利性等。该类产品的生产者应考虑到这些消费需求,将销售网点设在同类产品集中的商业网点,也将网店开设在综合性电商,如京东、天猫、苏宁易购等平台上,以便顾客进行比较和选购。

(三) 特殊品

特殊品是指消费者对其有特殊偏好、用途及金额巨大,因此愿意花较多时间去选购的商品,如高档奢侈品、汽车、住房等。例如,据统计,一般首次购车的时间,从想购买到实际购买的时间需要半年左右。消费者在购买前对这些商品会进行充分了解,如特定的商标、厂家及款式,一般不愿接受代用品。为此,厂家要利用各种机会进行推广,争创名牌,获得良好的口碑,以获得消费者的芳心,同时要做好售后服务工作。

四、影响消费者购买的因素

消费者在决定购买过程中,主要受到以下一些因素的影响:

(一) 文化因素

文化因素是区分社会群体的主要因素,是人们通过学习获得的有别于其他社会群体行为特征的集合,如价值观、语言文字、伦理道德、风俗习惯、宗教等。

(二) 社会因素

一般在购买商品时,均受到同层次社会群体的影响,并希望得到群体中其他人的认可。这种影响有些是潜移默化的,有些是非常显现的影响。社会因素包括直接及间接的参照群体、家庭、社会地位与角色。

(三) 个人因素

个人因素是指消费者个人所具有的独特因素,如年龄、职业、经济条件、生活方式、个性等。

(四) 心理因素

购买者受到消费动机、学习、知觉、信念及态度等心理因素的影响。

第四节　分销渠道

案例导入

"断货""价格红线""奇货可居"等标签时常将白酒企业茅台推上风口浪尖。

2017 年 9 月 9 日,茅台集团旗下茅台云商上线,提前"卡位"新零售。具体动作包括自建茅台云商平台以及继天猫的官方旗舰店之后,茅台云商官方旗舰店也在天猫平台正式上线。诸多动作,被业界认为是其对新零售的企图心。

贵州茅台集团电子商务股份有限公司董事长聂永在接受第一财经记者专访时表示,新上线的茅台云商是茅台集团为实施"互联网+"和大数据战略,利用物联网、云计算、大数据技术而打造的线上线下撮合交易平台,集 B2B、B2C、O2O、社会化营销、溯源验证、大数据精准营销、跨界精品销售、收藏拍卖、产业金融一体化等功能于一身。目前该平台已经累计产生超过40 亿元的销售额,拥有 25 万会员。

事实上,茅台自建的云商平台早在 2015 年就已经启动,不过当时所具备的功能更多是补充线下销售渠道,而且当时参与这一平台的经销商规模仅有 600 多家。此次上线的茅台云商则是要实现将全国 2 800 多家茅台经销商逐步纳入其中。截至目前,已经完成 1 800 多家经销商的入驻。

记者在采访中获悉,茅台公司为了实现对传统经销商渠道的变革,今年 8 月中旬,就明确要求所有经销商必须把 53 度飞天茅台剩余计划量的 30% 放到茅台商城上销售,网上渠道的销售份额至少占到三分之一,并表示此举是为了提高经销商稳价销售的透明度,保障消费者能够快速高效、公平合理地购买到价格合理的茅台酒,借助互联网方便快捷的优势,全面推动云商网点,加快线上线下融合。

2013 年茅台公司大面积开设专卖店时,其阻力与当下不相伯仲。传统的经销商需要花费额外的财力、人力去改造现有的销售渠道,很多经销商甚至担心自己成为被革命的对象,成为去中间化的标的。

"茅台云商旗舰店整合线下专卖店和经销商资源,例如,货品、营销资源,为线上交易做后台保障体系,同时利用天猫店铺强大的引流能力,实现线下经销商销售渠道的拓展,实现新增量的达成,并实现商品就近配送,确保物流的时效性,客户体验线上下单,享受就近配送服务。"天猫食品总经理方外告诉记者。

"虽然茅台酒的消费者结构转型已基本成功,实现了公务消费向大众消费的转变,但营销模式尚未进行有效的升级,还在依赖于传统营销手段、方式和思维,对新理念、新技术的应用尚不广泛,对消费者行为的研究尚不深入,对消费者画像的勾勒尚不清晰,对消费者购买心理的分析尚不精准,营销政策制定和实施滞后、被动的情况依然存在,市场管理和营销服务亟待转型和升级。正是这样的背景下,茅台云商平台应运而生。"茅台酒股份公司副总经理、茅台酒销售公司董事长王崇琳表示。

随着白酒行业复苏以及消费升级的带动,今年以来,茅台酒的价格一直高烧不退。茅台集团党委书记、总经理李保芳认为,茅台酒的价格不单是经济问题,稳定价格、平衡供应作为重大的政治问题看待。因此茅台公司也一直在 1 299 元的价格红线上与各方博弈。

"茅台云商平台其实就是以价格立标杆,不仅仅是面向终端作为销售平台,也是对经销商进行管理的平台。"中国食品产业分析师朱丹蓬对第一财经记者分析道,"未来大数据的资源和差异化是企业发展的优势所在,如果需要打造'大茅台',数据化对其未来其他品类或产业的布局都起到非常关键的作用。所以茅台公司对云商的投入具有一石好几鸟的作用。"

资料来源:吕进玉.茅台重塑　销售渠道[N/OL].第一财经日报(上海),(2017 - 09 - 11)[2023 - 05 - 23]http://money.163.com/17/0911/06/CU1ICD06002580S6.html.

分销策略是企业市场营销组合策略之一,也是创业者在创业之前必须考虑的最重要问题之一,影响着其他各种营销策略。因为企业生产出来的产品与服务必须要通过分销渠道,才能在适当的时间、地点及价格提供给消费者进行消费,所以企业制定适合企业自身特点的分销策略,对于创业者而言是关系企业能否生存的重大因素。成功创业企业的分销策略充分体现了"渠道为王"的强大效应。

一、分销渠道及其职能、价值和层次

(一)分销渠道

分销是指帮助创业企业实现产品与服务,以及所有权从创业企业转移到消费者的过程。分销渠道是指在创业企业将其生产的产品或服务转移到消费者手中的过程中,取得这种产品或服务的所有权或帮助这种所有权转移的所有企业和个人,包括经销商、代理商、后期管理职责,以及创业企业与最终消费者(用户)。

(二) 分销渠道的职能

分销渠道对产品或服务从创业企业转移的最终消费者(用户)所必须完成的工作加以组织,其目的是为了使产品与消费者沟通,最终促成消费者购买创业企业产品。分销渠道具有八大主要职能:① 情报,即收集制订计划和进行交换所必需的信息;② 促销,即对中间商或消费者进行说服性、教育性的沟通;③ 接洽,即寻找潜在中间商或购买者并与其进行有效的沟通;④ 配合,即使所供产品符合购买者需要,包括制造、分等、装配、包装等活动;⑤ 谈判,即为了转移所供货物的所有权,而就其价格及有关条件达成最后协议;⑥ 分配,即从事产品的运输、储存、配送;⑦ 融资,即为补偿分销成本而取得并支付相关资金;⑧ 风险承担,承担与渠道工作有关的全部风险。

(三) 分销渠道的价值

创业企业在成长初期,一般均面临资金压力以及人员不足的情况,所以在开创初期,分销渠道的重要性更显突出。创业企业需要渠道商的主要原因有三个:① 缺乏足够的财力与人力。大部分创业企业在开始创业之时都缺乏充沛的财力、人力开拓全国或跨省市市场。② 方便服务消费者。借助中间商的专业能力,可以让创业企业的产品赶在竞争对手之前与消费者见面。③ 专业分工。产销分离体现了社会分工的原则,提高了创业企业的资金运用效率,还能够享受规模经济效应带来的成本下降的优势,提高了创业企业的竞争力。

(四) 分销渠道的层次

1. 零层渠道

零层渠道是指创业企业直接将产品或服务销售给消费者,中间没有任何中间商,也可称为直接营销渠道,直接渠道。一般营销方式有上门推销、电视邮购、直营电商、直营店等。例如,三个松鼠在天猫开设旗舰店进行销售休闲食品。

2. 一层渠道

一层渠道是指创业企业直接将产品或服务批发给零售商,再由零售商将产品或服务销售给消费者。例如,格力电器将空调产品批发给苏宁电器,由苏宁电器将空调产品卖给消费者。

3. 二层渠道

创业企业将产品或服务批发给中间商,再由中间商将该产品或服务批发给零售商,再由零售商将产品或服务销售给消费者。需要注意的是,这里的中间商不能将该产品或服务再次批发给其他中间商,即中间商只有一层。例如,格力电器将空调产品批发给各地的空调产品销售公司,再由各地的销售公司将空调产品批发给零售商,由零售商将空调产品卖给消费者。

4. 三层渠道

三层渠道也就是在二次渠道的基础上再增加一层经销商。例如,格力电器将空调产品批发给各省的空调产品销售公司,再由各省的销售公司将空调产品批发各县市的代理商,再由代理商批发给零售商,由零售商将空调产品卖给消费者。

二、实体渠道与虚拟渠道

(一) 实体渠道

实体渠道在网络没有普及时期,是商业社会商品流向消费者的最重要的渠道。主要包括以下几种形式:① 日杂商店,街头的小卖店;② 24 小时商店(便利店),如 7 - 11、易买等;③ 超市,如家乐福、大润发等;④ 购物中心,如日月广场、上邦百汇城等;⑤ 百货公司,如生生百货、王府井百货大楼等;⑥ 药妆店,如屈臣氏等;⑦ 信息 3C,如中关村电脑城、百脑汇、DC 城等。

(二) 虚拟渠道

现在虚拟渠道风生水起,是创业者特别是大学生创业时的重要渠道。主要包括以下几种:① 电视购物平台,各大卫视均开有电视购物频道或栏目,如东方购物、中视购物等;② 网络购物平台,如京东商城、淘宝网、天猫等;③ 直销,如安利等;④ 微商;⑤ 预购,节假日各大超市等均有预购业务;⑥ 型录购物,如 DHC 在日本就是著名的通过样册销售化妆品、健康商品的公司。

三、分销渠道的设计

分销渠道设计时,首先是决定渠道目标,并找出目标市场。有利的目标市场加上有力的分销渠道才能使创业企业获利。分销渠道设计从理论上讲就是要找出到达目标市场的最佳途径。但在实际工作中,最佳途径是不存在的,而且最佳途径也是随着市场环境的改变而发生变化。因此,动态的把握分销渠道设计是非常重要的。以下是影响渠道设计的主要因素。

(1) 顾客特性因素。如果创业企业的目标市场是极广且分散时,必须采取二层、三层的分销渠道形式。

(2) 产品特性。比如易腐烂的、体积大的或非标准化专业性产品,一般选择直接渠道。

(3) 中间商特性。中间商在物流配送、宣传促销、信用条件、退货特权、人员训练和送货频率等方面,都有不同的特点和要求。创业企业应该根据自身需求选择符合自身要求的中间商。

(4) 竞争者特性。营销人员在设计分销渠道时,也要根据竞争对手采用的分销渠道模式进行分析评估,决定是否采取同样的分销渠道。例如,小米手机看到近年来 OPPO 手机在线下做得风生水起,于是也开始在线下布局。

(5) 创业企业特性。例如,总体规模、财务能力、产品组合、渠道经验、营销政策等。

(6) 环境变动特性。例如,经济萧条时,尽可压缩中间商层次,让利给消费者。

四、分销渠道的评估

评估分为静态评估与动态评估两种。静态评估是指在设计时的评估。动态评估是指在分销渠道方案实施过程中定时或定期进行再评估。评估标准为经济性、可控性及适应性。

(一) 经济性

经济性是指创业公司设计的分销渠道方案从成本与收益考虑是否匹配,是否能够花费最小的成本费用达到最佳收益。所谓最佳收益是指从长期看,收益率最佳,而不是指短期为了能够获得最高收益损害合作方的利益。

(二) 可控性

可控性是指创业公司设计的分销渠道方案从公司能否对中间商进行有效的控制与激励能力，谋求与中间商之间顺利合作，减少冲突与对抗。

(三) 适应性

适应性是指创业公司设计的分销渠道方案能否适应营销环境的变化。因为与中间商签订经销合同时均有合同有效期一项，所以可以在有效期结束时更换分销渠道方案。但有效期的长短会影响分销渠道的稳定性及经销商对经销产品的合作态度，有效期太短会出现经销商没有推动产品销售的动力的问题，而太长也可能会出现疲劳现象。

五、分销渠道的管理

创业企业管理人员在设计完成分销渠道方案后，还必须选择具体的中间商，并进行激励与定期评估，与其构建良好的合作关系。

(一) 选择中间商

创业企业在选择中间商时，首先考虑的是经销商的声誉；其次考虑经销商的信用状态，包括经营时间的长短及其成长激励、清偿能力等。如果经销商是零售商时，还要考虑所处的位置、顾客类型等。一般可以采用实地调查、书面审查及委托外部调查的方式。

1. 实地调查

实地调查是指创业企业派人进行到经销商所在地进行实际走访调查，包括考查（走访经销商的竞争对手）经销商或零售商的声誉、所处位置、顾客类型及未来发展前景等。

2. 书面审查

创业企业可以要求上门要求经销本公司产品的经销商提供近三年的财务报告等资料以及网络公开资料。通过对这些资料的审查可以初步确定是否选用。

对于经销商是上市公司的可以直接下载近几年（一般为三年）的财务报告等公开资料。对于未上市公司申请经销商的可以通过网上（如天眼、税务局等）公开资料及提供的财务报告进行初步判断。

3. 委托外部调查

创业企业可以委托信用调查公司调查候选的经销商，目的是为了与书面审查进行相互印证。

总之，通过上述三种审查方式进行综合判断来选出优秀的分销渠道经销商成员。

(二) 建立激励机制

创业企业在选定中间商后，还要经常激励中间商使之尽职。促使中间商进入企业的分销渠道本身就已经构成部分激励因素。企业必须充分信任中间商但仍然需要不断监督、指导与鼓励。

(三) 评估及调整分销渠道成员

公司必须定期评估中间商是否完成合同规定的销售任务。如果没有完成就要需要加强辅导协助,没有起色的可以考虑淘汰出局。

案例

茅台持续加大渠道管控力度。记者获悉,国酒茅台(贵州仁怀)营销有限公司于2018年4月4日下发了对违约经销商的惩罚通报,茅台在通报中要求经销商要加强销售渠道管理和服务。北京利丰顺泽商贸有限公司等24家经销商单位因存在日常管理不到位、基础管理差等原因遭到处罚。这已是茅台连续三个月内,开出的第三张罚单。

数家经销商被减少供应量

茅台方面在通报中表示,北京利丰顺泽商贸有限公司、北京德龙宝真国际酒业有限公司、河南景融国际贸易有限公司、郑州永顺酒业有限公司、河南京糖实业有限公司等共计19家经销商单位存在未严格按"7S"标准开展日常管理,客户档案等基础资料未完善的行为。

其中处罚最重的广东鸿腾贸易有限公司、四川兴利酒业有限公司、驻马店市飞天商贸有限公司、驻马店市华通源供应链管理有限公司共4家违约单位被处以通报批评,黄牌警告。

同时,暂停茅台酒业务办理,扣减10%履约保证金;扣减2018年度合同5%供应量;星级评定下调一级,并要求自通报之日起7个工作日内完成整改。如未按期完成整改或再次发现违约行为,将加重追究违约责任。

在此之前,2月5日,茅台开出重磅罚单,对10家违约经销商进行了处罚通报,对其中5家存在哄抬价格、搭售、转移销售的经销商进行取消经销计划的处罚,对另外5家违约经销商进行了扣减合同的处罚。

随后的3月30日,贵州茅台再次下发通知称,将严查三种扰乱市场行为,并将对违反规定的经销商处以重罚,将取消年度合同,扣除全部保证金,并且次年将不再续签合同。严格意义上来说,这次通知不算是真正的"罚单"。

强力管控有利提升品牌价值

据茅台方面释放的消息,2018年,茅台酒市场营销工作将围绕"夯基础、强队伍、扬文化、提服务、稳价格"15字方针进行。

业内人士表示,在"夯基础"之外,茅台把强队伍、扬文化和提服务依次放在了"稳价格"之前,由此可见在茅台酒市场价格得到相应管控的形势下,茅台在2018年开展"文化建设暨服务提升年"活动,而"强队伍"则是开展一切活动的前提条件。

重庆南岸某名酒商向记者表示,公司需要解决的问题在于管控一批价格,避免价格较快上涨,处罚违反公司规定的经销商,有利于强化茅台对渠道的管控能力,也呵护了品牌,对茅台长期的成长更有助力。

兴业证券分析师陈嵩昆认为,糖酒会期间召开的经销商大会上,茅台强调冷静看待行业变化并保持居安思危心态,强调忧患意识,加强对价格管理以及经销商队伍整顿,公司在盛世之下仍能居安思危,力尽扫除各种隐患,有利公司长远发展也有助于行业健康良性运行。

　　他表示,2019 年供给缺口以及茅台本身的产能稀缺性,决定了茅台有可能进入新一轮涨价周期,即使在当前终端价锁定在 1 499 元不变的前提下,茅台仍能够回收渠道经销商利润实现涨价。

　　资料来源：李阳.茅台铁腕管控销售渠道,24 家经销商又领罚单[N/OL].重庆商报,(2018 - 04 - 07)[2023 - 08 - 30] http://finance. eastmoney. com/news/1354, 20180407853646328. html.

复习思考题

1. 4P 市场营销组合有哪些特点?
2. 企业可以采取哪些方法收集原始数据?
3. 二手数据在使用时应该注意哪些方面问题?
4. 创业企业在设计分销渠道时,应该考虑哪些因素?

第八章
创业财务管理

学习目标

通过本章的学习,能够了解创业项目的财务评价指标、评价方法以及系统的评价体系。在创新创业项目投资之前做一个财务可行性分析,以此为标准对创新创业项目进行筛选,避免项目投资后出现亏损的情况。此外,还可以掌握项目运营后账务处理程序及方法,以及运营中对公司的财务报表进行分析,通过分析了解项目运营中出现的问题并及时进行调整,保证创新创业项目的健康可持续发展。

案例导入

假如你 18 岁上大学,从大学二年级开始勤工俭学,每月收入为 600 元,领取后存入银行。22 岁大学毕业时,你开始用大学三年打工积攒的资金进行投资。如果你的年投资收益率为 10%,到你退休的第二年(62 岁时)就会成为百万富翁;如果你的投资收益率为 17%,你退休的第二年(62 岁时)就会成为千万富翁;如果你的年投资收益率为 24%,你退休的第二年(62 岁时)就会成为亿万富翁! 可见,一点点初始投资和较长的时间就可以成就百万富翁、千万富翁甚至亿万富翁。那么,资金是如何随时间的推移而增值的呢? 你能承受高收益投资方式所伴随的风险吗? 你对潜在的高投资风险有充分的心理准备吗? 这其中的奥秘在你学习完本章内容后就会有所了解。

创业者开办企业的目的就是为自己创造更多的财富,获得更多的利润。很多创业者发现企业销售额不断增加,利润却不断下降;业务量很大,却没有资金偿还到期的债务,甚至倒闭。面对这些现象,创业者往往莫名其妙,百思不得其解,原因就是缺乏必要的财务管理知识。实践告诉我们,掌握一定的财务管理知识,有助于创业者成功创业。

第一节 创业财务管理概述

创业者开办企业的目的就是为自己创造更多的财富,获得更多的利润。很多创业者发现企业销售额不断增加,利润却不断下降;业务量很大,却没有资金偿还到期的债务,甚至倒闭。面对这些现象,创业者往往莫名其妙,百思不得其解,原因就是缺乏必要的财务管理知识。实践告诉我们,掌握一定的财务管理知识,有助于创业者成功创业。

一、创业财务管理的概念

创业财务管理是指以资金运作为对象,利用价值形式对新创企业各种资源进行优化配置的综合性管理活动。

财务管理对象是资金的运动与流转,资金的运动过程是通过一系列财务活动来实现的。它通过对新创企业各项资金的筹集、投放、运营和分配进行预测、决策、分析、核算与考核,对生产与管理的要素进行优化配置,提供资金使用效率,促使企业以尽量少的资源,获得最大的利益。对新创企业来说,如何在筹集到资金后实施有效的财务管理是企业成败的关键。

二、财务管理在大学生创业中的地位和意义

财务管理是创业成功的基础。大学生在创业开始时一般没有经营管理的经验,往往对财务管理不重视,而是把全部精力集中在产品销售、人员分工以及创业企业的制度建设上面。对风险的评估与预测、对成本的预测与控制不重视,对会计相关知识掌握不到位,往来资金不能够详细、准确地进行记录,在财务预算方面的工作不到位,导致看似生意红火,但是看不到钱,以致最后无力再经营下去。因此,在创业中掌握好财务管理知识十分重要,是顺利创业的前提条件。学习好财务管理知识,掌握并熟练地将财务管理知识运用在创业中,能够帮助大学生更好地管理创业企业。

创业活动的全过程都需要财务管理。创业初期面临着如何有效地筹集资金才能使综合资本成本降低,筹集的资金投资在哪些项目才能实现价值最大化,哪些成本是必要开支,哪些是酌量性费用;在成长期是加大广宣传还是拓展新的业务,如何提高资金的使用效率,把有限的资金用在刀刃上;和同行业相比我们的周转能力、盈利能力、偿债能力如何,问题在哪里;在成熟期怎样缩减开支,做好资金合理分配;衰退期如何能全身而退,满足各方利益要求,这些都离不开财务管理。

财务管理反映创业活动中的总目标。大学生创业活动中每一个环节都需要财务核算,利用财务监督来对企业活动进行检查与制约。财务管理的目标是在进行财务活动时以较少的资金耗用及最优的财务决策,在降低成本,提高效率,合理考虑资金时间价值及风险、报酬关系的情况下,追求达到利润最大化、企业价值最大化。

三、大学生创业中常见的财务管理问题

缺乏合理的资金使用计划。有些自主创业需要的启动资金并不多,能保证项目顺利启动,但在经营过程中却举步维艰难以继续,主要就是因为没有制订合理的资金使用计划。大学生创业本就资金匮乏,因此合理安排和使用资金是非常重要的。

缺乏成本意识。创业者需要考虑的首要问题是成本,有的大学生在实际创业过程中没有对其全面的分析,该上的项目上,不该上的也上,缺乏全盘成本意识。企业要综合考虑约束性成本和酌量性成本。约束性成本是指管理者的短期(经营)决策行动不能改变其具体数额的成本,又称"经营能力成本",如店面的租赁费、固定资产折旧费,每件产品的材料费、人工费、机器

的损耗等,这些一旦做出决策短期内很难改变。对这部分成本只能合理利用企业现有的生产能力,提高生产效率,以取得更大的经济效益,如租用的店面可以同时开展其他业务(如代收代发快递),产品的材料费、人工费只能通过研制新产品新工艺来降低。酌量性成本是管理层的短期经营决策行动能改变其数额的固定成本,如广告费、职工培训费、研究开发费等。酌量性成本并非可有可无,它关系到企业的竞争能力,对这部分成本要厉行节约、精打细算,编制出积极可行的费用预算并严格执行,防止浪费和过度投资。初创企业对酌量性成本要加强预算,有计划、有目的地投入。

财务管理意识薄弱,会计信息质量不高。在创业过程中,创业者关注的重点往往在生产、销售环节,而忽视了财务管理工作。在创业初期,业务量不是很多,创业者没有完整的标准的会计体系,仅仅是草草记账而没有财务预算、成本控制、风险控制的概念。一旦企业遇到资金困难、经营风险的问题,这些因素将会直接危及企业的生存与发展。再者,创业者在经营过程中没有将企业财产与个人财产划分开来,导致会计账目资金数额失真,使得以会计信息为基础的财务管理难以进行。

四、会计工作组织

(一) 会计工作组织的意义

有利于保证会计工作的质量,提高会计工作效率。财务会计依据严密的程序和手续,从凭证到账簿、从账簿到报表,连续、系统、全面、综合地反映和监督单位的财务收支、经营成果。

有利于会计工作与其他经济管理的相互协调,提高单位的整体管理水平。会计工作是一项综合性的经济管理工作。

有利于会计法律法规的执行,维护相关者的经济利益和社会主义市场经济秩序。会计作为单位内部的一项管理活动,主要对本单位的经济活动进行核算和监督。

(二) 会计机构

会计机构是各企业单位办理会计事务的职能机构。合理地设置会计机构,是保证会计工作正常进行、充分发挥会计职能的重要条件。

依据《会计法》的要求,企业、事业、行政机关等单位应当根据会计业务的需要,设置会计机构。为了有效发挥会计的职能作用,大、中型企业(包括集团公司、股份有限公司、有限责任公司等)应当设置会计机构。对于实行企业化管理的事业单位、业务较多的行政单位、社会团体和其他组织也应设置会计机构。

在一些规模小、会计业务简单的单位,应当在有关机构中设置会计人员并指定会计负责组织管理会计事务、行使会计机构负责人的职权。

不具备设置会计机构和会计人员条件的单位,应当委托经批准设立从事会计代理记账业务的中介机构代理记账。

(三) 会计机构的岗位责任制

会计机构的岗位责任制,又称会计人员岗位责任制,是指在会计机构内部按照会计工作的内容和会计人员的配备情况,将会计机构的工作划分为若干个岗位,按岗位规定职责并进行考核的责任制度。建立会计机构的岗位责任制,使每一项会计工作都有专人负责,每一位会计人员都有明确的职责,做到以责定权、权责明确、严格考核、有奖有惩。建立健全会计机构的岗位责任制,对于加强会计管理,提高工作质量与工作效率,保证会计工作的有序进行,具有重要的意义。

第二节　资金时间价值

资金时间价值是经济活动中一个非常重要的概念,也是资金运用过程中必须认真考虑的一个标准。创办企业就意味着创业者需要筹措并运用资金,只有正确理解资金时间价值的概念,才能帮助创业者更好地去进行投资决策并进行后续资金管理。资金时间价值原理正确揭示了不同时间点上资金之间的换算关系,在企业筹资决策、投资决策、经营决策、证券估价、贷款结算、货币资金的存取、租金的计算及个人理财等方面都得到了广泛的应用,是财务决策的基本依据。

一、资金时间价值的含义

资金时间价值也称货币时间价值,是指一定量资金在不同时间点上价值量的差额,是资金在周转使用中由于随着时间的推移而形成的价值增值。

众所周知,在市场经济条件下,即使不存在通货膨胀,等量资金在不同时点上的价值量也不相等,现在的1元钱比将来的1元钱更值钱。例如,我们现在有1 000元,存入银行,银行的年利率为5%,1年后可得到本利和为1 050元,于是我们认为现在的1 000元与1年后的1 050元相等。因为这1 000元经过1年的时间增值了50元,这增值的50元就是资金的时间价值。人们将资金在使用过程中随着时间的推移而发生增值的现象,称为资金具有时间价值的属性。

是不是把资金放置一段时间就会自动地发生增值呢? 不是的。马克思认为,资金只有被当作资本投入生产和流通后才能发生增值。也就是说,资金的时间价值是资金在周转使用中产生的,是资金的所有者让渡资金的使用权而参与社会财富分配的一种形式。企业资金的循环是从资金开始的,经过生产过程、销售环节,最后又回到资金形态。经过一次循环,由于劳动创造了价值,收回的资金大于初始投入资金的数量,增加了一定的数额,并随着循环次数的增多,增值额也就越大。因此,随着时间的延续,资金总量在不断的循环中按集合级数增长,使得资金具有时间价值。

资金时间价值是以商品经济的高度发展和借贷关系的普遍存在为前提条件或存在基础,是资金所有权与使用权分离的结果。它是一个客观存在的经济范畴,是财务管理中必须考虑的重要因素。在商品经济高度发展的条件下,资金的所有者将资金让渡给资金的使用者,由其将资金投入再生产过程以获取利润,资金使用者在获取利润后要将其中一部分作为资金使用费支付给资金所有者。由此可知,资金时间价值的实质,是资金周转使用后的增值额,是劳动者所创造的剩余价值的一部分。掌握资金时间价值的概念,将有助于我们对投资项目进行全面的财务可行性分析。

二、资金时间价值的形式

从量的规定性上看,通常情况下,资金时间价值被认为是没有风险和没有通货膨胀的条件下的社会平均资金利润率。这是在市场经济中由于竞争而使各部门投资的利润率趋于平均化作用的结果。由于资金时间价值的计算方法与利息的计算方法相同,因而人们常常将资金时间价值与利息混为一谈。实际上,利率不仅包括时间价值,而且也包括风险和通货膨胀因素。只有在购买国库券或政府债券时几乎没有风险,如果通货膨胀率很低的话,政府债券利率可视同资金时间价值。

资金时间价值可以用绝对数(利息额)和相对数(利息率)两种形式表示,通常用相对数表示。资金时间价值的实际内容是没有风险和通货膨胀条件下的社会平均资金利润率,是企业资金利润率的最低限度,也是使用资金的最低成本率。

三、资金时间价值的基本原理

由于资金在不同时点上具有不同的经济价值,不同时点上的资金不能直接比较,必须换算到相同的时点上才能比较,因此掌握资金时间价值的计算就很重要。资金时间价值的计算包括一次性收付款项和非一次性收付款项(年金)的终值、现值计算。

一次性收付款项是指在某一特定时点上一次性的支出或收入,经过一段时间后再一次性收回或支出的款项。例如,现在将一笔10 000的现金存入银行,5年后一次性取出本利和。

资金时间价值的计算,涉及两个重要的概念:现值和终值。现值又称本金,是指未来某一时点上的一定量现金折算到现在的价值。终值又称为将来值或本利和,是指现在的一定量现金在将来某一时点上的价值。由于终值与现值的计算与利息的计算方法有关,而利息的计算有单利和复利两种,因此终值与现值的计算也有单利和复利之分。在本章中,一般按复利来计算。为了更加深入的掌握复利,我们先介绍单利的内容。

(一) 单利终值与现值

单利是指只对本金计算利息,利息部分不再计息。通常用 P 表示现值,F 表示终值,i 表示利率(贴现率、折现率),n 表示计算利息的期数,I 表示利息。

(1) 单利的利息:$I = P \times i \times n$

(2) 单利的终值(即本利和):$F = P + I = P + P \times i \times n = P \times (1 + i \times n)$

(3) 单利的现值:$P = F / (1 + i \times n)$

例: 某人将一笔5 000元的现金存入银行,银行一年期定期利率为5%。

要求: 计算第一年和第二年的利息、终值。

解: 第一年的利息 $I_1 = P \times i \times n = 5\ 000 \times 5\% \times 1 = 250(元)$

第二年的利息 $I_2 = P \times i \times n = 5\ 000 \times 5\% \times 2 = 500(元)$

第一年的终值 $F_1 = P \times (1 + i \times n) = 5\ 000 \times (1 + 5\% \times 1) = 5\ 250(元)$

第二年的终值 $F_2 = P \times (1 + i \times n) = 5\ 000 \times (1 + 5\% \times 2) = 5\ 500(元)$

例: 某人希望5年后获得10 000元本利和,银行利率为5%。

要求：计算某人现在须存入银行多少资金。

解： $P = F/(1 + i \times n) = 10\,000 \div (1 + 5\% \times 5) = 8\,000(元)$

(二) 复利终值与现值

复利是指不仅对本金要计息，而且对本金所生的利息，也要计息，即"利滚利"。

1. 复利的终值

复利终值的计算公式为：$F = P \times (1 + i)^n$

式中，$(1 + i)^n$ 称为"复利终值系数"或"1 元复利终值系数"，用符号 $(F/P, i, n)$ 表示，其数值可查阅"复利终值系数表"。

例： 某人现在将 5\,000 元存入银行，银行利率为 5%，复利计息。

要求：计算第一年和第二年的终值。

解：

$$第一年的 F_1 = P \times (1 + i)^n = 5\,000 \times (F/P, 5\%, 1)$$
$$= 5\,000 \times 1.05 = 5\,250(元)$$
$$第二年的 F_2 = P \times (1 + i)^n = 5\,000 \times (F/P, 5\%, 2)$$
$$= 5\,000 \times 1.102\,5 = 5\,512.5(元)$$

式中，$(F/P, 5\%, 2)$ 表示利率为 5%，期限为 2 年的复利终值系数，在复利终值系数表上，我们可以从横行中找到利率 5%，纵列中找到期数 2，纵横相交处，可查到 $(F/P, 5\%, 2) = 1.102\,5$。该系数表明，在年利率为 5% 的条件下，现在的 1 元与 2 年后的 1.102\,5 元相等。

经单利终值与复利终值标胶，我们发现在第一年，单里终值和复利终值是相等的；在第二年，单利终值和复利终值不相等，两者相差 $5\,512.55 - 5\,500 = 12.5$ 元。因此，从第二年开始，单利终值和复利终值是不相等的。

2. 复利的现值

复利现值是指在将来某一特定时间取得或支出一定数额的资金，按复利折算到现在的价值。

复利现值的计算公式为：

$$P = F \times (1 + i)^{-n}$$

式中，$(1 + i)^{-n}$ 称为"复利现值系数"或"1 元复利现值系数"，用符号 $(P/F, i, n)$ 表示，其数值可查阅"复利现值系数表"得到。

例： 某人希望 5 年后获得 10\,000 元本利和，银行利率为 5%，复利计息。

要求：计算某人现在应存入银行多少资金。

解：

$$P = F \times (1 + i)^{-n} = P = F \times (P/F, 5\%, 5)$$
$$= 10\,000 \times 0.783\,5 = 7\,835(元)$$

式中,(P/F,5%,5)表示利率为 5%、期限为 5 年的复利现值系数。同样,我们在复利现值表上,从横行找到利率 5%,纵列中找到期限 5 年,两者相交处,可查到(P/F,5%,5)=0.783 5。该系数表明,在年利率为 5%的条件下,5 年后的 1 元与现在的 0.783 5 元相等。

第三节　项目投资决策

创办企业,从一定意义上讲,也是创业者选择项目投资的过程。投资,是指特定经济主体(包括国家、企业和个人)为了未来可预见时期内获得收益或使资金增值,在一定时机向一定领域的标的物投放足够数额的资金或实物等货币等价物的经济行为。

美国哈佛大学教授托马斯·帕特森(Thomas Patterson)说过,投资时企业融资的目的,企业生存和发展的前景如何,在很大程度上取决于经营者的投资管理水平。企业发展的大量事例也充分证明:准确地把握投资机遇能给企业带来丰厚的回报,使企业快速的发展壮大;相反,盲目地投资也可能使企业伤筋动骨,甚至破产倒闭。

企业的财务活动主要包括筹资决策、投资决策和运营活动。对于创造价值而言,投资决策是三项决策中最重要的决策。筹资的目的是投资,投资决定了筹资的规模和时间。投资决定了购置的资产类别,不同的生产经营活动需要不同的资产,因此投资决定了日常经营活动的特点和方式。

投资决策决定着企业的前景,以至于提出投资方案和评价方案的工作已经不是财务人员能单独完成的,需要所有经理人员的共同努力。对于企业备选的投资方案,如何判断该方案是否盈利,就需要进行财务可行性分析,这也是本节主要讲述的内容。

一、项目投资决策的相关概念

财务管理所讨论的投资主要是指企业进行的生产性资本投资,或者简称资本投资。项目投资决策的主要内容,是通过投资预算的分析与编制对投资项目进行评价,因此也称为"资本预算",或者"投资项目分析与评价"。

广义的投资,是指为了将来获得更多现金流入而现在付出现金的行为。这里讨论的只是投资的一种类型,即企业进行的生产性资本投资。

(一) 项目投资的程序

项目投资的程序是指企业投资主体在市场调研的基础上,根据企业发展战略,提出项目投资方案,并对投资方案进行可行性研究、决策分析、财务控制和财务分析的过程和步骤。其程序一般包括以下步骤:

(1)提出各种投资方案,新产品方案通常来自营销部门,设备更新的建议通常来自生产部门,等等。

(2)估计方案的相关现金流量。

(3)计算投资方案的价值指标,如净现值、内部收益率等。

(4)价值指标与可接受标准比较。

(5)对已接受的方案进行再评价。这项工作很重要,但只有少数企业对投资项目进行跟踪审计。项目的事后评价可以告诉我们预测的偏差（我们的预测在什么地方脱离了实际），改善财务控制的线索（执行中有哪些地方出了问题），有助于指导未来决策（哪类项目值得实施或不值得实施）。

许多初学财务管理的人，最先看到的困难是如何计算指标，尤其是计算现值和内部收益率很烦琐。其实，真正的困难在于确定现金流量和折现率，以及计算结果的使用。

（二）项目投资评价的基本原理

资本投资项目评价的基本原理：投资项目的收益率超过资本成本时，企业的价值将增加；投资项目的收益率低于资本成本时，企业的价值将减少。

投资人要求的收益率，也叫"资本成本"。这里的"成本"是一种机会成本，是投资人的机会成本，是投资人将资金投资于其他同等风险资产可以赚取的收益。企业投资项目的收益率，必须达到这一要求。

如果企业的资产获得的收益超过资本成本，债权人仍按 10% 的合同条款取得利息，超额收益应全部属于股东。企业的收益大于股东的要求，必然会吸引新的投资者购买该公司股票，其结果是股价上升。如果相反，有些股东会对公司不满，出售该公司股票，使股价下跌。因此，资本成本也可以说是企业在现有资产上必须赚取的、能使股价维持不变的收益。股价代表了股东的财富，反映了资本市场对公司价值的估计。企业投资取得高于资本成本的收益，就为股东创造了价值；企业投资取得低于资本成本的收益，则摧毁了股东财富。

因此，投资者要求的收益率即资本成本，是评价项目能否为股东创造价值的标准。

二、项目投资现金流量的估计

（一）现金流量的概念

所谓现金流量，在投资决策中是指一个项目引起的企业现金支出和现金收入增加的数量。这时的"现金"是广义的现金，它不仅包括各种货币资金，而且还包括项目需要投入的企业现有的非货币资源的变现价值。例如，一个项目需要使用原有的厂房、设备和材料等，则相关的现金流量是指它们的变现价值，而不是其账面价值。

新建项目的现金流量包括现金流出量、现金流入量和现金净流量三个具体概念。

1. 现金流出量

一个方案的现金流出量是指该方案引起的企业现金支出的增加额。

例如，企业增加一条生产线，通常会引起以下现金流出：

（1）增加生产线的价款。购置生产线的价款可能是一次性支出，也可能分几次支出。

（2）垫支流动资金。该生产线出售（报废）时企业可以相应收回流动资金，收回的资金可以用于别处，因此应将其作为该方案的一项现金流入。

2. 现金流入量

一个方案的现金流入量，是指该方案所引起的企业现金收入的增加额。

例如，企业增加一条生产线，假设不考虑所得税，通常会引起下列现金流入：

（1）营业现金流入。增加的生产线扩大了企业的生产能力，使企业销售收入增加。扣除有关的付现成本增量后的余额，是该生产线引起的一项现金流入。

$$营业现金流入=销售收入-付现成本$$

付现成本在这里是指需要每年支付现金的成本。成本中不需要每年支付现金的部分称为非付现成本,其中主要是折旧费,有时还包括其他摊销费用。因此,付现成本可以用成本减折旧来估计。

$$付现成本=成本-折旧$$
$$营业现金流入=销售收入-付现成本$$
$$销售收入-(成本-折旧)$$
$$利润+折旧$$

(2) 该生产线出售(报废)时的残值收入。资产出售或报废时的残值收入,应当作为投资方案的一项现金流入。

(3) 收回的营运资本。该生产线出售(报废)时,企业可以相应收回营运资本,收回的资金可以用于别处。因此,应将其作为该方案的一项现金流入。

3. 现金净流量

现金净流量是指一定期间现金流入量和现金流出量的差额。这里所说的"一定期间",有时是指1年内,有时是指投资项目持续的整个年限内。流入量大于流出量时,净流量为正值;反之,净流量为负值。

(二) 现金流量的估计

估计投资方案所需的资本支出以及该方案每年能产生的现金净流量会涉及很多变量,并且需要企业有关部门的参与。例如,销售部门负责预测售价和销量,涉及产品价格弹性、广告效果、竞争者动向等;产品开发和技术部门负责估计投资方案的资本支出,涉及研制费用、设备购置、厂房建筑等;生产和成本部门负责估计制造成本,涉及原材料采购价格、生产工艺安排、产品成本等。财务人员的主要任务是为销售、生产等部门的预测建立共同的基本假设条件,如物价水平、折现率、可供资源的限制条件等;协调参与预测工作的各部门人员,使之能相互衔接与配合;防止预测者因个人偏好或部门利益而高估或低估收入和成本。

在确定投资方案相关的现金流量时,应遵循的最基本的原则是,只有增量现金流量才是与项目相关的现金流量。所谓增量现金流量,是指接受或拒绝某个投资方案后,企业总现金流量因此发生的变动。只有那些由于采纳某个项目引起的现金支出增加额,才是该项目的现金流出;只有那些由于采纳某个项目引起的现金流入增加额,才是该项目的现金流入。

三、项目投资决策评价指标

为了客观、科学地分析评价各种投资方案是否可行,一般应使用不同的指标,从不同的侧面或角度反映投资方案的内涵。项目投资决策评价指标是衡量和比较投资项目可行性并据以进行方案决策的定量化标准与尺度,它由一系列综合反映投资效益、投入产出关系的量化指标构成。

对投资项目评价时使用的指标分为两类:一类是折现指标,即考虑时间价值因素的指标,主要包括净现值、现值指数、内含报酬率等;另一类是非折现指标,即没有考虑时间价值因素的指标,主要包括回收期、会计收益率等。根据分析评价指标的类别,投资项目评价分析的方法,也被分为折现的分析评价方法和非折现的分析评价方法两种。

(一) 非折现评价方法

非折现评价方法又称为静态指标,即没有考虑资金时间价值因素的指标,把不同时间的货币收支看成是等效的。这些方法在选择方案时起辅助作用。

1. 投资回收期法

投资回收期是指投资引起的现金流入累积到与投资额相等所需要的时间。投资回收期是一个静态指标,回收期越短,方案就越有利。它的计算可分两种情况:

1) 经营期年现金净流量相等

$$投资回收期＝原始投资额/年现金净流量$$

例: 某投资项目投资总额为 100 万元,建设期为 2 年,投产后第 1 年至第 8 年每年现金净流量为 25 万元,第 9 年、第 10 年每年现金净流量均为 20 万元。

要求:计算项目的投资回收期。

解: 因为　8×25≥投资额 100 万元,

所以　投资回收期＝2＋100/25＝6 年。

2) 经营期年现金净流量不相等

则需计算逐年累计的现金净流量,然后用插入法计算出投资回收期。如果现金流入量每年不等,或原始投资时分几年投入的,则可使下式成立的 n 为回收期:

$$\sum_{i=0}^{n} I_i = \sum_{i=0}^{n} Q_i$$

回收期法计算简便,并且容易为决策人所正确理解。可以大体上衡量项目的流动性和风险。它的缺点在于不仅忽视时间价值,而且没有考虑回收期以后的收益。事实上,有战略意义的长期投资往往早期收益较低,而中后期收益较高。回收期法优先考虑急功近利的项目,可能导致放弃长期成功的方案。它是过去评价投资方案最常用的方法。目前作为辅助方法使用,主要用来测定方案的流动性而非盈利性。

2. 会计收益率法

这种方法计算简便,应用范围很广。它在计算时使用会计报表上的数据,以及普通会计的收益和成本观念。

$$会计收益率＝(年平均利润额/原始投资额)×100\%$$

会计收益率法的优点:它是一种衡量盈利性的简单方法,使用的概念易于理解;使用财务报告的数据容易取得;考虑了整个项目寿命期的全部利润;该方法揭示了采纳一个项目后财务报表将如何变化,使经理人员知道业绩的逾期,也便于项目的后评价。会计收益率法的缺点:使用账面收益而非现金流量,忽视了折旧对现金流量的影响;忽视了净收益的时间分布对项目经济价值的影响。

静态指标的计算简单、明了,容易掌握,但是这类指标的计算均没有考虑资金的时间价值。另外,会计收益率法也没有考虑折旧的回收,即没有完整反映现金净流量,无法直接利用现金净流量的信息;而静态回收期也没有考虑回收期之后的现金净流量对投资收益的贡献,也就是说,没有考虑投资方案的全部现金净流量,所以有较大局限性。因此,该类指标一般只适用于方案的初选,或者投资后各项目间经济效益的比较。

(二) 折现评价方法

折现的分析评价方法也称为动态指标,是指考虑货币时间价值的分析评价方法,亦被称为折现现金流量分析技术,主要包括净现值法、现值指数、内含报酬率等。

1. 净现值法(NPV)

这种方法使用净现值作为评价方案优劣的指标。所谓净现值,是指特定方案未来现金流入的现值与未来现金流出的现值之间的差额。按照这种方法,所有未来现金流入和流出都要按预定折现率折算为它们的现值,然后再计算它们的差额。如净现值为正数,即折现后现金流入大于折现后现金流出,该投资项目的报酬率大于预定的折现率。如净现值为零,即折现后现金流入等于折现后现金流出,该投资项目的报酬率相当于预定的折现率。如净现值为负数,即折现后现金流入小于折现后现金流出,该投资项目的报酬率小于预定的折现率。

计算净现值的公式:

$$净现值 = \sum_{k=0}^{n} \frac{I_k}{(1+i)^k} - \sum_{k=0}^{n} \frac{O_k}{(1+i)^k}$$

式中:n——投资涉及的年限;

I_k——第 k 年的现金流入量;

O_k——第 k 年的现金流出量;

i——资本成本。

例:某家具制造公司拟新增一条办公家具生产线,目前有甲、乙两个方案可供选择,项目数据见下表。请根据项目数据,帮助该公司在甲、乙方案中作出选择(折现率为10%)。项目相关数据见下表(单位:万元):

项　目	0	1	2	3	4	5	备　注
甲方案	10 000	3 200	3 200	3 200	3 200	3 200	
乙方案	15 000	3 800	3 560	3 320	3 080	7 840	

解析:

甲方案 NPV=3 200×(P/A,10%,5)−10 000=2 130.56(万元)

乙方案 NPV=3 800×(F/A,10%,1)+3 560×(F/A,10%,2)+3 320×(F/A,10%,3)+3 080×(F/A,10%,4)+7 840×(F/A,10%,5)−15 000=862.38(万元)

根据上述计算结果,甲方案的净现值 2 130.56 万元>乙方案的净现值 862.38 万元,故应该选择甲方案。

净现值法所依据的原理：假设预计的现金流入在年末肯定可以实现，并把原始投资看成是按预定折现率借入的。当净现值为正数时，偿还本息后该项目仍有剩余的收益；当净现值为零时，偿还本息后一无所获；当净现值为负数时，该项目收益不足以偿还本息。

净现值法具有广泛的适用性，在理论上也比其他方法更完善。净现值反映一个项目现金流量计算的净收益现值，它是一个金额的绝对值，在比较投资额不同的项目时有一定的局限性。净现值法应用的主要问题是如何确定折现率，一种办法是根据资金成本来确定，另一种办法是根据企业要求的最低资金利润率来确定。前一种办法，由于计算资本成本比较困难，故限制了其应用范围；后一种办法根据资金的机会成本，即一般情况下可以获得的报酬来确定，比较容易解决。

2. 现值指数法(PI)

这种方法使用现值指数作为评价方案的指标。所谓现值指数，是未来现金流入现值与现金流出现值的比率，亦称"现值比率""获利指数"。

计算现值指数的公式：

$$现值指数 = \sum_{t=0}^{n} \frac{I_t}{(1+i)^t} \div \sum_{t=0}^{n} \frac{O_t}{(1+i)^t}$$

续前例，我们来计算甲方案与乙方案的现值指数。

甲方案 $PI = 3\,200 \times (P/A, 10\%, 5) \div 10\,000 = 1.21$

乙方案 $PI = [3\,800 \times (F/A, 10\%, 1) + 3\,560 \times (F/A, 10\%, 2) + 3\,320 \times (F/A, 10\%, 3) + 3\,080 \times (F/A, 10\%, 4) + 7\,840 \times (F/A, 10\%, 5)] \div 15\,000 = 1.06$

可见，甲方案的现值指数较乙方案更高，与净现值法得出的结论一致，所以应该选择甲方案。

现值指数表示1元初始投资取得的现值毛收益。现值指数是相对数，反映投资的效率。现值指数消除了投资额的差异，但是没有消除项目期限的差异。

3. 内含报酬率(IRR)

内含报酬率又称内部收益率，是指投资项目在项目计算期内各年现金净流量现值合计数等于零时的折现率，亦可将其定义为能使投资项目的净现值等于零时的折现率。当净现值为0时的折现率，就是项目的内含报酬率。

$$当净现值 = \sum_{t=0}^{n} \frac{I_t}{(1+i)^t} - \sum_{t=0}^{n} \frac{O_t}{(1+i)^t} = 0 \text{ 时,}$$

i 就是内含报酬率。

净现值法和现值指数法虽然考虑了时间价值，可以说明投资项目的报酬率高于或低于资本成本，但没有揭示项目本身可以达到的报酬率是多少。内含报酬率是根据项目的现金流量计算的，是项目本身的投资报酬率。

续前例，我们通过计算内含报酬率来对甲、乙两个方案进行比较。

通过内插法，我们计算得出 IRR 甲 $= 18.03\%$，IRR 乙 $= 12\%$，依然是甲方案优于乙方案。

内含报酬率的计算,通常需要"逐步测试法"。首先估计一个折现率,用它来计算项目的净现值;如果净现值为正数,说明项目本身的报酬率超过折现率,应提高折现率后进一步测试;如果净现值为负数,说明方案本身的报酬率低于估计的折现率,应降低折现率后进一步测试。经过多次测试,寻找出使净现值接近于零的折现率,即为方案本身的内含报酬率。计算出各方案的内含报酬率以后,可以根据企业的资本成本或要求的最低投资报酬率对方案进行取舍。

内含报酬率是方案本身的收益能力,反映其内在的获利水平。如果以内含报酬率作为贷款利率,通过借款来投资本项目,那么,还本付息后将一无所获。

内含报酬率和现值指数法有相似之处,都是根据相对比率来评价方案,而不像净现值法那样使用绝对数来评价方案。在评价方案时要注意到,比率高的方案绝对数不一定大,反之也一样。这种不同和利润率与利润额不同是类似的。

内含报酬率法与现值指数法也有区别。在计算内含报酬率时不必事先选择折现率,根据内含报酬率就可以排定独立投资的优先次序,只是最后需要个切合实际的资本成本或最低报酬率来判断方案是否可行。现值指数法需要一个合适的折现率,以便将现金流量折为现值,折现率的高低将会影响方案的优先次序。

四、项目投资决策方法应用

计算评价指标的目的,是为了进行项目投资方案的对比与优选,使它们在方案的对比与优选中正确的发挥作用,为项目投资方案提供决策的定量依据。但投资方案对比与优选的方法会因项目投资方案的不同而又有区别。

(一) 独立方案的对比与优选

独立方案是指方案之间存在着相互依赖的关系,但又不能相互取代的方案。在只有一个投资项目可选择的条件下,只需评价其财务上是否可行。

常用的评价指标有净现值、现值指数和内含报酬率。如果评价指标同时满足以下条件:$NPV \geq 0$,$PI \geq 1$,$IRR \geq i$,则项目具有财务可行性;反之,则不具备财务可行性。而静态的投资回收期与会计收益率可作为辅助指标评价投资项目,但需注意的是,辅助指标与主要指标(净现值等)的评价结论发生矛盾时,应当以主要指标的结论为准。

例:某企业拟引进一条流水线,投资额 110 万元,分两年投入。第一年初投入 70 万元,第二年初投入 40 万元,建设期为 2 年,净残值 10 万元,折旧采用直线法。在投产初期投入流动资金 20 万元,项目使用期满仍可全部回收。该项目可使用 10 年,每年销售收入为 60 万元,总成本 45 万元。假定企业期望的投资报酬率为 10%。

要求:计算该项目的净现值、内含报酬率,并判断该项目是否可行。

解析:

$NCF_0 = -70$(万元)

$NCF_1 = -40$(万元)

$NCF_2 = -20$(万元)

年折旧额 $= (110-10) \div 10 = 10$(万元)

$NCF_{3-11}=60-45+10=25$（万元）

$NCF_{12}=25+(10+20)=55$（万元）

项目 $NPV=13.621$（万元）

使用内插法，求得项目 $IRR=11.82\%$。

计算表明：净现值为 13.621 万元，大于零；内含报酬率为 11.82%，大于贴现率 10%。该项目在财务上是可行的。一般来说，用净现值和内含报酬率对独立方案进行评价，不会出现相互矛盾的结论。

对于某一独立方案的可行性判定，折现分析法中的三个指标所得出的结论往往都是一致的，按照我们决策指标来进行选择就可以完成。

（二）互斥项目的对比与优选

项目投资决策中的互斥方案（相互排斥方案）是指在决策时涉及多个相互排斥不能同时实施的投资方案。互斥方案决策过程就是在每一个入选方案已具备项目可行性的前提下，利用具体决策方法比较各个方案的优劣，利用评价指标从各个备选方案中最终选出一个最优方案的过程。

由于各个备选方案的投资额、项目计算期不相一致，因而要根据各个方案的使用期、投资额相等与否，采用不同的方法作出选择。

1. 互斥方案的投资额、项目计算期均相等，可采用净现值法或内含报酬率法

所谓净现值法，是指通过比较互斥方案的净现值指标的大小来选择最优方案的方法。所谓内含报酬率法，是指通过比较互斥方案的内含报酬率指标的大小来选择最优方案的方法。净现值或内含报酬率最大的方案为优。

例：某企业现有资金 100 万元可用于固定资产项目投资，有 A、B、C、D 4 个互相排斥的备选方案可供选择，这 4 个方案投资总额均为 100 万元，项目计算期都为 6 年，贴现率为 10%。现经计算：

$NPV_A=8.13$（万元） $IRR_A=13.3\%$

$NPV_B=12.25$（万元） $IRR_B=16.87\%$

$NPV_C=-2.12$（万元） $IRR_C=8.96\%$

$NPV_D=10.36$（万元） $IRR_D=15.02\%$

要求：决策哪一个投资方案为最优。

解析：因为 C 方案的净现值为 -2.12 万元，小于零，内含报酬率 8.96%，小于贴现率，不符合财务可行的必要条件，应舍去。

又因为 A、B、D 3 个备选方案的净现值均大于零，且内含报酬率均大于贴现率。所以，A、B、D 3 个方案均符合财务可行的必要条件。

且 $NPV_B>NPV_D>NPV_A$，$IRR_B>IRR_D>IRR_A$，

所以 B 方案为最优，D 方案为其次，最差为 A 方案，应采用 B 方案。

2. 互斥方案的投资额不相等,但项目计算期相等,可采用差额法

所谓差额法,是指在两个投资总额不同方案的差量现金净流量(记作 ΔNFC)的基础上,计算出差额净现值(记作 ΔNPV)或差额内含报酬率(记作 ΔIRR),并据以判断方案孰优孰劣的方法。

在此方法下,一般以投资额大的方案减投资额小的方案,当 ΔNPV≥0 或 ΔIRR≥i 时,投资额大的方案较优;反之,则投资额小的方案为优。

差额净现值 ΔNPV 或差额内含报酬率 ΔIRR 的计算过程和计算技巧同净现值或内含报酬率完全一样,只是所依据的是差量现金净流量 ΔNFC。

对于项目计算期相等,但投资规模不同的项目,在决策时应使用净现值的大小作为取舍的标准。

3. 互斥方案的投资额不相等,项目计算期也不相同,可采用年回收额法

所谓年回收额法,是指通过比较所有投资方案的年等额净现值指标的大小来选择最优方案的决策方法。在此法下,年等额净现值最大的方案为最优。

$$年等额净现值 A=净现值÷年金现值系数=NPV÷(P/A,i,n)$$

例:某集团公司要对两种大型机器设备进行选择。设备 A 比设备 B 便宜,但使用寿命较短。两种设备的现金流量如下(单位:万元):

时　间	0	1	2	3	4
设备 A	500	120	120	120	
设备 B	600	100	100	100	100

设备 A 价值 500 万元,能使用 3 年,3 年中每年末需支付 120 万元的设备修理费。设备 B 价值 600 万元,能使用 4 年,4 年中每年末需支付 100 万元的修理费。为简化分析,假定两台设备每年的现金流入量相同,因此在分析中忽略不计,上表中所有的数字都表示现金流出量。资本成本率为 10%。

解析:由于 A、B 两台设备初始投资额不同,而使用寿命也不相同,所以我们可以用年等额净现值法来进行比较。

A 设备 NPV=500+120×(P/A,10%,3)=798.42(万元)

B 设备 NPV=600+100×(P/A,10%,4)=916.99(万元)

设备 A 的现金流出为 500 万元、120 万元、120 万元、120 万元,等同于在第一年初一次性支付 798.42 万元。798.42 万元又等同于一笔三年期的年金,此年金为 321.05 万元,即:

798.42=C_A×(P/A,10%,3)　　　　　　C_A=321.05 万元

这是设备 A 的一个循环,在多个循环期内使用设备 A,就相当于在未来每年年末支付 321.05 万元。C_A 称为"年等额净现值"。

同理设备 B 的年等额净现值为:

916.99=C_B×(P/A,10%,4)　　　　　　C_B=289.28 万元

因为 C_A>C_B,所以应选择设备 B。

（三）资本限量决策的对比与优选

在现实世界中会有许多总量资本受到限制的情况出现，无法为全部盈利项目筹资，这时需要考虑有限的资本分配给哪些项目。资本分配问题是指在企业投资项目有总量预算约束的情况下，如何选择相互独立的项目。

例： M公司有甲、乙、丙、丁4个投资项目，有关资料如下表：

项 目	初始投资额	净 现 值	现值指数
甲	300	90	1.30
乙	200	70	1.35
丙	100	28	1.28
丁	100	45	1.45
合计	700	—	—

要求：分别就以下相关情况作出多方案组合决策。

（1）投资总额不受限制；

（2）投资总额受到限制，分别为300万元、500万元。

解析： 当投资总额不受限制或者大于、等于700万元时，上述所列所有投资组合方案最优，因为其净现值最大。

当投资总额限制为300万元时，最优组合方案为乙＋丁，此时净现值为115万元，大于乙＋丙组合方案（净现值为98万元）或甲方案（净现值为90万元）。

当投资总额限制为500万元时，最优组合方案为甲＋丙＋丁，此时净现值为163万元，大于甲＋乙组合方案（净现值为160万元）。

实际选择项目时情况会很复杂。具有一般意义的做法是：首先，将全部项目排列出不同的组合，每个组合的投资需要不超过资本总量；其次，计算各项目的净现值以及个组合的净现值合计；最后，选择净现值最大的组合作为采纳的项目。

可投资资本总量受限本身不符合资本市场的原理。按照资本市场的原理，好的项目就可以筹到所需资金。公司有很多投资机会时，经理的责任是到资本市场去筹资，并且应该可以筹到资金，而不管其规模有多大。有了好的项目，但筹不到资金，只能说明资本市场有缺点，合理分配资源的功能较差。这种状况阻碍了公司接受盈利性项目，使其无法实现股东财富最大化的目标。

不过，现实中确有一些公司筹不到盈利项目所需资金，还有一些公司只愿意在一定的限额内筹资。总量资本分配的需要是一种不合理的现实。此时，现值指数排序并寻找净现值最大的组合就成为有用的工具，有限资源的净现值最大化成为具有一般意义的原则。

值得注意的是，这种资本分配方法仅适用于单一期间的资本分配，不适用于多期间的资本分配问题。所谓多期间资本分配，是指资本的筹集和使用涉及多个期间。例如，今年筹资的限额是10 000万元，明年又可以筹资10 000万元；与此同时，已经投资的项目可不断收回资金并及时用于其他项目。此时,需要进行更复杂的多期间规划分析,不能用现值指数排序这一简单方法解决。

(四) 其他方案的对比与优选

在实际工作中,有些投资方案不能单独计算盈亏,或者投资方案的收入相同或收入基本相同且难以具体计量,一般可以考虑采用"成本现值比较法"或"年成本比较法"来作出比较和评价。所谓成本现值比较法是指计算各个方案的成本现值之和并进行对比,成本现值之和最低的方案是最优的。成本现值比较法一般适用于项目计算期相同的投资方案间的对比、优选。对于项目计算期不同的方案就不能用成本现值比较法进行评价,而应采用年成本比较法,即比较年平均成本现值对投资方案作出选择。

例: 某企业有甲、乙两个投资方案可供选择,两个方案的设备生产能力相同,设备的寿命期均为 4 年,无建设期。甲方案的投资额为 64 000 元,每年的经营成本分别为 4 000 元、4 400元、4 600 元和 4 800 元,寿命终期有 6 400 元的净残值;乙方案投资额为 60 000 元,每年的经营成本均为 6 000 元,寿命终期有 6 000 元净残值。

要求: 如果企业的贴现率为 8%,试比较两个方案的优劣。

解析: 因为甲、乙两个方案的收入不知道,无法计算 NPV,且项目计算期相同,均为 4 年,所以应采用成本现值比较法。

甲方案的投资成本现值 $=64\,000+4\,000\times(P/F,8\%,1)+4\,400\times(P/F,8\%,2)+4\,600\times(P/F,8\%,3)+4\,800\times(P/F,8\%,4)-6\,400\times(P/F,8\%,4)=73\,951.20(元)$

乙方案的投资成本现值 $=60\,000+6\,000\times(P/A,8\%,4)-6\,000\times(P/F,8\%,4)$
$$=75\,462.6(元)$$

根据以上计算结果,甲方案的投资成本现值较低,所以甲方案优于乙方案。

五、投资项目折现率的估计

任何投资项目都有风险或不确定性。针对投资项目的风险,可以通过调整折现率即资本成本进行衡量,再计算净现值。

使用企业当前的资本成本作为项目的折现率,应具备两个条件:一是项目的风险与企业当前资产的平均风险相同;二是公司继续采用相同的资本结构为新项目筹资。

如果新项目的风险与现有资产的平均风险显著不同,就不能使用公司当前的加权平均资本成本,而应当估计项目的系统风险,并计算项目的资本成本即投资人对于项目要求的必要报酬率。

项目系统风险的估计,比企业系统风险的估计更为困难。股票市场提供了股价,为计算企业的 β 值提供了数据。项目没有充分的交易市场,没有可靠的市场数据时,解决问题的方法是使用可比公司法。

可比公司法是寻找一个经营业务与待评价项目类似的上市公司,以该上市公司的 β 值作为待评价项目的 β 值。

运用可比公司法,应该注意可比公司的资本结构已反映在其 β 值中。如果可比公司的资本结构与项目所在企业显著不同,那么在估计项目的β值时,应针对资本结构差异作出相应调整。

综上,我们在资金时间价值基础上,为大家介绍了投资项目决策的过程。利用这些知识,我们在创业过程中,可以对投资项目进行一个相对客观的经济可行性分析,并最终选择合适的项目进行投资,为成功创业进行财务把控。

第四节 创业财务分析

作为初创期或成长期的中小企业,可以聘请专业的财务会计人员处理日常账务,但是当财务会计人员处理完业务,如何解读财务报表则是投资者不可或缺的知识,因为财务报表中隐藏着企业发展的危机和风险,也体现着管理人员的水平,是企业生存发展能力的展示。

一、财务报表的生成

财务报表是我们通常所说的"会计报表",是以会计准则为规范编制的,向所有者、债权人、政府等会计信息使用者提供的关于企业财务状况、经营业绩和现金流量信息的文字与表格文件。它是财务会计信息加工的最终产物,生成过程如图8-1所示:

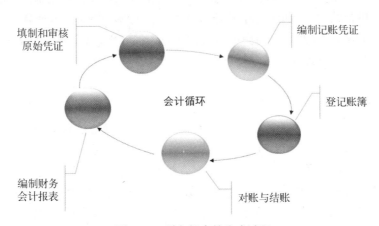

图8-1 财务报表的生成过程

业务人员填制和取得原始凭证是触发会计业务的第一步,这时业务人员应在取得原始凭证时甄别其合法性、正确性,以及是否盖有发票专用章。财务人员在收到业务人员交来的原始凭证后,除了进行形式上的审核外还要关注此笔业务的预算和相关部门领导的授权,避免无预算和超预算的现象;对于内部控制比较完善的企业要逐级审批,避免"一支笔"的权力集中,形成岗位之间互相牵制。以上这两步是整个财务业务的起点和核心,也决定了财务报表的质量。

为了后续方便编制财务报表,需要登记账簿。登记账簿是把经审核无误的记账凭证在相关账簿上登记的操作。期末为了使报表真实反映企业的实际状况还要进行账实核对(即资产清查)、账账核对(总账、明细账、日记账之间的核对)、账证核对(与记账凭证、原始凭证核对)及期末事项的结转和调整,最后结算出本期发生额及相关账户的期末余额。

财务报表按照内容不同可分为:反映一定时点财务状况的资产负债表、经营业绩的利润表、现金流入流出状况的现金流量表、所有者权益变动表等。

二、财务报表分析基本方法

财务报表分析的基本方法主要有结构分析法、趋势分析法、比率分析法、比较分析法。

(一) 结构分析法

机构分析法又称垂直分析法、纵向分析法或共同比分析法。它以财务报表中的某个总指标作为 100%，计算出各组成项目占该总体指标的百分比，从而比较各个项目百分比的增减变动，揭示各个项目的相对地位和总体结构关系，以便分析比较同一报表内各项目变化变动的适应性，判断有关财务活动的变化趋势。

结构分析法可以用于资产负债表和利润表的结构分析。在对资产负债表进行结构分析时，资产类项目通常以总资产的百分率表示，计算各项资产在总资产中所占比重，以观察企业资产的流动性和各项资产所占比例是否适当，如考察各类资产结构的合理性时可以把总资产设为 100%，用各项资产/总资产，得出各项资产的占比。

权益类项目通常以负债和所有者权益总计金额(即总权益)的百分比表示，分别计算各负债项目和所有者权益项目占权益的比重，以分析资产结构的合理性，如分析负债结构时可以把负债总额设为 100%，各项负债项目/负债总额可以得出各项负债类资金来源构成比例。

在对利润表进行结构分析时，由于营业收入是计算净利润的起点，通常把营业收入设为 100%，分别计算各项收入、费用和利润项目占营业收入的比重，以反映各项收入对利润的贡献程度和各项费用开支的合理性。

(二) 趋势分析法

趋势分析法又称水平分析法或横向分析法，它是将两期或连续数期的财务报表中的相同指标进行对比，确定其增减变动的方向、数额和幅度，以说明财务状况和经营成果的变动趋势的一种方法。分析的目的在于：① 确定引起财务状况与经营成果变化的主要项目，② 确定变化趋势的性质是否有利，③ 预测将来的发展趋势。趋势分析法常用的有三种：

第一种绝对数分析法。绝对数分析法是将有关项目连续几期的绝对数额逐一列示并进行对比，采用这种分析方法容易看出相关项目的变动方向及期趋势。

第二种环比分析法。环比分析法是计算有关项目相邻两期的变化率，即分析期某项目的数值相对于前期该项目数值的变化百分比，公式为：环比变动百分比＝(分析期某项目数值－前期某项数值)/前期某项目数值×100%。环比分析法不仅可以看出相关项目变动的方向，还可以看出期变动的幅度，但是如果前期某项目数值为负数或者为零，则计算结果没有意义。

第三种定基分析法。定基分析法是选择一个固定的期间作为基期，计算相关项目在各分析期的水平相当于基期水平的变动百分比，公式为定基变动百分比＝(分析期某项目数值－基期某项目数值)/基期某项目数值×100%，这种分析方法不仅能看出不同期间的变动方向和幅度，还可以看出一个较长期间内的总体变化趋势，便于较长时期的趋势分析。同样，与环比分析法类似，分母基期项目选择上不能是数值为零或者为负的期间，否则计算出来没有实际意义。

（三）比率分析法

比率分析法是把某些彼此存在关联的项目加以对比，计算出比率，据以确定经济活动变动程序的分析方法。由于比率是相对数，可以把某些条件下不可比指标变为可以比较的指标，将复杂的财务信息加以简化，同时揭示报告期内各有关项目之间的相关性。

（四）比较分析法

比较分析法是通过比较不同的数据，发现规律性的东西并找出与被比较对象的差别的一种方法，可以是绝对数比较也可以是相对数比较，其作用主要是揭示指标间客观存在的差距，为其进一步分析找明方向，常用的有基期分析法、预期标准和行业标准。

三、资产负债表相关分析

（一）资产负债表概述

企业资产结构与质量主要体现在资产负债表，资产负债表是以"资产＝负债＋所有者权益"为平衡关系，反映企业财务状况的静态报表，它揭示企业在某一特定日期所拥有或控制的经济资源、所承担的现时义务。

《富爸爸穷爸爸》一书中提到凡是能带来现金流入的资源就是资产，凡是导致现金流出的就是负债，但是在实务界和理论界并未采用这种标准。简单地说，资产是能用货币表现的资源，包括货币资金、各种债权、存货、无形资产及各种类型的对外投资，它表示企业资金占用的形式。

资产按照变现能力分为流动资产和非流动资产，其中流动资产是一年内或一个经营周期内可以转化为货币资金或被消耗的资源，如货币资金、应收账款、应收票据、存货、预付账款等。非流动资产是一年以上或长于一个营业周期才能转化为货币或被企业长期使用的资产，如固定资产、无形资产等。

资产又可以分为经营性资产和投资性资产，这主要取决于企业的主观意图，经营性资产主要是投资于自身的经营，如初创企业的货币资金、应收票据及应收账款、存货、固定资产；投资性资产主要用于投资于企业外部，如交易性金融资产、其他权益工具投资、长期股权投资等，前两者一般属于投机性质，即企业暂时闲置不用的资金为了寻找高收益的行为，此时应注意风险与收益是对等的，特别是初创期企业风险承受能力较低，融资能力也较差，倾向于较保守的投资；而长期股权投资通常是企业为了扩张而采取的战略，对于初创企业暂不做讨论。

负债和所有者权益则展示了企业资金来源。负债代表企业从各类债权人处获得的资源规模，所有者权益则代表企业从股东处获得的资源规模，其中股本（或实收资本）、资本公积是股东对企业的投入资本，盈余公积和未分配利润则是企业利润积累。

负债按照偿还款期限分为流动负债和非流动负债，其中流动负债是一年内或一个营业周期内需要偿还的负债，如应付票据、应付账款、应付职工薪酬等，非流动负债是指长于一年或一个营业周期偿还的负债，主要包括长期借款、应付债券等。

负债又可以分类为经营性负债和金融性负债，经营性负债是由企业经营活动引起的，如应付票据、应付账款、预收账款、应交税费等，它与企业的业务规模、竞争优势密切相关；金融性负债更多与企业发展、扩张战略因素相关，如长期借款、应付债券等。

(二) 与资产负债表有关的比率分析

1. 企业初创期资产负债表项目

(1) 货币资金。货币资金是企业生产经营中处于货币形态的那部分资金,按其形态和用途可分为库存现金、银行存款和其他货币资金。一个企业货币资金的多少主要取决于所属行业、企业筹资能力、运用能力及企业资产的规模和交易量。

(2) 应收票据。应收票据是企业因赊销产品、提供劳务等在采用商业汇票结算方式下收到的商业汇票(目前主要是银行承兑汇票)而形成的债权。由于到期由银行无条件承兑,所以应收票据保障程度较高。

(3) 应收账款。应收账款与应收票据一样也是在赊销业务中产生,但是买方不向卖方开具商业汇票,是否能够收回、收回多少取决于债务人的信用及财务状况。因此,企业期末要对应收账款进行减值测试,估算收不回来的部分,应冲减当期利润。应收账款与应收票据虽然同样是债权,但它的质量远低于应收票据。

(4) 预付款项。预付款项是企业在采购过程中需要向供应商预先支付货款而形成的债权,此后对方将以商品或劳务的方式偿还。一般而言,除了商业惯例,产生预付账款在很大程度上取决于企业管理上下游关系的能力,管理能力强、在竞争中居主导地位的企业一般不会大量、大批对外支付预付款项。

(5) 存货。存货是企业在正常生产经营过程中持有以备出售的产品或商品,或者为了出售仍在生产过程中的在产品,或在生产过程中或提供劳务过程中耗用的材料、物料等。企业的资产是否作为存货处理,不取决于资产的物理特性和价值,而取决于持有目的,如对贸易类公司而言,采购以备出售的商品就是其存货,对房地产企业来说楼盘就是存货。

(6) 固定资产。固定资产是企业为生产产品、提供劳务或经营管理而持有的、使用时间超过一个会计年度的有形资产。一般用固定资产在总资产的比重衡量企业是重资产行业还是轻资产行业,例如,传统的重工业制造业、船舶运输业、以自建固定资产从事经营活动的酒店、航空公司等属于重工业企业,以租赁方式解决经营场所的服务类企业、房地产公司则属于轻工业企业。

(7) 无形资产。无形资产是企业拥有或控制的没有实物形态的可辨认非货币性资产,包括专利权、非专利技术、商标权、著作权、土地使用权、特许经营权等。注意商誉属于不可辨认资产,不属于无形资产,只能算作无形项目。

(8) 短期借款。短期借款是企业向银行或其他金融机构等借入的期限在1年以内(含1年)的各种借款。这些借款一般是为了满足日常生产经营的短期需要而借入的,利息费用应作为企业的财务费用减少当期利润。

(9) 应付票据。应付票据反映企业购买原材料、商品和接受劳务供应等开出并承兑的、尚未到付款期的商业汇票,包括银行承兑汇票和商业承兑汇票。

(10) 应付账款。应付账款是企业购买原材料、商品和接受劳务供应等应付给供应商的款项。

(11) 预收账款。预收账款是企业按合同规定预收的款项,将来以产品或劳务偿还。预收账款中包含了企业即将实现的毛利,因此可能夸大了企业的负债。如企业在年末预收买方200万元的货款,约定下年2月向对方发货,产品毛利率为30%。这时年末报表中会增加货币资金200万元,同时增加预收账款200万元,但是在下年2月发货时,只需要发出140万元的货物,有 60 万元的毛利是不需要对外支付的。

(12) 应付职工薪酬。应付职工薪酬反映企业根据有关规定应付给职工的工资、奖金、津贴、职工福利、社保、住房公积金等。由于薪酬的发放比提供劳务的时间滞后一期,因此报表中此项目一般不会为零,形成了企业的自发性负债。

(13) 应交税费。应交税费反映企业按照税法规定计算的应缴纳的各种税费,但是不包括企业需要预缴的印花税和耕地占用税。

(14) 长期借款。长期借款反映企业向银行或其他金融机构借入的尚未归还的期限在一年以上(不含一年)的各种借款。长期借款一般用于企业的固定资产购建、固定资产改扩建等。

(15) 实收资本。实收资本是投资者投入企业的资本,表明投资者对企业的基本产权关系。

(16) 资本公积。资本公积是企业收到的投资者超出其在企业注册资本中所占份额的投资,及直接计入所有者权益的利得和损失。实收资本和资本公积是出资者投入的资本,一般按照实收资本所占比例进行分红。

(17) 盈余公积。盈余公积是从净利润中提取的、具有特定用途的资金,一般分为法定公积金和任意公积金。

(18) 未分配利润。未分配利润是企业净利润分配后的剩余部分,也就是尚未指定用途、归所有者享有的部分。盈余公积和未分配利润又称为留存收益,是企业自身积累和赚钱能力的体现。

2. 财务指标分析

(1) 流动比率。流动比率是流动资产与流动负债之比。衡量流动资产对流动负债的保障程度,通常认为流动比率在 2 左右比较好,但也不能一概而论,还要考虑流动资产的结构和质量,考虑流动负债的结构和规模,尤其要关注流动负债中预收款项的规模及企业毛利率水平。一些企业虽然流动比率长期维持较低水平,但其生存能力很强,究其原因可能是它的流动负债是应付票据、应付账款和预收账款占据了主导地位,说明企业对上游供应商采用了赊购方式(形成了应付账款和应付票据),利用其资源获得发展;对下游采取了预售的方式(形成了预收账款),说明企业可以在提供商品或劳务前直接获得买方提供的货币资金,企业的竞争优势明显。

(2) 资产负债率。资产负债率是负债总额与资产总额之比。这个比率一般用来衡量企业资产对债的依存度,也可以用来衡量企业的融资潜力或偿债风险,通常认为这个比率越低越安全,但是过低的资产负债率也说明企业没有很好地利用财务杠杆。对不同行业、不同企业资产负债率的高低不能用一把尺子来衡量,还要具体问题具体分析。

(3) 资产金融负债率。资产金融负债率是企业金融性负债(即各类有息负债)与资产总额之比,反映了企业对有息负债的依赖程度。在实务中,金融性负债主要包括各类借款、应付债券等,这类负债往往是企业主动向金融机构借入的,是实实在在需要还本付息的压力,此指标如果超过 50% 时就要注意其财务风险。

对资产负债表的分析除了上述比率的计算分析,还要关注企业发展动力的来源,取决于资产负债表中的经营性负债、金融性负债、股东入资和利润积累。

当企业的发展主要依靠经营性负债(主要体现在应付账款、应付票据、应交税费、应付职工薪酬等无息负债)时,企业由于管理者和经营者的能力在提升,因此业务规模和竞争力在提高。

当企业发展主要依赖于金融机构提供的金融性负债(短期借款、长期借款、应付债券等有息负债)时,往往意味着企业的战略可能面临重大调整或者企业的技术水平即将出现重大变化。

当企业发展主要靠股东入资(体现在实收资本、资本公积的增加)时,有可能是原有股东继续加大投资,说明其看好未来前景抑或被动入资(企业要发展,但是面临融资难问题);也可能是新股东加入导致实收资本或股本增长,这时要注意新增加的股东有可能对公司未来治理结构产生重大影响。

当企业发展资产增长是由于利润积累导致(体现在盈余公积和未分配利润项目上),往往意味着企业的盈利能力较强,企业可能处于高速成长期或稳定发展阶段。

(三) 资产负债表案例分析

1. 公司简介

新道科技公司是亚太本土最大企业管理软件、企业互联网服务提供商——用友集团的重要成员。企业基于内涵建设、依托信息技术,面向本科院校、职业院校经管类专业提供实践教学解决方案,以泛经管人才培养为目标,与院校共同构建实践育人能力,服务中国教育事业,服务中国产业发展。企业面对应用型本科、高职、中职的经管专业院校,倡导"毕业生等于行业合格入门劳动者"的核心理念,以实践育人为核心,围绕经管类专业的实践教学要求,通过自主研发的"技术平台+实践教学内容"为客户提供实践教学解决方案,以及师资研修和人才培养服务等。目前该公司在新三板①上市。表8-1是2016—2020年新道科技公司的资产负债表。

表8-1　新道科技公司资产负债表　　　　　　　　　　单位:元

资产负债表	2020/12/31	2019/12/31	2018/12/31	2017/12/31	2016/12/31
流动资产					
货币资金	3.650亿	4.472亿	5.486亿	2467万	6007万
应收票据及应收账款	3947万	2017万	1724万	2535万	2568万
其中: 应收票据	100.0万	—	60.00万	47.00万	—
应收账款	3847万	2017万	1724万	2488万	2568万
预付款项	8.684万	70.95万	58.74万	117.5万	21.00万
其他应收款合计	1215万	1767万	1392万	1315万	886.4万
其中: 其他应收款	1215万	1767万	1440万	1315万	886.4万
存货	229.0万	302.7万	357.7万	469.7万	265.4万
其他流动资产	40.25万	32.78万	56.64万	4.683亿	4.703亿
流动资产合计	4.231亿	5.501亿	5.845亿	5.373亿	5.678亿

---

①　新三板上市需要满足下列要求。1. 主体资格上市要求:新三板上市公司必须是非上市股份公司。2. 经营年限要求:存续期必须满两年。3. 新三板上市公司盈利要求:必须具有稳定的,持续经营的能力。4. 资产要求:无限制。5. 主营业务要求:主营的业务必须要突出。6. 成长性及创新能力要求:中关村高新技术企业,即将逐步扩大试点范围到其他国家级高新技术产业开发区内。

（续表）

资产负债表	2020/12/31	2019/12/31	2018/12/31	2017/12/31	2016/12/31
非流动资产					
可供出售金融资产	—	—	—	750.0 万	600.0 万
长期股权投资	1.554 亿	4 901 万	3 363 万	2 453 万	1 219 万
固定资产	126.5 万	206.7 万	293.9 万	232.4 万	235.3 万
无形资产	1 055 万	1 406 万	223.3 万	280.6 万	115.8 万
开发支出	—	—	1 740 万	700.7 万	—
长期待摊费用	27.50 万	70.28 万	98.51 万	37.81 万	46.60 万
递延所得税资产	553.7 万	76.36 万	159.2 万	74.46 万	16.61 万
非流动资产合计	1.835 亿	7 597 万	6 773 万	4 529 万	2 234 万
资产总计	6.066 亿	6.261 亿	6.522 亿	5.826 亿	5.901 亿
流动负债					
应付票据及应付账款	852.0 万	708.5 万	1 186 万	1 550 万	1 335 万
其中：应付账款	852.0 万	708.5 万	1 186 万	1 550 万	1 335 万
预收款项	—	8 862 万	8 856 万	6 268 万	9 376 万
应付职工薪酬	2 966 万	3 471 万	4 624 万	3 010 万	4 936 万
应交税费	1 441 万	1 324 万	2 116 万	1 701 万	1 535 万
其他应付款合计	286.2 万	334.9 万	735.7 万	1 011 万	27.46 万
其中：其他应付款	286.2 万	334.9 万	735.7 万	1 011 万	27.46 万
一年内到期的非流动负债	—	—	30.00 万	47.50 万	—
其他流动负债	1 104 万	—	—	—	94.52 万
流动负债合计	1.462 亿	1.470 亿	1.752 亿	1.359 亿	1.730 亿
非流动负债					
递延收益	—	20.42 万	21.04 万	5.000 万	—
递延所得税负债	—	—	30.00 万	—	—
其他非流动负债	—	—	27.50 万	—	—
非流动负债合计	—	20.42 万	78.54 万	5.000 万	—
负债合计	1.462 亿	1.472 亿	1.760 亿	1.359 亿	1.730 亿
所有者权益（或股东权益）					
实收资本（或股本）	2.163 亿	2.168 亿	2.184 亿	2.163 亿	1.803 亿
资本公积	1.241 亿	1.252 亿	1.282 亿	1.249 亿	1.604 亿

(续表)

资产负债表	2020/12/31	2019/12/31	2018/12/31	2017/12/31	2016/12/31
库存股	—	151.1万	613.0万	—	—
盈余公积	6073万	5665万	4381万	3042万	1795万
未分配利润	5929万	8171万	9196万	7506万	5847万
归属于母公司股东权益合计	4.605亿	4.788亿	4.763亿	4.467亿	4.171亿
股东权益合计	4.605亿	4.788亿	4.763亿	4.467亿	4.171亿
负债和股东权益合计	6.066亿	6.261亿	6.522亿	5.826亿	5.901亿

2. 企业资产总额的规模变化

资产显著增长一般意味着企业可支配资源在增加,企业可能正在经历业务增长或技术装备的升级换代;资产保持稳定,一般意味着企业处于稳定的状态;资产规模大幅度缩减可能是企业规模在萎缩,或者是资产减值的结果,或者企业正处于战略调整期。从表8-1可知,新道科技公司近五年资产状况相对稳定,在2018年达到最大,后面逐渐萎缩,应属于正常波动。

3. 企业发展四大动力分析

(1) 企业没有金融性负债,同时货币资金近三年始终处于较高水平,占了资产总额的60%以上,说明企业偿债能力比较强,同时表明企业在近期内没有大规模购置固定资产或无形资产。

(2) 企业的经营性负债在小幅缩减,从表8-1来看所有的负债都是经营性负债,具体来看应付职工薪酬、其他应付款、递延收益都是逐年减少的趋势,应付票据及应付账款、应交税费近三年有一定波动,但还是下行趋势,特别是预收账款,说明企业业务规模在萎缩。

(3) 企业实收资本和资本公积没有大的波动,只是由于少量的库存股引起了实收资本小规模的变动,这说明近三年没有新的股东入资,企业的股权结构和治理状况没有发生根本性变化。

(4) 企业的留存收益2018、2019年都稳步上升,但是2020年出现了较为明显的下降,可能是由于受新冠疫情的影响或企业竞争加剧导致。

4. 企业资产结构的变化

研究资产结构的变化首先应关注固定资产和无形资产,这是企业从事经营活动的基础,年度间固定资产和无形资产的变化,意味着企业的生产经营决策将发生重大变化或调整,新道科技公司固定资产和无形资2020年同比上期分别下降38.79%、24.97%均是报告期内正常的折旧和摊销引起的,可以判断企业的技术装备水平和能力在年度内基本没有变化,企业的业务构成和上年相比差异不大。

存货和商业债权是企业产出的表现,在外部环境相对平稳的情况下,企业的存货、商业债权处于增长态势则认为是企业发展的结果;如果均有所下降,则可能是企业加强了经营性流动资产的管理,或者业务萎缩。新道科技公司2020年存货较上年有所下降,可能是加强了存货的管理和控制引起的;同时应收账款增长了近一倍,主要是"公司云服务板块新增了1+X业务,付费方式为后付费"这项业务引起。资产变动最大的一项则是流动资产中的货币资金规模下降了近1亿元,长期股权投资增加了1亿多元,而流动资产中经营性资产都略有下降,这说明企业是战略发生了变化,可能由经营主导型向投资主导型或并重型过渡。查询报表附注得知公司参与设立了海南融智人才创新创业投资基金合伙企业(有限合伙)。

5. 企业的融资潜力

企业的融资潜力不能只看资产负债率,更应关注资产金融负债率。新道科技公司数据五年间资产负债率均没有超过30%,各类金融性负债都为零,金融负债率为零,这意味着企业有很大空间寻求债务融资。

四、利润表相关分析

(一)利润表概念

利润表又称损益表,是总括反映企业在一定时期内经营成果的会计报表。它可以反映企业经营业绩的主要来源和构成,可以帮助我们了解企业的利润规模、把握利润的质量,进而改进企业的管理,做出更多正确的决策,实现企业价值最大化。它是根据"收入-费用=利润"这个等式得出来的。

初创企业在利润表中常见的项目有:

(1)营业收入。营业收入是销售商品、提供劳务及让渡资产使用权等日常活动中形成的经济利益的总流入。营业收入是根据主营业务收入和其他业务收入两个会计科目之和填列,会引起资产的增加或负债的减少。

(2)营业成本。营业成本是与营业收入相关的已经确定了归属期和归属对象的成本,如房地产企业的营业成本包括建造商品房发生的材料、人工、制造费用等,商贸企业则表现为已销商品的购进成本。营业成本根据主营业务成本和其他业务成本两个会计科目之和填列。

(3)税金及附加。税金及附加是企业经营活动应负担的相关税费,包括消费税、城市维护建设税、教育费附加、资源税、车船税等。

(4)销售费用。销售费用是企业为了把商品、材料、劳务等销售出去所耗用的资源,如销售过程中由企业负担的运输费、装卸费、包装费、广告费等。

(5)管理费用。管理费用是企业行政管理部门为组织和管理企业生产经营活动而发生的各项费用支出,包括由企业统一负担的管理人员的薪酬、差旅费、办公费、董事会会费、工会经费、诉讼费等。管理费用包括的项目繁杂,可以简单地理解为,凡是企业为整体利益所发生的,不是为销售商品、筹集资金所发生的费用都可以列入管理费用中。

(6)财务费用。财务费用是企业为筹集生产经营所需资金而发生的各种筹资费用,如利息支出(利息收入是抵减项)、汇兑差额及相关手续费,以及企业发生的现金折扣。自2018年年报开始,上市公司除了列示财务费用,还要将利息费用与利息收入分别列示。

(7)资产减值损失。资产减值损失是企业计提各种资产减值准备所形成的损失,2018年上市公司把它分为资产减值损失和信用减值损失。它反映了企业各相应项目的贬值程度,在一定程度上揭示出这些资产的保值质量及企业对它的管理质量。

(8)其他收益。其他收益是与企业日常活动有关的政府补助,如新能源汽车行业收到与生产汽车有关的政府补助等。

(9)投资收益。投资收益是企业拥有或控制的投资性资产所带来的收益,主要包括投资性资产的持有收益和处置收益。

(10)资产处置收益。资产处置收益是处置资产的得到或损失,2017年开始其由营业外收入"升格"至营业内。虽然它改善了营业利润的规模,但是不具有持续性,并非真的营业性收入。

(11) 营业外收入。营业外收入是企业获得的与日常生产经营活动没有直接关系的各种收入,如罚没收入、捐赠利得、盘盈得利等。

(12) 营业外支出。营业外支出是企业获得的与日常生产经营活动没有直接关系的各种损失,包括盘亏损失、非常损失、公益性捐赠支出等。

(13) 所得税费用。所得税费用是经过调整后的本年利润总额乘以所得税税率计算得到的。

对于利润概念比较容易混淆,可以总结为:

第一层次利润是毛利,即营业收入减去营业成本的差额,它反映了企业的初始盈利能力,这往往与企业所处行业特点和在行业中的竞争优势有关。

第二层次利润是核心利润,即反映了企业自身经营活动所带来的利润,计算公式为:

核心利润=毛利-税金及附加-期间费用(销售费用、管理费用、研发费用、利息费用)

第三层次利润是营业利润,它并非完全在正常经营活动中产生的利润,有的企业如果投资活动、非流动资产处置业务特别活跃也会导致营业利润很高,但是它不一定有持续性。计算公式为:

营业利润=核心利润-资产减值损失-信用减值损失+其他收益+
投资收益+公允价值变动收益+资产处置收益

第四层次利润是利润总额,它是企业一定时期内各种活动产生的利润总和。计算公式为:

利润总额=营业利润+营业外收入-营业外支出

第五层次利润是净利润,它是企业一定时期内所获得的可用于股东分配的利润净额。计算公式为:

净利润=利润总额-所得税费用

(二) 与利润表相关的比率分析

表8-2为与利润表相关的比率和内涵。

表8-2 利润表相关比率

财务指标	公 式	解 析
毛利率	毛利/营业收入	计量管理者根据产品成本进行定价的能力,也就是产品的降价空间
销售费用率	销售费用/营业收入	衡量销售的代价
管理费用率	管理费用/营业收入	计量两者相比的有效性
研发费用率	研发费用/营业收入	计量两者相比的有效性
利息费用率	利息费用/营业收入	计量两者相比的有效性
核心利润率	核心利润/营业收入	更加客观地评价管理层在经营活动中的经营绩效和管理能力
营业利润率	营业利润/营业收入	传统指标意义不大
销售净利率	净利润/营业收入	盈利能力的核心指标,衡量企业总的经营管理水平

表8-2指标分母都是营业收入,只能说明企业及其产品或劳务在市场中的竞争地位,但是不能体现所耗和所得的关系,也并不说明其产生现金的能力。

(三) 利润表与资产负债表相关的财务比率分析

表8-3为利润表与资产负债表相关财务比率的内涵。

表8-3　利润表与资产负债表相关财务比率

指标名称	公　式	解　析
总资产报酬率	息税前利润/平均资产总额	反映管理层对所有资产进行管理所产生的效益,即管理层利用企业现有资源创造价值的能力
净资产收益率	净利润/平均股东权益	反映了企业管理层对股东投入的资产进行管理所产生的效益,体现了企业对股东的回报状况
存货周转率	营业成本/平均存货	反映了存货周转速度,指标高说明存货质量相对较高
流动资产周转率	营业收入/平均流动资产	反映企业流动资产的周转效率,在市场稳定的情况下,企业应降低与营业活动无关的流动资产,优化流动资产的结构
固定资产周转率	营业收入/平均固定资产原值	用来考察固定资产的周转效率,当此比率降低时可能是生产的产品不能适应市场需求,也可能固定资产的规模和结构出了问题
总资产周转率	营业收入/平均资产总额	考量企业资产总额的周转效率,企业可以根据此比率最大限度降低与营业活动无关的资产,优化整体资产结构

(四) 利润表与现金流量表相关的财务比率

核心利润获现率是经营活动产生的现金流量净额与核心利润之间的比率,这个指标反映了企业一定时期核心利润带来现金流量的能力。由于利润可以运用各种估计等方法进行盈余管理,所以它不一定能反映企业的真实业绩,但是现金流很难被操纵,此指标不高的企业,其利润质量往往不好。

(五) 新道科技公司利润表分析

表8-4是2016—2020年新道科技公司利润表。

表8-4　新道科技公司利润表　　　　　　　　　　　　单位:元

利　润　表	2020	2019	2018	2017	2016
营业总收入	2.166亿	2.531亿	2.897亿	2.474亿	2.789亿
营业收入	2.166亿	2.531亿	2.897亿	2.474亿	2.789亿
营业总成本	1.863亿	2.185亿	2.321亿	2.123亿	2.310亿
营业成本	2 281万	2 191万	3 265万	2 665万	2 518万
毛利	1.937 8亿	2.312亿	2.571亿	2.208亿	2.537亿

（续表）

利 润 表	2020	2019	2018	2017	2016
毛利率	89.47%	91.34%	88.73%	89.23%	90.97%
研发费用	5 161 万	5 905 万	5 338 万	5 256 万	—
研发费用率	23.83%	23.33%	18.43%	21.24%	—
营业税金及附加	246.3 万	385.7 万	499.0 万	456.5 万	525.0 万
销售费用	8 926 万	1.100 亿	1.224 亿	1.113 亿	1.192 亿
销售费用率	41.21%	43.46%	42.25%	44.99%	42.74%
管理费用	2 133 万	2 562 万	3 239 万	2 688 万	8 376 万
管理费用率	9.85%	10.12%	11.18%	10.86%	30.03%
财务费用	−115.7 万	−200.4 万	−1 374 万	−1 016 万	−289.2 万
核心利润率	13.44%	21.56%	26.42%	21.02%	25.35%
资产减值损失	—	—	251.4 万	52.66 万	59.38 万
其他经营收益					
加：公允价值变动收益	913.6 万	1 459 万	145.3 万	—	—
投资收益	474.7 万	1 349 万	1 409 万	1 748 万	340.1 万
其中：对联营企业和合营企业的投资收益	474.7 万	514.5 万	438.8 万	261.2 万	−30.71 万
营业利润	2 569 万	9 566 万	9 793 万	9 410 万	5 125 万
营业利润率	11.86%	38.80%	33.80%	32.50%	18.38%
加：营业外收入	52.21 万	53.48 万	599.9 万	590.8 万	3 106 万
其中：非流动资产处置利得	—	—	—	—	1.544 万
减：营业外支出	74.36 万	298.9 万	299.3 万	328.1 万	313.1 万
其中：非流动资产处置净损失	—	—	—	—	392.1
利润总额	2 547 万	9 321 万	1.009 亿	9 672 万	7 918 万
减：所得税费用	−173.0 万	762.9 万	1 169 万	1 357 万	860.8 万
被合并方在合并前实现利润	2 720 万	8 558 万	8 925 万	8 315 万	—
净利润	2 720 万	8 558 万	8 925 万	8 315 万	7 057 万
净利率	12.56%	33.81%	30.81%	33.61%	25.31%

如表8-4所示,新道科技公司五年间的利润表已计算出关键指标,依据上述计算,我们可以对企业的盈利能力做如下分析:

首先,企业净利润率由前三年每年在30％以上到2020年净利率将至12.56％,下降幅度非常之大,净利润虽然最近一年仍为盈利,但是较上一年下降了2/3还多,一方面可能是企业在行业中的竞争地位可能有所降低,另一方面可能是新冠疫情导致企业第一季度不能正常经营所致。

其次,企业净利率下降主要是由营业利润率下降所致,营业利润2020年下降至11.86％,而在此之前的三年一直保持在30％以上,可以看出净利润率的变动与营业利润的变动保持了高度一致,非日常活动的营业外收支对企业盈利能力几乎没有影响。

再次,企业的核心利润率虽然也有下滑,但是比营业利润率降低的要缓和。原因主要是2020年投资收益金额较前几年明显下降,根据报表附注显示公司2019年转让北京智联友道科技有限公司股权,取得投资收益834.06万元,这表明企业的投资战略有可能发生改变,与前面资产负债表2020年长期股权投资增加1.06亿元形成对比,更加表明企业可能处于转型期。

最后,虽然核心利润率有所降低,但是企业毛利率依然保持在90％左右。在2020年新冠疫情影响下,尽管营业收入有所降低,但企业产品的竞争能力并没有下降,依然保持着稳定发展的趋势。同时我们看到管理费用率和销售费用率、研发费用率基本保持平稳,说明企业的治理结构和销售策略及研发投入未发生明显变动。

以上是针对利润表的分析,我们结合资产负债表发现新道科技公司的盈利能力、偿债能力、营运能力在同行业中都表现不错,但是现金流却差强人意。下面结合资产负债表做相关投入产出的分析:

首先,净资产收益率。新道科技公司近五年净资产收益率呈下降状态,主要是由净利润下降导致的,这意味着从股东立场看,企业在近五年内净资产收益率在下滑,但同时我们也看到新道科技公司在同行业内依然保持着较高的水平,这可能是因为行业竞争激烈导致,也与2020年新冠疫情有关。

其次,存货周转天数。存货周转天数是指存货多长时间周转一次,周转天数越短(即存货周转越快)毛利率越高,存货给企业带来的价值越高。新道技术公司五年间存货周转天数一直比较平稳,且低于同行业平均水平,在营业成本和平均存货没有大幅度变化的情况下说明其存货管理水平较高。

再次,应收账款周转天数。应收账款周转天数是指企业从取得应收账款的权利到收回款项、转换为现金所需要的时间,这个时间越短越好。新道科技公司应收账款周转天数呈逐年上升趋势,但是与同行业相比仍处于优势地位,在营业收入和应收账款都逐年减少的情况下,此比率提高,说明企业可能在日益加剧的竞争中采取了宽松的收款政策。查阅资料可知,新道技术公司的客户基本是高校,2020年应收账款增加是因为提供的"1+X"考试采用后收款方式,因此导致了周转天数提高,据此并不能判定企业应收账款周转出现问题。

最后,每股经营现金流。每股经营现金流指用公司经营活动的现金流入减去经营活动的现金流出的数值除以总股数,它反映了企业向股东支付现金股利的能力。新道科技公司虽然在营运能力、偿债能力、盈利能力表现都高于同行业平均水平,但是现金流量与同行业比差不多,但是近三年处于逐年下降的过程,可能是因为竞争加剧,导致企业不得不采用赊销的方式(事实也确实如此,企业的客户主要是高校,高校先用后付费的情况居多)。

企业发展战略包括但不限于企业的发展方向、发展速度与质量、发展区域、发展规划等。从新道科技公司的营业收入规模和类型结构,我们可以进一步分析。表 8-5 是新道科技公司营业收入类型结构信息。

表 8-5　新道科技公司营业收入类型结构信息　　　　　单位:元

收入类型名称	2020年营业收入金额	2020年营业成本金额	2020年毛利率	收入占比	营业收入比上年同期增减%	营业成本比上年同期增减%	毛利率比上年同期增减%
教育软件产品	159 421 931.89	7 338 134.89	95.40%	73.60%	-23.60%	8.75%	-1.37%
咨询及培训服务	18 244 077.85	4 638 619.42	74.57%	12.43%	-3.33%	11.81%	-3.44%
云服务	26 930 623.21	4 147 054.15	84.60%	8.42%	150.61%	114.50%	2.59%
外购商品	11 998 188.61	6 689 399.53	44.25%	5.54%	-18.95%	-26.33%	5.59%
合计	216 594 821.56	22 813 207.99	89.47%	100.00%	-14.42%	4.12%	-1.88%

表 8-5 数据显示,与 2019 年相比,企业 2020 年主营业务的市场规模在下降(14.42%),毛利率水平也有所降低(1.88%)。从业务的具体结构来看,教育软件产品、咨询及培训服务两项业务的毛利率有所下降,与此同时云服务和外购产品毛利率有所上升,尽管如此,由于企业中教育软件产品、咨询及培训服务占了企业总体业务的 85% 以上,而这两项业务在营业收入和毛利率都有不同规模的缩减,导致了企业整个毛利率的下滑。

表 8-6 数据显示,新道科技公司主营业务是教育软件产品,占据了整个企业的 70% 以上,其毛利的贡献也较高,但是近五年企业发展方向在慢慢过渡,由教育软件产品向云服务过渡,这可能是由于企业间竞争的加剧使企业做出的战略选择。

表 8-6　新道科技公司近五年收入类型分布

收入类型/占比	2020 年	2019 年	2018 年	2017 年	2016 年
教育软件产品	73.60%	75.54%	84.98%	88.15%	90.24%
咨询及培训服务	8.42%	14.36%	5.53%	6.31%	7.10%
云服务	12.43%	4.25%	3.03%	0.79%	0.00%
外购商品	5.54%	5.85%	6.45%	4.75%	2.66%
合计	99.99%	100.00%	99.99%	100.00%	100.00%

企业利润的主要来源包括核心利润、投资收益、其他收益,新道科技公司没有来源于政府补助的其他收益。

从表 8-7 可知,新道科技公司始终以自主经营为主业,对外投资占比不大,企业的盈利能力较强。

表 8－7 新道科技公司收入来源

利润来源	计算公式	2020 年	2019 年	2018 年	2017 年	2016 年	2015 年
核心利润率	核心利润/营业收入	13.44％	21.56％	26.42％	21.02％	25.35％	13.44％
投资收益率	投资收益/营业收入	2.19％	5.32％	4.86％	7.07％	1.22％	0.03％

五、现金流量表相关分析

(一) 现金流量表简介

现金流量表是反映一定时期各类活动所带来的现金及现金等价物(现金等价物是指回收期在 3 个月以内的短期投资)的流入与流出的报表。现金流量分为经营活动产生的现金流量、投资活动产生的现金流量和筹资活动产生的现金流量。下面我们以新道科技公司为例看看现金流量表中包含哪些重要信息。表 8－8 是新道科技公司 2016—2020 年间的现金流量表。

表 8－8　新道科技公司现金流量表　　　　　　　单位:元

现金流量表	2020/12/31	2019/12/31	2018/12/31	2017/12/31	2016/12/31
经营活动产生的现金流量					
销售商品、提供劳务收到的现金	2.176 亿	2.840 亿	3.656 亿	2.545 亿	3.445 亿
收到的税费返还	1 864 万	3 130 万	2 403 万	4 046 万	2 702 万
收到其他与经营活动有关的现金	262.9 万	300.0 万	700.0 万	878.0 万	391.7 万
经营活动现金流入小计	2.388 亿	3.183 亿	3.967 亿	3.038 亿	3.754 亿
购买商品、接受劳务支付的现金	2 150 万	2 958 万	3 766 万	3 121 万	2 226 万
支付给职工以及为职工支付的现金	1.130 亿	1.425 亿	1.233 亿	1.384 亿	1.223 亿
支付的各项税费	2 485 万	4 737 万	5 310 万	5 253 万	5 457 万
支付其他与经营活动有关的现金	5 335 万	6 450 万	7 436 万	7 552 万	7 995 万
经营活动现金流出小计	2.127 亿	2.840 亿	2.884 亿	2.977 亿	2.791 亿
经营活动产生的现金流量净额	2 612 万	3 432 万	1.082 亿	613.4 万	9 632 万
投资活动产生的现金流量					
收回投资收到的现金	14.40 亿	11.99 亿	7.142 亿	7.097 亿	4.350 亿
取得投资收益收到的现金	795.0 万	1 418 万	1 025 万	1 524 万	370.8 万
处置固定资产、无形资产和其他长期资产收回的现金净额	1.973 万	14.37 万	5.686 万	1.946 万	7.592 万

(续表)

现金流量表	2020/12/31	2019/12/31	2018/12/31	2017/12/31	2016/12/31
收到其他与投资活动有关的现金	55.65万	163.0万	1 366万	1 020万	292.8万
投资活动现金流入小计	14.48亿	12.14亿	7.382亿	7.351亿	4.417亿
购建固定资产、无形资产和其他长期资产支付的现金	23.27万	124.4万	1 230万	938.1万	214.2万
投资支付的现金	15.55亿	12.86亿	2.512亿	7.193亿	9.210亿
投资活动现金流出小计	15.55亿	12.87亿	2.635亿	7.287亿	9.231亿
投资活动产生的现金流量净额	−1.065亿	−7 276万	4.747亿	647.9万	−4.814亿
筹资活动产生的现金流量					
吸收投资收到的现金	—	—	—	—	1.841亿
收到其他与筹资活动有关的现金	—	—	—	613.0万	—
筹资活动现金流入小计	—	—	—	613.0万	1.841亿
分配股利、利润或偿付利息支付的现金	4 554万	8 300万	5 897万	5 408万	4 326万
支付其他与筹资活动有关的现金	151.1万	461.9万	18.50万	—	9.000万
筹资活动现金流出小计	4 705万	8 761万	5 916万	5 408万	4 335万
筹资活动产生的现金流量净额	−4 705万	−8 761万	−5 916万	−4 795万	1.407亿
现金及现金等价物净增加额	−1.274亿	−1.261亿	5.237亿	−3 534万	−2.444亿
加：期初现金及现金等价物余额	4.223亿	5.484亿	2 466万	5 999万	3.044亿
期末现金及现金等价物余额	2.950亿	4.223亿	5.484亿	2 466万	5 999万

(二) 经营活动现金流量净额的充分性

企业经营活动产生的现金流量净额是由核心利润产生的,经营活动现金流量净额是否充分可以用核心利润获现率来衡量。计算公式为:

$$核心利润获现率＝经营活动产生的现金流量净额/核心利润$$

对非重资产企业(固定资产和无形资产占经营资产的比重不是特别高企业)的产品或劳务生产和销售而言,较为理想的核心利润获现率为1.2—1.5。从表8-10上看,新道科技公司核心利润获现率总的来说不高,不过有逐年提高的趋势,在竞争日益竞争的情况下这应该是向好的形势。

综上,作为初创期的企业,编制三张财务报表非常重要。这三张表也可以看成是一张表,现金流量表展示了企业货币资金在当年的运行状况,就是资产负债表中的货币资金的具体阐述;利润表展示了企业利润积累的过程,就是资产负债表右下方所有者权益中未分配利润的来源。因此,对三张表分析时我们要作为一个整体,而不是单独的个体。

作为企业投资者和经营者,要有分析报表的能力,还要有关于企业资产管理、资本运作的财务思维,即应具备运用各种财务工具、动用财务资源为企业发展战略服务的能力。在企业制定发展战略过程中,既要关注企业"要"怎么发展、"应"怎么发展,也要关注企业具体的财务资源能否支撑相应的战略,即战略执行的现实性。

复习思考题

1.

1)目的:熟悉会计要素的具体内容。

2)资料:某工业企业某年6月份有关项目(部分)及金额如下:

(1)由出纳员保管的现金980元;

(2)对外投资净收益50 000元;

(3)半年期银行贷款100 000元;

(4)投资人投入资本4 000 000元;

(5)库存产成品400 000元;

(6)出售产品实现收入1 200 000元;

(7)应付购料款250 000元;

(8)行管部门发生费用24 000元;

(9)从净利润中提取的盈余公积14 000元;

(10)应收客户销货款58 000元;

(11)开户银行存款180 000元;

(12)资本溢价4 800元;

(13)在产品63 000元;

(14)3年期银行贷款200 000元;

(15)产品专利权120 000元;

(16)库存原材料230 000元;

(17)应付投资人的利润56 000元;

(18)预收客户购货款70 000元;

(19)购买A公司股票300 000元,拟5年后出售;

(20)生产车间发生间接费用82 000元;

(21)银行借款利息支出14 000元;

(22)营业外收入5 000元;

(23)向供应商预付购料款27 000元;

(24)生产产品直接耗用材料费250 000元;

(25)应付利息6 000元;

(26)购买B公司债券20 000元,拟半年后出售;

(27)生产产品工人工资及福利费56 000元;

(28) 未分配利润 40 000 元;

(29) 厂房 900 000 元;

(30) 机器设备 240 000 元;

(31) 租入设备改良支出 60 000 元,分 2 年等额摊销;

(32) 产品广告费 12 000 元;

(33) 房屋租金收入(不含税)8 500 元;

(34) 接受捐赠财产净价值 8 000 元;

(35) 支付下半年财产保险费 30 000 元;

(36) 应交所得税 24 000 元;

(37) 营业外支出 7 200 元;

(38) 出售不需要材料收入(不含税)12 000 元;

(39) 欠职工工资 88 000 元;

(40) 汇款手续费 800 元。

3) 要求:指出上述项目分属哪一类会计要素,并将项目序号填入空白处。

资产项目: _____

负债项目: _____

所有者权益项目: _____

收入项目: _____

费用项目: _____

利润项目: _____

2.

1) 目的:练习权责发生制和收付实现制下本期收入、费用的确认。

2) 资料:某企业某年 6 月份部分经济业务如下:

(1) 出售产品 800 000 元(不含税),其中 500 000 元已收到存入开户银行;其余 300 000 元货款尚未收到;

(2) 收到上月提供劳务收入款 5 000 元(不含税);

(3) 支付本月水电费 9 000 元;

(4) 支付第二季度借款利息 3 600 元;

(5) 本月提供劳务应计收入 10 000 元,尚未收到;

(6) 预收客户购货款 30 000 元;

(7) 5 月份已预收的货款本月实现产品销售收入 200 000 元;

(8) 本月负担设备修理费 15 000 元,需下月支付。

3) 要求:分别按权责发生制和收付实现制列式计算 6 月份的收入,费用和利润。

    权责发生制:(1) 6 月份收入＝

            (2) 6 月份费用＝

            (3) 6 月份利润＝收入－费用＝

    收付实现制:(1) 6 月份收入＝

            (2) 6 月份费用＝

            (3) 6 月份利润＝收入－费用＝

3.

1）目的：熟悉经济业务类型。

2）资料：某企业某年4月份发生下列经济业务（部分）：

（1）用银行存款购买材料，价值60 000元；

（2）用银行存款归还长期借款100 000元；

（3）用银行存款偿付前欠某单位货款25 000元；

（4）收到投资人甲投入的设备40 000元；

（5）从某单位购进一批材料价值6 000元，款未付；

（6）向银行借入长期借款50 000元，存入银行存款户；

（7）将盈余公积14 000元转作实收资本；

（8）向银行取得短期借款12 000元直接偿还欠某单位货款；

（9）企业投资人乙代企业归还短期借款30 000元，并将其转为投入资本；

（10）经研究，用盈余公积金18 000元给投资者分派利润，利润尚未实际发放；

（11）经批准，以银行存款6 500元，代投资人丙以资本金偿还其应付给其他单位的欠款；

（12）企业以固定资产18 000元对外投资。

3）要求：分析上列各项经济业务的类型，填入下表。

类　　　型	经济业务序号
1. 一项资产增加，另一项资产减少	
2. 一项负债增加，另一项负债减少	
3. 一项所有者权益增加，另一项所有者权益减少	
4. 一项负债增加，一项所有者权益减少	
5. 一项负债减少，一项所有者权益增加	
6. 一项资产增加，一项负债增加	
7. 一项资产增加，一项所有者权益增加	
8. 一项资产减少，一项负债减少	
9. 一项资产减少，一项所有者权益减少	

4.

1）资料：某企业拟购建一套生产装置，所需原始投资200万元于建设起点（第0年末）一次投入，建设期1年，预计第1年末可建成投产。该套装置预计使用寿命5年，采用年限平均法计提折旧，使用期满报废清理时无残值。5年中预计每年可增加税前利润100万元，所得税率25%，资本成本率10%。

2）要求：（1）计算该套生产装置年折旧额；

　　　　　（2）计算该项目各年的净现金流量；

　　　　　（3）计算该项目投资回收期；

　　　　　（4）计算该项目净现值（根据系数表计算）；

　　　　　（5）评价该项目的财务可行性。

5.

1) 资料：某企业计划进行某项投资活动，方案原始投资额 1 000 万元，其中固定资产投资 800 万元，流动资金投资 200 万元，均于建设起点一次投入。使用寿命 5 年，固定资产残值收入 50 万元。投产后，每年营业现金收入 650 万元，每年付现成本 250 万元。固定资产按年数总和法计提折旧，全部流动资金于终结点收回。该企业适用的所得税率为 25%。

2) 要求：(1) 计算该固定资产每年应计提的折旧；

(2) 计算投产后各年的净利润；

(3) 计算方案各年的净现金流量；

(4) 若该企业资本成本为 10%，计算方案的净现值，并评价投资方案的可行性。

(注：计算结果保留小数点后两位)

第九章
商业计划书撰写

学习目标

本章将对商业计划书的撰写方法和基本内容进行阐述。通过本章的学习，能够了解商业计划书的定义、功能、特征、基本框架。商业计划书的撰写一般包括计划书概要、公司介绍、战略规划、创业组织结构、产品服务、市场分析与预测、营销计划管理、生产计划管理、财务分析与规划、风险与退出、附录等内容。

案例导入

中国国际"互联网＋"大学生创新创业大赛

中国国际"互联网＋"大学生创新创业大赛，是由教育部与各高校共同主办，旨在落实党中央国务院提出的"大众创业、万众创新"的重大部署，深入实施创新驱动发展战略，引领新时代高校人才培养方式深刻变革，推动形成新的人才培养观和新的质量观的创新创业赛事。该项大赛是我国创新创业教育改革的生动实践，极大地激发了大学生投身创新创业的热情，已经成为覆盖全国所有高校、面向全体大学生、影响最大的高校"双创"赛。

中国国际"互联网＋"大学生创新创业大赛的目的及任务主要有：以赛促学，培育创新创业生力军；以赛促教，探索素质教育新途径；以赛促创，搭建成果转化新平台等。目前，该项比赛的高教主赛道通常按照"四新"分类，即新工科、新农科、新医科、新文科。主赛道针对本科生和研究生，主要划分创意组、初创组、成长组。创意组参赛材料为项目计划书等，初创组参赛材料包括项目计划书、公司营业执照图片、投资证明材料、股权结构证明等，成长组参赛材料包括商业计划书、公司营业执照图片、投资证明材料、股权结构证明等。这里，作为参赛者无论是创意组、初创组还是成长组都要提交一份商业计划书。那么，什么是商业计划书、商业计划书具有什么功能和特征、商业计划书包括哪些基本内容、撰写商业计划书应注意哪些事项对于每一位参赛者而言就十分重要了。

第一节　商业计划书概述

一、商业计划书的定义

商业计划书(Business Plan，BP)是企业(创业者)或项目单位为达到融资或其他发展之目的,在对项目进行充分调研的基础上,从企业基本情况、经营战略规划、组织结构、市场分析与预测、营销计划管理、生产计划管理、财务分析与规划、风险与退出等各个方面进行可行性分析,全面展示企业或项目的背景、现状与规划、未来发展前景,进而形成执行计划的策略文件。商业计划书是企业成功获取融资的重要工具之一,尤其对于初创企业而言,一份质量较高的商业计划书不仅能有效获得投资者的青睐,也对创业者有序高效开展商业活动打下良好基础。

二、商业计划书的功能

(一) 沟通功能

商业计划书是企业(创业者)或项目单位与投资者之间必要的沟通工具,投资者可通过商业计划书了解项目价值、创业前景,以及如何实现创业计划等重要信息,以便做出科学判断和决策。

(二) 管理功能

商业计划书可以引导投资者对企业或项目单位(创业者)整个生命周期的发展进行系统了解,尤其在创业过程中,投资者还可以依据商业计划书来跟踪监督其业务流程、分析实际成果与预期目标的差距等,以便及时调整自己的策略与方法。

(三) 承诺功能

商业计划书作为创业者与投资人之间签署的合同附件,在法律意义上是一份创业者对投资人的承诺书;商业计划书也体现了核心领导对团队成员或者上级对下级的承诺,尤其是战略目标的定位、未来发展的规划、行动方案的提出都是一种书面的承诺,从而避免出现朝令夕改的问题。

三、商业计划书的特征

(一) 内容完整

商业计划书一般要全面展示企业或项目的背景、现状与规划、未来发展前景,涉及企业生产经营全过程中的主要业务、财务状况、市场分析、管理团队等方面的核心要素。

(二) 亮点突出

撰写商业计划书要突出项目的特色和价值,要展示项目成熟的团队与超强的运营能力。

(三) 逻辑清晰

撰写商业计划书应思路清晰、讲究逻辑、文笔流畅。

（四）依据充分

撰写商业计划书必须有理有据，实事求是，不夸大其词，所有的分析结论都要有充分的依据。

（五）主次分明

针对商业计划书的审阅对象，重点突出，主次分明，尤其要突出体现对方所关注的内容。

（六）可行性强

商业计划书具有较强的可行性，应有清晰的目标、可行的营销计划、科学的工作推进计划、合理的预算和明确的工作成果。

第二节　商业计划书的基本框架

一、计划书概要

商业计划书的第一部分是计划书概要的撰写。计划书概要是对商业计划书的概述，也是对基本框架及特点的总体描述，一般包括企业介绍、主要产品和业务范围、市场概貌、营销策略、销售计划、生产管理计划、管理者及其组织、财务计划、资金需求状况等。

计划书概要浓缩商业计划书的精华，涵盖商业计划的基本要点，填写时要一目了然，尽量简明、生动，言简意赅、突出特点，讲好故事，合理控制篇幅，以便评委或投资者能在最短的时间内评审计划并做出判断。

计划书概要虽然放在计划书的最前面，但一般在对商业计划书各项逐条描述的基础上最后阶段撰写。计划书概要要突出重点，着重表现产品或服务、创造的客户价值、行业与市场分析、获得成功的关键战略、管理团队的出色技能、融资要求以及投资回报前景等。

二、公司介绍

商业计划书的公司介绍主要说明公司的基本情况，包括公司名称、公司性质（有限公司、股份有限公司、合伙企业、个人独资等，如果有外资则要说明外资比例）、成立时间、注册资本、实际到位资本、无形资产占股比例、注册地点、公司的主营业务等基本情况。

首先，在介绍公司时要说明创办新公司的思路，新思想的形成过程。其次，要对公司以往的情况做客观评述，不回避失误，要交待公司过去的背景、现状，说明自公司成立以来主营业务、股权、注册资本等公司基本情形的变动，并说明这些变动的原因。最后，还要介绍一下投资人重点关注的内容，如公司荣誉、专利商标拥有情况、主营业务范围、市场占有率情况、股东情况、各个部门现有员工数量等。

三、战略规划

战略规划是企业为实现其经营目标，谋求长期发展而做出的带全局性的经营管理计划。它关系到企业的长远利益，以及企业经营的成功和失败。因此，商业计划书的战略规划撰写要建立在对市场进行充分分析基础之上,在对影响需求的外部因素和影响企业的内部因素进行全面把握之后的合理部署。商业计划书战略规划撰写应主要体现如下五方面内容。

(一) 对自身定位要清晰

常言道:"知己知彼,百战百胜。"企业制定战略规划要对自身进行清晰定位。首先,要了解竞争对手产品的优势与劣势、生产经营情况等,有针对性地进行竞争营销策略分析;其次,要了解目标客户的基本情况,掌握客户的需求、产品服务的使用习惯、区域分布,做到有的放矢,为市场推广做好准备。最后,在对竞争对手和目标客户基本情况了解清楚之后,结合自身实际情况,定位自己的产品和服务,形成适合自身发展的经营战略指导思想。

(二) 要明确提出企业经营战略目标

企业经营战略目标是指企业在经营过程中要达到的成果。企业经营战略目标是企业在既定的战略经营领域展开经营活动所要达到的水平的具体规定,可以是定性的,也可以是定量的。战略目标要有具体的数量特征和时间界限,一般为3—5年或更长。创业者想要在残酷的市场竞争中取得成功必须要有远见和目标。创业者应树立长远目标,不断去思考自己要做的事情,将自己的计划不断去细化,然后才能取得更好的效果。

(三) 要提出企业的品牌文化

所谓品牌文化,根据美国品牌管理大师戴维·阿克(David Aaker)的定义,是指通过赋予品牌深刻而丰富的文化内涵,建立鲜明的品牌定位,并充分利用各种强有效的内外部传播途径,形成消费者对品牌的高度认同,从而创造品牌信仰,最终形成强烈的品牌忠诚。对于企业而言,想要推销自己的产品,应该先从推销自己的企业文化开始。因此,企业应特别注重树立符合当代大多数消费群体价值观的,属于自己独特的品牌文化。企业的品牌文化需要企业不断经营和磨炼中铸就。但对于创业者而言,在商业计划书中能够体现自己打造品牌文化的创意和愿景也非常重要。

(四) 要提出企业创新的商业模式

商业模式是指企业如何组织各种资源来满足市场需求的系统,通俗地讲就是企业通过什么途径或方式来为企业盈利。商业模式应该体现出独特性和创新性,是应该能够经过市场检验和认可的模式。因此,在商业计划书撰写中要勇于打破传统的商业模式,提出自己崭新的有差别的商业模式,这是企业竞争力的一种体现。

(五) 制定经营战略的具体措施

围绕企业战略目标,结合当前的具体形势,提出具体的行动计划,可让商业计划书的战略规划变得更加可行。经营战略具体措施是实现经营战略的具体保证,包括产品开发、市场选择、资源分配、价格确定、商品推销、财务管理等方面内容。

四、创业组织结构

高素质的管理人员和良好的组织结构是管理好企业的重要保证。在商业计划书中团队组织结构的介绍是一项重要内容,团队建立适当与否,直接影响团队管理成效。实践中,有很多优秀项目本身质量很好,但没有对创业组织结构团队进行充分论证,导致许多优秀项目失去融资机会。在商业计划书中,关于这一板块介绍中存在较多的问题有:重点不够突出,展示的团队成员太多,核心团队成员的业绩成果不够突出;团队成员经历过少,业绩不够突出;只是简单罗列团队成员名字,没有基本业绩介绍;团队成员专业与业绩与项目不相关,团队优势与项目核心不匹配等。因此,在创业组织结构介绍中应包括以下两方面内容。

(一) 团队人员构成

创业团队具体由哪些人组成,是自然人还是企业? 如果是自然人,应介绍年龄结构、从业经验、擅长领域等;如果是企业,应介绍企业的性质、业务范围和经营状况。介绍团队成员应懂得选择和取舍,重点突出。团队应体现专业性,而不是一种简单拼凑。在工作履历上,挑选对项目有利的重点经历,对于与企业经营项目无关的成员履历和业绩不展示。

(二) 组织结构

为了实现企业的战略目标,增强企业对外竞争力,提高企业运营效率,充分发挥员工的创造性思维能力,需要构建一种有效的组织结构。组织结构的本质是为了实现企业战略目标而进行的分工与协作的安排,组织结构的设计要受到内外部环境、发展战略、生命周期、技术特征、组织规模人员素质等因素的影响,并且在不同的环境、不同的时期、不同的使命下有不同的组织架构模式。组织结构可以是自上而下的金字塔型,也可以是高度柔性的、符合人性的、能持续发展的扁平型,或者其他类型。商业计划书撰写组织结构中强调与项目要紧密相连,不能把别的企业组织全盘照抄,要根据企业具体业务需要确定组织结构类型。组织结构中的每一部门的职能和经营目标都应清晰阐述,当然,由于项目创始团队一般在 3 人左右,所以不可能每一个部门都有专人负责,如果出现成员一人身兼多职,这个也是属于正常情况。

五、产品服务

商业计划书涉及产品服务的撰写要求详细介绍企业产品或服务的概念、性能及特性、主要产品或服务介绍、产品或服务的市场竞争力、产品或服务的研究和开发过程、发展新产品新服务的计划和成本分析、产品或服务的市场前景预测、产品或服务的品牌和专利等等。该部分撰写应注意抓住三个重点。

(一) 对产品或服务的介绍要准确、通俗易懂

尽量用平实易懂的语言介绍企业将要提供的产品或服务,要让不是专业人员的投资者对产品或服务产生较强的代入感,从而产生投资的兴趣。

(二) 重点要对产品或服务要解决什么难题、如何解决这一难题阐释清楚

供给来源于需求,任何一个项目或者初创企业,所提供的产品或服务一定是要解决生活中的难题,或者具有一定的市场需求。因此,要求项目申请者或者创业者在介绍产品或服务之前要做大量的市场调研,否则将难以回答投资者最关心的这一问题。

(三) 如何阐释产品或服务的竞争力是关键

产品或服务的竞争力通过什么指标体现? 是产品或服务本身的创新性,还是价格的优势? 这些都需要在商业计划书中用坦率且有逻辑的语言进行表达。

六、市场分析与预测

当企业要开发一种新产品或向新的市场扩展时,首先就要进行市场预测。如果预测的结果并不乐观,或者预测的可信度让人怀疑,那么投资者就要承担更大的风险,这对多数风险投资者来说都是不可接受的。因此,投资者在商业计划书中关于市场分析与预测部分尤其重视。投资者对市场分析与预测的观测点主要有如下两方面内容。

(一) 对需求的预测

对于企业新产品的市场需求预测要回答如下问题: 市场是否存在对这一产品或服务的需求,需求的程度如何,目前的市场需求程度能否给企业带来期望的收益? 从动态需求的角度分析该产品未来的趋势如何? 影响需求的因素有哪些?

(二) 对市场竞争格局的分析

市场分析与预测不仅对自身产品或服务的分析或预测,还包括对企业所面对的竞争格局进行分析,要回答的问题主要有: 市场中主要的竞争者有哪些? 是否存在有利于本企业产品的市场发展空间? 本企业预计的市场占有率是多少? 本企业进入市场会引起竞争者怎样的反应,这些反应对企业会有什么影响? 等等。

七、营销计划管理

企业的产品或服务采取何种方略进行营销对于企业的生存和发展至关重要。如果产品或服务销路不对,不符合市场需求,则会直接影响企业营业收入,企业资金链可能因此中断,进而导致企业或者项目失败。营销是企业经营中最富挑战性的环节,在介绍时要分析消费者的特点、产品的特征、企业自身的状况、营销成本和营销效益等影响营销策略的主要因素。商业计划书中关于营销计划管理主要包括如下四方面内容。

(一) 营销目标

营销目标是营销计划的核心内容,它将决定营销策略和行动方案的拟定。企业根据自身实际和外部形势制定营销目标。从宏观上看,包括市场占有目标、市场扩张目标、品牌发展目标;从微观上看,主要包括销售额、市场占有率、利润目标等。商业计划书中的营销目标要非常清晰表达,既要体现创业者的雄心壮志,也要符合实际情况,量力而为。

(二) 营销机构和营销队伍

营销机构和营销队伍的设置是营销目标得以实现的组织保障。企业是否有健全的营销组织和稳定的营销队伍,营销组织的职能分工是否清晰明确,营销制度能否有效激励营销队伍的积极性,营销队伍结构是否科学合理,是否受过专门训练,是否对所营销的产品或服务有足够的认知等等都体现了企业的营销能力和实力。

（三）营销策略

营销策略是营销计划尤为重要的一个环节，主要是完成目标计划的主要途径和方法，包括目标市场的选择、市场的定位战略、产品策略、品牌策略、定价策略等主要决策。营销策略制定前要对市场进行充分调研，通过调研可以了解目标客户在哪里？产品如何满足客户的需求？采取直销还是分销模式进行销售？找代理商还是自建销售团队？通过对相关市场、产品、竞争对手、用户环境因素等背景资料的分析，了解市场动态和趋势，洞察用户需求，研究产品优劣势。然后分析机会在哪，找出差异化定位，根据不同的渠道制定不同策略。

（四）营销计划执行方案

营销计划执行方案是将营销策略具体化为可操作的措施。一般情况下，可以运用5W2H分析法制定，即：为什么（why）要执行？原因是什么？执行的计划内容是什么（what）？在哪里（where）执行？何时（when）完成？什么时机最适宜？有谁（who）来承担？谁来完成？怎么做（how）提高效率？如何实施？做到什么（how much）程度？数量如何？质量水平如何？费用产出如何？等等。

八、生产计划管理

对于产品制造行业，商业计划书一般要对生产计划管理进行说明，通常是介绍产品制造和技术设备现状、新产品投产计划、技术提升和设备更新的要求、质量控制和质量改进计划等。

（一）产品制造和技术设备现状

这一部分主要对现有的产品制作工艺流程、订单规模和技术设备先进程度进行简单介绍，目的要突显企业的生产制造能力，释放企业能满足市场需求的信号。

（二）新产品的投产计划

如果企业有新产品，要制订周密的投产计划，不仅要体现企业的生产能力，更要突显企业的管理和统筹，以及对新产品未来市场预判能力。

（三）技术提升和设备更新的计划

企业在什么阶段进行技术提升和设备更新，反映企业的发展潜力和成长的空间。因此，技术提升和设备更新计划的制定也非常重要。

（四）质量控制和质量改进计划

对于生产企业而言，保证产品的质量就是保证企业的口碑，是彰显企业品牌的重要因素。如何进行质量控制和改进需要在每一个环节进行非常详尽的周密计划和安排。

九、财务分析与规划

（一）准备工作

第一，收集充分财务数据。要收集项目的相关财务数据，包括成本、收入、资产、负债、现金流等方面。这些数据可以从企业现有的财务报表中获得，但如果是新创立企业，则要进行条件假设,并进行预判。比如,要预判未来3—5年的销售收入、销售成本、损益、现金流等指标的发展变化。

第二,进行财务比率分析。将收集到的财务数据进行比率分析,包括利润率、偿债能力、营运能力、运营效率等方面。这些比率可以反映项目的财务状况和运营效果。

第三,编制财务预算。根据项目的运营计划和预期收入、成本等数据,编制财务预算。财务预算可以帮助判断项目的可行性和预期收益。

第四,进行投资回收期分析。投资回收期是指项目投资成本能够回收的时间,在财务分析中是一个非常重要的指标。通过计算项目的投资回收期,可以判断项目的投资风险和收益率。

第五,制定财务决策建议。根据以上分析结果,制订财务决策建议。如果项目的财务状况较好,可以建议继续推进项目;如果项目的财务状况较差,可以建议优化项目方案或暂停项目。

(二) 撰写内容

商业计划书关于财务分析与规划可以帮助投资者非常清晰了解和判断企业项目的财务可行性和效益。这一部分的撰写者要具备一定的财务知识和分析能力,内容上一般包括条件假设、预计的资产负债表、预计的损益表、预计的现金流量表、资金的来源和使用等。

资产负债表是以"资产=负债+所有者权益"为平衡关系,反映企业财务状况的静态报表,它揭示企业在某一特定日期所拥有或控制的经济资源、所承担的现时义务。

损益表反映总括反映企业在一定时期内经营成果的会计报表,它可以反映企业经营业绩的主要来源和构成,可以帮助我们了解企业的利润规模、把握利润的质量,进而改进企业的管理,做出更多正确的决策,实现企业价值最大化。

现金流量表反映一定时期各类活动所带来的现金及现金等价物(现金等价物是指回收期在3个月以内的短期投资)的流入与流出的报表。

(三) 注意事项

第一,数据来源要可靠,需要从多个渠道进行核实和比对。

第二,分析方法要科学合理,需要根据项目的实际情况选择相应的方法。

第三,结论要具有说服力,需要通过数据和分析过程来支撑结论。

第四,注意财务分析的局限性,财务分析只是项目分析的一个方面,不能完全代替其他分析方法。

十、风险与退出

企业经营中必然会面临各种风险。企业尤其是初创者要注意当风险来临时如何应对,以及面临企业的风险和未来的成功,作为投资者资本退出应采取何种方式和办法等。商业计划书关于风险与退出的分析要掌握四个原则:第一,对项目的风险要精准分析,切忌过于宏观;第二,在进行风险识别时,要建立风险清单,以便投资者更加详细地了解项目的具体情况;第三,提出风险防控方案要有针对性。第四,根据实际情况,选择合适的退出方式。

(一) 面临的风险

由于主客观因素影响,企业经营中将面临许多不确定性,由此产生各种风险。企业根据风险的来源分为来源于内部的风险和来源于外部的风险。

1. 内部风险

内部风险主要是由于企业自身因素导致的风险。内部风险从决策到日常生产经营,通常可分为战略风险、经营风险、财务风险、税务风险等。

(1) 战略风险。企业战略风险是企业经营决策方面产生的不确定性。战略风险将影响企业的发展定位、方向、文化、效益等方面,关系到整个企业的生死存亡和持续发展。因此,企业应对市场进行充分调研,尽量防控企业出现战略决策方面的风险。

(2) 经营风险。企业经营风险是指企业各部门各环节在日常运营中,由于外部环境的复杂性和变动性,以及主体对环境的认知能力和适应能力的有限性,而产生运营失败或使运营活动达不到预期的目标的可能性及其损失。降低经营风险要加强企业的日常经营管理,严格企业各职能部门的内控,加强部门之间的沟通协调。

(3) 财务风险。企业财务风险是指企业财务结构不合理、融资不当使企业可能丧失偿还债务能力而导致企业预期收益下降的风险。

(4) 税务风险。企业税务风险是指企业在安排涉税事宜时,由于企业自身疏于管理,或者对税收政策把握不准而导致税务申报不及时、申报错漏遭到税务机关罚款、加收滞纳金等方面的损失。

2. 外部风险

外部风险主要是由于外部因素导致的风险。外部风险从源头上,通常可分为竞争风险、政策风险、市场风险等。

(1) 竞争风险。企业经营中竞争无处不在,从企业文化品牌、企业营销模式、企业产品服务、企业团队建设等各个方面都存在激烈的竞争。哪个企业有创新,哪个环节有新意,就有可能在竞争中脱颖而出。

(2) 政策风险。由于企业外部的政策环境发生变化,或由于包括企业自身在内各种主体未按照法律政策规定或合同约定行使权利、履行义务,而对企业造成负面影响的可能性。

(3) 市场风险。市场利率、汇率、股票价格和商品价格的不确定性对企业既定目标的实现也将产生较大的影响。

(二) 控制风险方案

商业计划书风险控制方案是否可行,也是投资者判断整个商业计划书是否可行的重要一环。企业面临风险时应如何应对,首先要对风险进行识别、估测、评价、控制和管理。良好的风险控制方案有助于降低决策错误的概率,避免损失,从而提高企业自身的附加值。一般来说,在制定风险控制方案之前,要询问相关人士,征求内行人的意见,并参考同类型企业的做法。

(三) 退出机制

商业计划书撰写中要有较为完善的退出机制。良好的退出机制对于不仅对企业创始人,还是对投资者都至关重要。一方面,投资者的资金能进能出,会增加其投资项目的积极性;另一方面,对于前期出让大量股权的企业来说,这是增加企业创始人话语权的重要手段。在商业计划书撰写中,该部分可以选择的退出方式主要有如下清算、并购、回购、上市等几种,具体可结合自身需要进行选择。

1. 清算退出

清算退出,也称为转让退出,一般是企业面临倒闭的时候采用的方式。换言之,如果投资失败,作为投资者可以选择拿回投资额,并且可能获得部分收益。创业者在融资时要给投资者一个明确清晰的清算退出方式阐述,让投资者知道自己的后路在哪里,好聚好散才有可能吸引到投资者。

2. 并购退出

在商业计划书中企业并购退出分为收购和兼并两种方式。企业兼并是指两家拥有自主权的企业合并成为一家,增加竞争力;企业收购是指一家企业购买另外一家企业的资产,获得对方资产的所有权。这两种退出方式,都是以转让股权的方式退出。投资者如果认为企业无法在短期内发展到上市的规模,就有可能会促成企业被大企业收购,以收回自己的投资并获取收益。通常情况下,投资者如果看好项目,不太看好管理人时通常会采取并购退出的措施。

3. 回购退出

在商业计划书中,回购退出是指企业的管理层购回投资者手中的股份。这种方式在创业企业中最为常见,对于管理层和创始人来说是最优的,也是投资者最喜欢的退出方式。将股份从投资者手中购回,相当于是将之前稀释出去的股份收回来。同时,投资者的退出会让创业者拥有更多的控制权和决策权,对创业企业的长期发展更为有利。不过,值得注意的是,回购退出方式的前提条件是企业有足够的资金购回投资者手中的股份。

4. 上市退出

企业上市是最常见的退出方式。企业正式成为在证券交易所上市交易的股份有限企业之后,在商业计划书中,投资者通过卖出手中持有企业的股份获得资金,以退出对企业的投资和管理。

对于创业者和投资者而言,让企业上市并不是一件容易的事情。企业上市的时间与企业的发展阶段有关,当企业处于稳定成长期,就可以选择上市发行股票。而很多投资者为了尽快退出获得高额投资回报,会要求一定的企业控制权,以便让企业在短期内快速扩张,尽快上市。但是对于初创企业而言,让企业上市显得比较夸张,因此不建议采用。

十一、附录

商业计划书的最后部分,可以添加如下附件:

(1) 技术文件,主要是关于成果鉴定、专利相关文件、测试报告等。
(2) 市场调查相关文件,主要是关于市场调查问卷、调研报告等。
(3) 财务报表,主要是企业的资产负债表、损益表、现金流量表等。
(4) 其他,主要是团队成员简介及分工情况。

复习思考题

1. 什么是商业计划书?
2. 撰写商业计划书包括哪些内容? 如何撰写商业计划书?
3. 作为投资者如何判定商业计划书的质量优劣?

参考文献

［1］ 蔡莉,柳青.新创企业资源整合过程模型[J].科学学与科学技术管理,2007(2):95-102.

［2］ 蔡莉,尹苗苗.创新创企业学习能力、资源整合方式对企业绩效的影响研究[J].管理世界,2009(10):1-9.

［3］ 陈承欢,杨利军,高峰.创新创业指导与训练[M].北京:电子工业出版社,2017.

［4］ 陈浩川,王九程.大学生创新创业教程[M].北京:高等教育出版社,2017.

［5］ 陈建校.创新创业典型案例分析[M].北京:机械工业出版社,2022.

［6］ 陈磊,蒋翠珍,邓小朱,刘英杰,何忠义.创新创业过程与方法[M].北京:企业管理出版社,2021.

［7］ 陈新达等.大学生创新创业[M].北京:清华大学出版社,2018.

［8］ 陈新达,桂舟.大学生创新创业[M].北京:清华大学出版社,2018.

［9］ 崔建远.合同法[M](第2版).北京:北京大学出版社,2013.

［10］ 大学生创业基础编委会.大学生创业基础[M].北京:中国林业出版社,2016.

［11］ 戴国良.图解营销学[M](修订版).北京:电子工业出版社,2015.

［12］ 董保宝,葛宝山,王侃.资源整合过程、动态能力与竞争优势:机理与路径[J].管理世界,2011(03):92-101.

［13］ 杜鹏举,罗芳.大学生创新创业基础[M].北京:中国铁道出版社,2018.

［14］ 段华洽,贾娟.整合我国高校创业教育资源的构想[J].创新与创业教育,2012,3(1):19-22.

［15］ 葛军.《会计学原理》[M](第3版).北京:高等教育出版社,2017.

［16］ 郭国庆,钱明辉.市场营销学通论[M](第7版).北京:中国人民大学出版社,2017.

［17］ 郭国庆.市场营销学通论[M](第6版).北京:中国人民大学出版社,2014.

［18］ 郭红霞.大学生创新创业教育基础[M].北京:科学出版社,2017.

［19］ 郭辉等.大学生创新创业实践[M].北京:经济科学出版社,2018.

［20］ 何春蕾.大学生创业风险规避的探索[J].高教论坛,2012(09):105-107.

［21］ 何东瑾,李巧丹.整合模式视角下企业创业能力与供应链整合效益的相关性:以新创电商企业为例[J].商业经济研究,2023(3):153-157.

［22］ 贾丹华,聂晶.现代市场营销[M].北京:清华大学出版社·北京交通大学出版社,2007.

［23］ 贾建锋,刘梦含.数字创业团队:内涵、特征与理论框架[J].研究与发展管理,2021(1):101-109.

［24］ 靳新,王化成.《财务管理学》[M](第8版).北京:中国人民大学出版社,2018.

［25］ 孔莉,吴东,高核.创业基础[M].北京:高等教育出版社,2013.

［26］ 兰国辉,陈亚树,石建军,荀守奎.创新创业人才供应链管理研究[J].安徽理工大学学报(社会科学版),2020(5):32-36.

［27］ 李海东.大学生创业项目选择的方法与途径[J].现代商业,2013(02):267-268.

［28］ 李军凯.大学生创新创业教程[M].北京:人民出版社,2017.

［29］ 李乾文,赵红梅.大学生就业与创业通论[M].北京:科学出版社,2011.

[30]　李时椿,常建坤.创新与创业管理:理论·实战·技能[M](第 4 版).南京:南京大学出版社,2014.

[31]　李宇,张雁鸣.网络资源、创业导向与在孵企业绩效研究——基于大连国家级创业孵化基地的实证分析[J].中国软科学,2012(8):98-110.

[32]　梁强,罗英光,谢舜龙.基于资源拼凑理论的创业资源价值实现研究与未来展望[J].外国经济与管理,2013(5):14-22.

[33]　刘红宁,王素珍.创新创业通论[M](第 2 版).北京:高等教育出版社,2016.

[34]　刘兴清.大学生创业风险分析与防范[J].新校园,2015(04):193-194.

[35]　刘艳彬,李兴森.大学生创新创业教程[M].北京:人民邮电出版社,2016.

[36]　卢福财.创业通论[M](第 2 版).北京:高等教育出版社,2012.

[37]　吕云翔,唐思渊.大学生创新创业教程[M].北京:清华大学出版社,2018.

[38]　马鸿佳,肖彬,郑秀恋.创业供应链对新企业绩效作用机理:基于组态视角的定性比较研究[J].管理评论,2023(1):298-309.

[39]　彭学兵等.创业网络、效果推理型创业资源整合与新创企业绩效关系研究[J].科学学与科学技术管理,2017(6):157-170.

[40]　漆多俊.经济法基础理论[M](第 4 版).北京:法律出版社,2008.

[41]　秦志华,刘传友.基于异质性资源整合的创业资源获取[J].中国人民大学学报,2011(6):143-150.

[42]　任泽中,陈文娟.引入协同创新理念优化高校创业教育[J].中国高等教育,2013(10):45-47.

[43]　任泽中,左广昃.大学生创业资源协同模式研究[J].高校教育管理,2017(2):49-56.

[44]　任泽中,左广昃.大学生创业资源协同模式研究[J].高校教育管理,2017(2):49-56.

[45]　上官敬芝.《财务管理学》[M](第 2 版).北京:高等教育出版社,2016.

[46]　石冬喜.创新创业指导[M].西安:西安交通大学出版社,2016.

[47]　苏敬勤,林菁菁,张雁鸣.创业企业资源行动演化路径及机理:从拼凑到协奏[J].科学学研究,2017(11):1659-1672.

[48]　孙洪义.《创新创业基础》[M].北京:机械工业出版社,2016.

[49]　孙伟,李长智.创新创业教程[M].北京:清华大学出版社,2017.

[50]　谭贻群.360 度评估法在大学生创业资源整合中的应用[J].创新创业教育,2018(5):27-30.

[51]　陶卓等.政策契合、资源整合与创业能力——高层次科技人才案例扎根研究[J].科技进步与对策,2018(3):137-142.

[52]　汪建成,林欣.社会创业的资源整合过程:多案例研究[J].管理案例研究与评论,2021(2):163-177.

[53]　汪戎.创业基础——大学生创业理论与实务[M].北京:高等教育出版社,2014.

[54]　王浩宇.资源整合、创业学习与新创企业创新的关系研究[D].吉林大学博士学位论文,2017.

[55]　王强,陈姚.创新创业基础:案例教学与情境模拟[M].北京:中国人民大学出版社,2021.

[56]　卫晓怡,吴芹.大学生创新创业实践简明教程[M].北京:首都经济贸易大学出版社,2017.

[57]　魏国江等.大学生创新创业基础[M].北京:清华大学出版社,2019.

[58]　魏炜,朱武祥.《发现商业模式》[M].北京:机械工业出版社,2009.

[59]　吴画斌,陈政融,许庆瑞.企业创新能力提升的机制:基于海尔集团 1984—2017 年纵向案例研究[J].中国科技论坛,2019(3):80-91.

[60]　吴晓义.创业基础:理论、案例与实训[M].北京:中国人民大学出版社,2014.

[61]　吴周玥,周小虎,张慧.寻找匹配的"桥梁":众创空间构件对学术创业资源类型的影响[J].管理现代化.2021(5):51-54.

[62]　杨德利.《会计学基础教程》[M].哈尔滨:哈尔滨地图出版社,2018.

[63]　尹苗苗,冯心莹,刘鑫怡.用户创业资源开发过程:基于集体创造视角的多案例研究[J].管理评论,2022(11):324-336.

[64]　张斌.中小企业融资渠道及策略选择[D].华中科技大学硕士论文,2004.

[65]　张建平.网络环境下青年创业资源获取及其影响[J].人民论坛·学术前沿,2017(20):118-121.

［66］　张婧.大学生创业者要明晰创业策略［J］.中国高等教育,2015(7)：58－60.

［67］　张文贤.《会计学原理》［M］(第3版).上海：复旦大学出版社,2017.

［68］　张新民.钱爱民.财务报表分析案例［M］.北京：中国人民大学出版社,2021

［69］　赵玲,田增瑞,常焙筌.创业资源整合对公司创业的影响机制研究［J］.科技进步与对策,2020(6)：27－36.

［70］　赵文红,孙万清.创业者的先前经验、创业学习和创业绩效的关系研究［J］.软科学,2013,(11)：53－58.

［71］　赵旭东.公司法学［M］(第3版).北京：高等教育出版社,2012.

［72］　赵伊川,马鹤丹,赵宇哲.创业基础［M］.大连：东北财经大学出版社,2013.

［73］　郑秀恋,肖彬,马鸿佳,吴娟.机会-资源一体化对企业绩效的影响机制研究［J］.管理学报,2022(11)：1608－1616.

［74］　中华人民共和国财政部制定.《企业会计准则应用指南2006》［M］.北京：人民出版社,2006.

［75］　周翔,罗顺均,吴能全,李芬香.核心能力快速丧失企业的公司创业：基于海印商业运营的公司创业纵向案例研究［J］.管理世界,2018(6)：157－172＋181.

［76］　朱健易,高峰.大学生创业联盟要素识别与模式建构的案例研究［J］.复旦教育论坛,2017(2)：61－65＋71.